W0371252

Leonel R. Cala Fuentes

Kubaner im realen Paradies. Ausländer-Alltag in der DDR

Eine Erinnerung

Ich widme dieses Buch
meinem Sohn Robertico und meinen deutschen Freunden
Wolfram, Uwe, Verona, Christine und Anita

Leonel R. Cala Fuentes

Kubaner im realen Paradies

Ausländer-Alltag in der DDR

Eine Erinnerung

Karl Dietz Verlag Berlin

Mit 24 Abbildungen
(Privat: Leonel R. Cala Fuentes – 23, Verona Wunderlich – 1)

ISBN 978-3-320-02098-9

© Karl Dietz Verlag Berlin GmbH 2007
Einband: Heike Schmelter unter Verwendung von Fotos:
www.Photocase.com und Leonel Cala
Typographie/Satz: Anna-Maria Claus
Druck- und Bindearbeit: Těšinská Tiskárna A.G.
Printed in Czechia

Inhalt

Woher kommst du, Onkel Neger?

Am 16. September 1976 um 11 Uhr 30 schaue ich von meinem Platz in der Mitte der Interflug-Maschine vom sowjetischen Typ IL 62 hinüber auf die Terrasse, auf der meine Familie versammelt ist. Der Abschied ist mir nicht leicht gefallen. Ich blicke mich in der Kabine um und sehe meine Kollegen. Wir sind eine kleine Gruppe. Vor einem Jahr haben wir uns auf dem Lehrgang für deutsche Sprache kennengelernt.

Ich möchte wissen, was sie jetzt denken. Alexander zum Beispiel – wir nennen ihn »Doktor«. Oder Claudio, der »Professor«, der »Profe«. Oder »T« – so nennen wir Celestino, der das t nicht richtig aussprechen kann. Neben ihnen sitzen Luis, Pedro der Sänger, Miguel, Pimentel, Armando und Ramiro, der Spaßmann. Unser deutscher Lehrer hat uns viele Dinge über die Deutsche Demokratische Republik, die DDR, erzählt: über die Kultur, die Gewohnheiten, die Mentalität der Leute, auch über die wirtschaftliche und technische Entwicklung, über den hohen Lebensstandard – aber was wir eigentlich immer im Kopf haben, ist FKK. Alexander, der »Doktor«, hat schon angekündigt: Ich werde mir eine schöne Freundin holen und mit ihr ins Theater gehen. Luis, Claudio, Ramiro, Raul, Miguel und ich sagen immer: Wir gehen gerne in die Diskothek oder ins Kino, aber ganz egal, wohin wir gehen werden, wir werden vor allem immer Spaß machen.

Die Flugzeugmotoren werden immer lauter, die Maschine rollt immer schneller, wir sehen unsere Leute nicht mehr. Claudio, Alexander und ich – wir setzen uns, wie immer, zusammen.

Alexander lacht wie ein Dummer, und gleich erinnere ich ihn: Hey, Alexander, lach nicht so verrückt, oder hast du schon vergessen, wie dir einmal auf unserem Lehrgang beim Lachen die Zahnprothese herausgefallen ist? Das war ein Spaß! – Da lacht er nicht mehr, schaut mich ganz böse an – aber natürlich versteht er, dass das alles nicht ernst gemeint ist, wir sind ja gute Kollegen.

Im Flugzeug sind Leute aus vielen Ländern, Touristen offensichtlich. Wir, die Kubaner, haben fast alle die gleichen Klamotten an, wir haben Rum – Havanna Club – mitgebracht, und gegen die Langeweile trinken wir ein paar Schluck, und schon kann das Quatschen losgehen.

In einer Gruppe gibt es immer irgendeinen Kollegen, der gerne Chef oder Leiter sein will, und bei uns ist das Pedro. Er geht los und sagt allen, dass sie an die Disziplin denken und mit dem Rum ein bisschen aufpassen sollen. Wir sagen: Hey, wir fliegen nicht in den Kosmos, sondern nach Deutschland.

Dann kommt eine schöne Blondine und bringt uns zu essen und zu trinken. Das erste deutsche Essen: Schnitzel, Pommes frites, Salat und Bier. Keine schwarzen Bohnen, kein Reis und auch kein Wasser. Wasser muss sein, wir trinken das immer zum Essen! Aber die Stewardess kommt und sagt: Liebe Damen und Herren und Kinder, in wenigen Minuten landen wir in Gander und haben dort über eine Stunde Aufenthalt.

Wir gehen alle auf die Toilette, wollen uns schön machen. Ramiro, der Spaßmann, nimmt die Interflug-Tasche, in der sich Zahnbürste, Kamm und eine Tube Zahnpasta befinden, denkt, die Zahnpasta ist für den Kopf und schmiert sie sich in die Haare. Wir fragen ihn: Hallo, du Vogel, was hast du mit deinen Haaren gemacht?, und er sagt: Na, ich habe diese Mist-Zahnpasta für Haarcreme gehalten. Wir lachen uns halbtot.

Das Flugzeug landet, und alle gehen ins Flughafengebäude. In Gander ist es schon sehr kalt. Wir gehen zum Kiosk, wo die Zeitungen liegen und Zeitschriften mit Pornographie, aber kaufen können wir nichts, weil wir kein Geld haben.

Hier in Gander sind schon viele Kubaner abgehauen. Wir fliegen nach einer Stunde weiter, fliegen in Richtung Deutschland, Richtung Berlin – aber nicht wie die Russen im Zweiten Weltkrieg.

Am 17. September um 7 Uhr früh landen wir in Schönefeld. Ich weiß heute nicht mehr, wie viel Grad da waren, aber für uns war es kalt.

Wir werden schon erwartet – von einem kubanischen Kollegen, einer charmanten deutschen Frau und zwei oder drei deutschen Kollegen. Alle begrüßen uns und stellen immer wieder die gleichen Fragen: Wie war die Reise? und ob wir müde sind?, und so weiter. Wir gehen ins Hotel zum Frühstück, und ich denke: In Kuba gehen die Leute jetzt schlafen, und wir gehen zum Frühstück. Na, so ist das.

Wir kommen in einen großen Raum mit einem großen Tisch, auf dem Tisch steht eine Menge zu essen, dazwischen stehen die kubanische und die deutsche Fahne, und wir denken, ob wir denn große Leute sind? Hier ist alles da: Brötchen und Schwarzbrot, Marmelade, Schnitzel, Käse, Eier, Birnen, Äpfel, Tee, Kaffee, Milch, Limonade und viele weitere Sachen. Aber wir haben keinen Hunger, wir möchten Wasser trinken. Die Limonade ist nicht süß, der Kaffee dagegen ist süß, aber nicht sehr stark. Aber alles ist gut organisiert – wir erleben das erste Mal, was das ist: deutsche Pünktlichkeit.

Ankunft

Frau Elisabeth sagt zu uns: Freunde, wir fahren jetzt mit dem Bus nach Zeitz, das liegt im Bezirk Halle, die Fahrt dauert über vier Stunden, ihr könnt ein bisschen schlafen. Aber wir möchten die Augen nicht zumachen, möchten alles sehen, weil alles so interessant ist: die Autobahn, der Wald – wir genießen alles. Nach zwei Stunden gibt es eine Pause, wir können aufs Klo und kriegen wieder etwas zu essen: einen Beutel mit allem Notwendigen, mit Brot, Butter, Marmelade, Eiern, Obst und auch etwas zu trinken. Die Fahrt geht weiter, und so gegen eins sind wir in Zeitz.

Wir kommen ins Wohnheim. Die Deutschen gucken uns an wie Leute aus einer anderen Welt. Man könnte denken, wir sind die ersten Kubaner hier und die Leute haben noch niemals Schwarze gesehen.

Alles ist vorbereitet: ein Schlafzimmer für je drei Kollegen, die Betten schön gemacht, ein kleiner Kühlschrank, eine kleine Lampe, drei Schränke. Natürlich nehmen Claudio, der »Doktor« Alexander und ich ein Zimmer. Zum ersten Mal sehen wir eine Heizung.

Frau Elisabeth stellt uns die deutschen Kollegen vor. Unter ihnen ist ein alter Mann, er heißt Willi. Er ist nicht wie die anderen Deutschen, viel zu klein, aber es ist sehr nett. Er spricht Spanisch – und das ist für uns eine große und schöne Überraschung. Er war als Soldat im Spanienkrieg. Er ist zufrieden, er lacht so süß, er spricht gern mit uns, denn er weiß, die anderen Deutschen verstehen ihn dann nicht. In Zukunft wird er unser bester Freund sein. Er unterhält sich mit uns über die guten und die schlechten Leute – zum Beispiel auch über den Hausmeister Sch., der unfreundlich ist und immer schimpft.

Frau Elisabeth sagt, dass wir uns in zwei Stunden im Klubhaus treffen werden, um die Werkleitung kennenzulernen. Wir räumen unsere paar Sachen ein, gucken uns noch ein bisschen um, entdecken die Duschen, die Küche, den Gemeinschaftsraum mit Schachspielen, einer Tischtennisplatte und einem Fernsehapparat. Bevor wir duschen gehen, trinken wir ein paar Havanna Club.

Und dann gehen wir fast mit deutscher Pünktlichkeit ins Klubhaus. Auf der Straße sehen uns die Kinder ganz komisch an. Ein süßes Kind kommt zu Ramiro und fragt: Onkel Neger, woher kommst du? Mit seinen kleinen Händen spielt es mit Ramiros Haaren, wir lachen wie verrückt.

Wir gehen durch das große Betriebstor, und auch die Grünen, die dort Wache halten, gucken ganz komisch. Im großen Saal sind schon viele Genossinnen und Genossen versammelt. Die Tische sind zu einem großen T zusammengestellt. Vorn sitzen der Direktor – ein dicker Mann –, der Parteisekretär, der FDJ-Sekretär und der FDGB-Vorsitzende. Auch Fahnen sind aufgestellt – die deutsche und die kubanische –, und Bilder sind aufgehängt von Lenin, Karl Marx, Fidel und Honecker. Der Direktor begrüßt uns, spricht über das kubanisch-deutsche Regierungsabkommen. Wir werden drei Jahre hierbleiben. Er sagt: Ihr müsst die deutsche Sprache gut lernen, sonst könnt ihr euer Hauptziel, gute Facharbeiter zu werden, nicht erreichen. Ihr müsst als Kubaner ein gutes Beispiel sein. Ihr seid Vertreter des kubanischen Volkes. Und dann sagt er: Jetzt wollen wir einen trinken. Wir nehmen jeder ein Kognakglas, und er sagt: Es lebe der Sozialismus, es lebe Fidel, es lebe Honecker. Und alle trinken ihren Kognak.

Dann spricht der Parteisekretär und sagt ungefähr das Gleiche. Armando als Parteisekretär von uns Kubanern spricht auch, alle trinken wieder, und dann haben wir von der Politik genug, wir wollen nur noch trinken und essen. Und viel rauchen.

Der FDJ-Sekretär sagt: Heute Abend um acht haben wir eine Disko organisiert, wir treffen uns dort. Das ist eine wirklich gute Nachricht. Das Protokoll ist zu Ende, die großen Leute verabschieden sich von uns, und wir freuen uns sehr.

Jetzt haben wir also frei, aber der FDJ-Sekretär, ein junger Mann namens Thomas, schlank, blond und mit grünen Augen, sagt: Lasst uns zusammen in den Speisesaal gehen, dort sind viele Leute, und dort vertreiben wir uns die Zeit bis zur Disko. Wir sind einverstanden. Wir haben im Wohnheim schon dieses ungewohnte Geld gekriegt, haben dreihundert Mark in der Hand und sind zufrieden wie Kinder.

Wir setzen uns alle an einen großen Tisch, der Junge – der FDJ-Sekretär – ruft den Ober, einen komischen Mann mit einem Bierbauch, und bestellt Bier und Weinbrand. Dann holt er ein paar von seinen Leuten an den Tisch, junge Mädchen und ein paar Jungs.

Wir verstehen gar nichts. Der Vogel, der den Dolmetscher macht, spricht nur mit den Mädchen. Claudio sagt zu mir: Mein Freund, wir müssen schnell Deutsch lernen.

Als es acht ist, gehen wir in den großen Saal, in dem die Disko beginnt. Thomas sorgt dafür, dass wir Kubaner nicht alle an einem Tisch sitzen, sondern auf die Tische mit den Deutschen aufgeteilt werden.

Claudio, Alexander und ich bleiben trotzdem zusammen. Mit den deutschen Kollegen reden wir mit Händen und Füßen. Aber zum Tanzen und Trinken braucht man ja auch gar keine Sprache. An unserem Tisch sitzen ja auch Birgit, eine schöne, schlanke Blondine mit wunderbaren Augen, und Angelika. Angelika ist klein, ein bisschen rundlich, sommersprossig und sehr nett. Sie nennt Claudio immer Claudia.

Wir trinken und tanzen, tanzen und trinken, und am Schluss begleiten wir die Mädchen, sie wohnen in einem anderen Wohnheim. Wir kommen in unsere Zimmer zurück und unterhalten uns ein oder zwei Stunden lang. Dann gehen wir schlafen.

Am nächsten Morgen um acht kommt Dieter, der für uns verantwortlich ist, mit dem Bus. Wir fahren ins Stadtzentrum, um Winter klamotten zu kaufen.

Zeitz ist nicht zu groß, es ist eine alte Stadt mit viel Industrie. Zum Beispiel gibt es ein Hydrierwerk, eine Kinderwagenfabrik, eine Kohlengrube in der Nähe, eine Brauerei, eine Zuckerfabrik. Es gibt auch eine sowjetische Kaserne. Dort werden wir uns noch oft mit Leuten vom Komsomol und von der FDJ treffen.

Im Zentrum laufen wir über den Platz. Wir sehen das Gebäude der Volkspolizei, eine Kirche und eine schöne Gaststätte, den Ratskeller. Dann das Jugendreisebüro und das Haus der SED.

Am »Boulevard« betreten wir ein Geschäft. Die Frauen schauen uns teils freundlich, teils überrascht entgegen. Dieter und der kleine Dolmetscher arbeiten gut für uns. Wir kaufen Stiefel, dann diese komischen langen Unterhosen, auch Mützen, Handschuhe, Wintersocken, lange Unterhemden. Natürlich reden wir laut und machen Spaß miteinander, und die Frauen lachen schon. Pedro, Ramiro – der Schwarze, der Mann mit dem geölten Haar – und Alexander brauchen eine Stunde, ehe sie fertig sind. Mein bester Freund Claudio und ich, war haben schnell das Billigste gekauft. Wir wollen sparen, weil wir uns mit unseren Freundinnen treffen möchten.

Wir gehen kurz ins Museum. Dieter hat aber Durst, und wir haben den auch, deshalb trinken wir an einem Kiosk ein, zwei Bier. Nicht mehr, denn um eins gibt es in der Gaststätte Mittagessen, alles ist schon bestellt. Der große Raum ist voll von Leuten, aber ein kleiner Raum ist für uns reserviert. Zwei schöne Kellnerinnen bedienen uns. Sie sind sehr nett und freundlich. Die Chefin, eine Frau im mittleren Alter, begrüßt uns und lacht mit großer Liebenswürdigkeit.

Am Ausschank stehen Frauen und Männer. Sie trinken und lachen. Ein dicker junger Mann nimmt sein Bierglas und grüßt zu uns herüber. Wir heben auch gleich unsere Gläser und trinken ihm zu.

Dieser dicke junge Mann, der Sohn der Chefin, heißt Heinz und wird später mein bester Freund in Zeitz sein. Das ahne ich zu diesem Zeitpunkt noch nicht, zwischen all den vielen Frauen und Männern. Und auch, dass seine Mutter später auch für mich wie eine Mutter sein wird, kann ich da noch nicht wissen.

Heinz sagt: Kommt doch heute Abend gleich noch mal hier her, wir haben eine Kapelle hier und möchten euch eine Überraschung bereiten. So verabschieden wir uns. Karl-Heinz drückt meine Hand sehr kräftig. Er denkt nicht daran, dass ich eigentlich ein Karikaturmann bin.

Dieter, der für uns verantwortlich ist, bleibt in der Stadt. Er wohnt hier. Und weil wir frei sein wollen, müssen wir uns darauf einrichten, mit dem Linienbus allein zurückzufahren. Aber wir wollen das so, denn wir wollen Kontakt mit den Deutschen aufnehmen. Heinz und seine Freunde begleiten uns zur Bushaltestelle. Was für ein Zufall: Der Busfahrer ist ein Freund von Heinz. Mit unserer Mentalität – dem lauten Sprechen und der Angewohnheit, beim Reden immer auch die Hände und Arme zu bewegen – gelingt es uns, uns schneller mit den Einheimischen bekannt zu machen als andere Ausländer. So geht es uns auch im Bus. Wir sprechen laut, gestikulieren eifrig, unsere Köpfe sind immer in Bewegung, und alle – besonders die Kinder – lachen freundlich.

Im Wohnheim begrüßt uns Willi mit den Worten: Muchachos han tomodo mucho, ya tienen amigas. Das heißt: Jungs, ihr habt viel getrunken, habt ihr denn schon Freundinnen? Wir lachen und geben ihm kubanischen Tabak. Er ist zufrieden mit uns, und wir sind es auch mit ihm. Nun kann das Leben richtig losgehen.

Aber Pimentel, der Leiter unserer Gruppe, und Armando, der Parteisekretär, rufen uns zu einer kleinen Beratung. Sie sprechen über Disziplin und darüber, dass wir keine Kindereien machen sollen. Claudio möchte etwas dazu sagen, aber ich sage: Bitte beeil dich, es ist schon spät, wir müssen um sieben mit dem Bus fahren. Unsere deutschen Freunde warten, wir müssen pünktlich sein, schließlich sind wir nicht in Kuba. Alle lachen. Claudio sagt: Jeder von uns nimmt eine Flasche Rum mit, dazu kommen zwei Flaschen Bananenlikör für die Frauen.

Einige ziehen sich ihren guten Anzug an: Pimentel, Armando, auch José, Madrigal, Pedro und Alexander der »Doktor«. Claudio und ich sind im Pullover. Wir kommen rein in die Gaststätte, alles ist ganz voll. An der rechten Seite sind mehrere Tische zusammengeschoben, dort sitzen Heinz und seine Kollegen. Der Busfahrer ist auch da, er heißt Peter – wie fast alle Fahrer in der ganzen Welt. Peter sieht ein bisschen aus wie ein Mafioso. Als wir uns begrüßen, könnte man denken, da treffen sich Leute wieder, die sich gut kennen, aber lange nicht gesehen haben.

Wir geben Heinz unsere Flaschen, und der stellt sie auf den Tisch. Nun stehen da siebzehn Flaschen. Wir wollten euch überraschen, sagt Heinz, und das machen wir auch noch, aber jetzt habt ihr erst einmal uns überrascht mit eurem Rum und eurem Likör. Da können wir eine deutsch-kubanische Freundschaftsnacht feiern. Peter fragt: Wie trinkt ihr den Rum, kalt oder normal? Wir sagen: Beim Rum ist das egal, aber der Likör für die Frauen muss kalt sein. Da sagt der Chef der Kapelle: Wir Männer müssen den Likör auch probieren, weil wir so etwas noch nicht getrunken haben. Aber die Frauen widersprechen: Nein, nein, ihr trinkt euer Bier und euren Rum.

Na ja. Die Kapelle beginnt zu spielen. Wir verstehen kein Wort, aber der Rhythmus ist schön. Nach dem dritten oder vierten Titel sagt Claudio: Also ich gehe jetzt tanzen. Luis, José und Pedro folgen ihm, und ich natürlich auch. Pimentel zeigt Heinz mit den Händen, dass er die Flasche aufmachen soll. Heinz schüttelt den Kopf und gibt zu verstehen, dass er erst noch den nächsten Titel abwarten will, dann macht die Kapelle eine Pause. Wir sehen, wie Heinz und die Chefin mit dem Chef von der Kapelle sprechen und uns fragend ansehen. Dann spricht Heinz mit mir, und ich verstehe nichts, aber die Bewegung seiner Hände verstehe ich dann doch. Er möchte, dass wir uns noch einmal hinsetzen.

Und dann kommt die deutsche Überraschung für uns. Die Kapelle beginnt, und sofort erkennen wir den Rhythmus. Sie spielt unser bekanntes und geliebtes »Guantanamera«. Jetzt macht Heinz die Flasche auf, und alle singen mit den Gläsern in der Hand und trinken. Dann gehen wir wieder tanzen, und die Kapelle spielt nun auch unser Lied »Cuba, que linda es Cuba«. Wir möchten viel sagen, aber die Sprache ist eine Grenze. Trotzdem – unsere Freunde merken, wie zufrieden wir sind.

So ist das. Ohne Programm haben wir unsere schönste Nacht in Deutschland, weil wir so gastfreundliche Deutsche getroffen haben. Wir werden diese netten Leute und diese Nacht nicht vergessen.

In dieser Nacht haben wir kein Auge dafür, ob die Frauen uns als Frauen gefallen, sondern nur für ihre Freundschaft und dafür, ob sie gute Kolleginnen sind und ob wir uns wie in einer Familie fühlen können. So sind wir Kubaner: mit vielen Fehlern, mit unserer Mentalität, unserem Temperament. Wir sind sehr empfindlich, leicht erregbar und gefühlvoll.

Der Abend hilft uns auch mit der deutschen Sprache. Wir hören alles auf Deutsch und bemühen uns, gleich Deutsch zu sprechen.

Ich weiß, dass ich nichts verstehe, und Heinz und Peter wissen das auch, und trotzdem unterhalten wir uns. Wir tanzen. Deutsche von anderen Tischen kommen zu uns, wir geben ihnen Rum, und ich gehe auch an andere Tische. Ein Mädchen spricht mit mir. Ich verstehe nur: du Kubaner, nicht algerisch. Das werden wir später noch oft hören. Der Dolmetscher erklärt uns, dass in einem kleinen Dorf in der Nähe eine Gruppe von Algeriern wohnt und dass wir aufpassen müssen.

Natürlich! Die Algerier kennen unsere Mentalität und unser Temperament. Denn wir, die Kubaner, und die Algerier sind uns darin sehr ähnlich. Und wir möchten Freundschaft mit allen halten.

Gegen zwölf geht alles zu Ende. Wir müssen ins Wohnheim laufen oder mit dem Taxi fahren. Wir sind zufrieden und glücklich und laufen. Denn erstens laufen wir gern, und zweitens müssen wir sparen.

Wir haben Glück in dieser ersten Woche. Wir haben frei oder machen Ausflüge. Am Tag nach dem Tanz haben wir frei, am Abend sollen wir ins Theater gehen. Einige haben keine Lust, aber Pimentel, unser Chef, sagt, dass wir das Programm für die ganze Woche gekriegt haben und diszipliniert sein sollen.

Tagsüber schreibe ich Briefe an meine Familie und wasche ein paar Sachen. Mittags gehen Claudio und ich ins Klubhaus, wo Birgit und Angelika, unsere Freundinnen, warten. Wir nehmen Blumen mit, obwohl wir das nicht gewöhnt sind. Ich nehme Platz neben Birgit, meiner Blondi, und Claudio setzt sich neben seine Kleine. Der Ober kommt, und wir bestellen eine Flasche Wein für die Mädchen und Schnaps für uns. Gemeinsam trinken wir, ich nehme die Hand meiner Freundin und gebe ihr ein Küsschen auf die Wange. Ich habe ihre Augen ganz nahe vor mir und ihre schönen Lippen – da braucht man keinen Dolmetscher. Sie lacht und schaut mich zärtlich an. Schade, dass ich kein Deutscher bin – und sie keine Kubanerin.

Ein Glück, dass die beiden Mädchen wissen, dass für uns heute Theater auf dem Programm steht. Unser guter Freund Willi muss da seine Hand im Spiel gehabt haben. Sie haben sich auch zwei Karten gekauft! Hallo!

Ich sage zu Claudio: Komm, wir gehen in die Gaststätte, essen dort Abendbrot, und dann gehen wir ins Theater. Nein, antwortet Claudio, ich muss mich duschen. Gut, sage ich, geh du duschen, wir warten hier. Aber die Mädchen sagen: Hört mal zu, um zwei fährt ein Bus nach Zeitz-Ost. Claudio, du musst dich beeilen, dann können wir zusammen fahren, wir müssen uns ja auch noch waschen. So bleibe ich mit beiden Freundinnen allein. Wir haben noch eine halbe Stunde.

Alexander kommt an unseren Tisch, und er bringt Wolfgang mit. Wolfgang ist Chemiefacharbeiter und auch unser Freund. Er kennt Birgit und Angelika und bestellt eine Runde. Neuer Kunde, neue Runde!, ruft er. Meine Freundin und ich, wir halten unterm Tisch unsere Hände. Sie ist lieb, unsere Hände küssen sich.

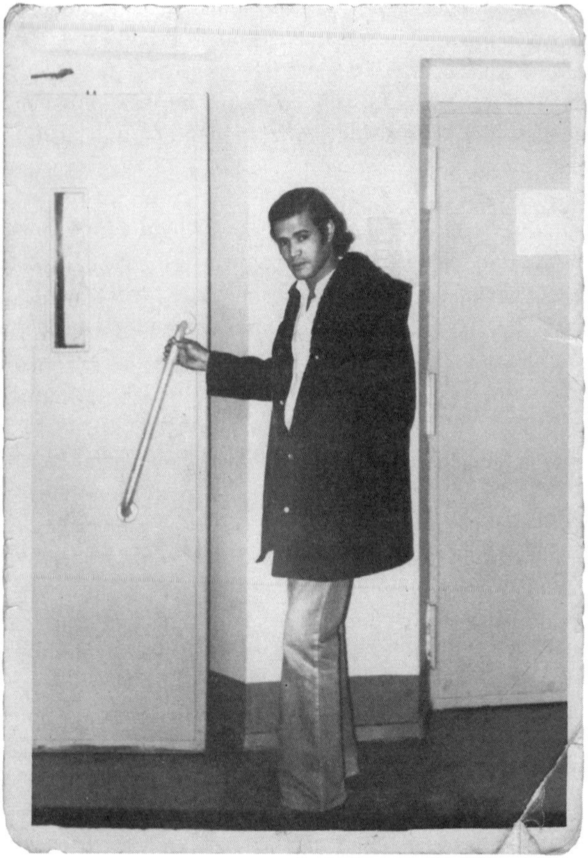

Die Tür öffnet sich langsam

Zehn vor zwei verabschieden wir uns von Alexander und Wolfgang. In fünf Minuten sind wir an der Bushaltestelle. Claudio kommt auch schon. Weil wir schon Fahrkarten gekauft haben, brauchen die Mädchen nicht zu bezahlen. Wir sind Kavaliere.

In ihrem Hochhaus wollen die Mädchen Zigaretten kaufen, aber wir haben noch kubanische Zigaretten. Die sind stark und stinken, das wissen wir. Claudio hat außerdem eine Flasche Bananenlikör und eine Flasche Rum mitgebracht. Wir haben noch viel Zeit. Die Mädchen probieren den Likör, bevor sie duschen gehen. Claudio und ich hören Musik. Wir sprechen – auf Spanisch natürlich – über unsere Zukunft in der DDR.

Ich gehe hinüber in das Zimmer meiner Freundin. Sie ist mit dem Duschen fertig. Sie ist wunderschön. Ihre Augen glänzen wie die Sonne. Ich sehe ihre schönen Lippen und ihren ganzen hübschen Körper. Sie trägt eine hübsche Bluse und einen gut dazu passenden Rock. Wir setzen uns und lauschen der Musik. Ich trinke einen Schluck. Sie blickt aus dem Fenster. Man könnte denken, sie sei gar nicht da. Ich weiß nicht, was sie denkt, und kann sie nicht fragen, weil ich ihre Sprache nicht spreche. Ich lege meine Finger an ihre Lippen. Sie sieht niedlich aus. Ich denke, das geht nicht, wir müssen gehen. Ich gebe ihr einen kleinen Kuss auf die Lippen, nehme ihre kleine Hand und zeige mit einer Bewegung, dass wir gehen müssen.

Wir gehen rüber zu Claudio und Angelika. Erst einmal klingele ich, weil ich sie nicht überraschen will. Dann bin ich energisch und sage: Na los, wir müssen gehen, wir haben eine halbe Stunde zu laufen.

Ich sehe, dass Claudio und Angelika sehr zufrieden miteinander sind. Sie sprechen lächelnd miteinander. Freilich, er spricht schon besser Deutsch als ich.

Ich gehe schön langsam, gehe hinter ihnen, möchte die Freude von Claudio und Angelika nicht stören. Wir laufen durch eine schöne Straße mit vielen Blumen. Birgit sagt gar nichts, ihr Blick ist auf den Boden gerichtet. Ich weiß nicht, ob ich etwas falsch gemacht habe. Vielleicht hätte ich nicht in ihr Zimmer gehen sollen. Vielleicht hat sie einen Freund. Vielleicht weiß sie jetzt nicht, was sie will.

Ich lasse ihre Hand los, pflücke eine schöne Blume ab und bringe sie ihr. Sie lacht, sagt etwas, das ich nicht verstehe, und dann sagt sie Danke. Dann nimmt sie mein Wörterbuch, und ich verstehe, dass sie sich über die Blume freut, aber dass die Blumen an der Straße und in den Gärten für die Schönheit der Stadt da sind und dass man, wenn man welche verschenken will, sie kaufen muss.

Junge, Junge, ich habe kein Glück. In meiner Heimat ist das anders. Ich nehme das Wörterbuch und versuche ihr das zu erklären. In Kuba, sage ich, ist das nicht so, aber ich lerne das jetzt mit dir. Oder gefalle ich dir nicht mehr? Soll ich weggehen? Da strahlen ihre Augen wieder. Sie legt ihre beiden Arme auf meine Schultern und kommt mir mit ihrem Kopf ganz nahe. Ihre Haare nehmen mir die Sicht, aber ich will jetzt auch gar nichts sehen. Ich umarme sie mit aller Kraft, hebe sie hoch, wir lachen beide, und dann küssen wir uns lange.

Claudio und Angelika sind schon weit vorn. Wir laufen schnell, um sie wieder einzuholen, und kommen zu viert in der Gaststätte an.

Wir begrüßen die Chefin und die Kellnerin und gehen gleich an den Stammtisch, wo Heinz und Peter schon sitzen und noch vier Plätze für uns haben. Wir stellen ihnen unsere Freundinnen vor. Heinz fragt: Na, Leonel und Claudio, seid ihr gut ins Wohnheim zurückgekommen? Und heute geht ihr ins Theater? Ja, Kollegen, wir sind gut zurückgekommen. Jetzt essen wir hier Abendbrot, und dann gehen wir ins Theater, das ist ja ganz in der Nähe. Wir bestellen Schnitzel, Pommes frites, Salat und Bier und Schnaps. Die Mädchen wollen Limonade. Wir – die Männer – sprechen über Sport. Über die kubanischen Boxer. Ich sage, dass ich bei meinem Armeedienst auch geboxt habe, aber nur so, um die Langeweile zu vertreiben. Meine Birgit ist sehr glücklich. Sie lässt meine Hand nicht los, ich ihre auch nicht, unsere Beine sind unterm Tisch schön zusammen. Heinz fragt, ob wir Havanna-Rum möchten? Wir möchten nicht. Die Chefin, die Mutti, bringt eine Flasche Rum für Peter und Heinz, für uns einen Weinbrand und für die Mädchen Kirschschnaps. Claudio sagt: Das ist zu viel, wir werden im Theater einschlafen. Peter sagt: Na, vielleicht nicht im Theater, aber bei den Freundinnen. Die Mädchen lachen, ich drücke Birgits Hand mit aller Kraft, und sie drückt zurück.

Bitte, Heinz, sage ich, kann die Kapelle wieder »Guantanamera« spielen? Na klar, sagt er, und winkt dem Kapellenchef. Sie spielen wieder unsere beiden Lieder.

Dann machen wir uns auf den Weg ins Theater. Unsere Freunde gestatten uns nicht, zu bezahlen. Sie sagen nur: Um zehn treffen wir uns wieder hier.

Das Theater ist voll. Die Kubaner sind alle da. Wir vier kommen rein, alle sehen uns an. Pimentel, der Chef, schimpft, aber Dieter lacht mit uns. Als es losgeht, verstehen wir nichts, aber weil wir nicht dumm sind, lachen wir immer dann, wenn die Deutschen auch lachen. Meine Birgit fragt, ob ich etwas verstehe. Ich lache, sie lacht auch. Ich halte es nur deshalb bis zum Ende aus, weil Birgit bei mir ist.

Gott sei Dank, es ist zu Ende. Die Kubaner fahren mit dem Bus ins Heim zurück. Wir vier gehen in die Gaststätte. Pimentel sagt ärgerlich: Morgen früh wollen wir wegfahren! Ich antworte: Wir auch. Wir gehen nur kurz in die Gaststätte, um uns zu verabschieden.

Und so machen wir es auch. Den Weg zum Wohnheim der Mädchen laufen wir schnell. Mir ist kalt. In Kuba sind jetzt fast 30 Grad.

Im Wohnheim gehen wir Hand in Hand in Birgits Zimmer. Ich sage: Birgit, und zeige auf meine Uhr. Sie versteht, dass sie den Wecker auf fünf Uhr stellen soll, und sagt: kein Problem mit deinem Chef. Sie gibt mir einen Kuss. Sie nimmt eine Kerze und zündet sie an. Alles ist schön und romantisch. Ich umarme sie und küsse sie. Sie geht und holt zwei Weingläser. Ich sehe auf die Uhr und kriege einen Schreck. Es ist schon Mitternacht. Birgit hat schöne Musik aufgelegt. Sie nimmt ihren Morgenmantel und geht ins Bad. Ich kann sie nicht sehen, trinke einen Schluck und rauche eine F6. Sie kommt zurück, und ich sehe sie von Kopf bis Fuß. Sie ist ein schönes, charmantes Fräulein, ganz wunderbar passt sie in ihr rosa Nachthemd. Sie bringt mir ein Paar Pantoffeln, aber ich sehe nur ihre Figur. Wir küssen uns, sie fragt, ob ich ins Bad gehen will. Natürlich. Ich komme zurück, und sie liegt schon im Bett, und ich lege mich neben sie – neben meine schöne Blondi. Es gibt keine Liebkosung, die wir auslassen, es ist ein Hochgenuss. Plötzlich klopft es an der Tür. Das ist Angelika, wir haben den Wecker nicht gehört. Es ist kurz vor sechs. Wir lachen, aber die Mädchen müssen zur Arbeit, und wir müssen fahren. Wir gehen schnell ins Bad, rennen zum Bus. Es ist kalt, und Birgit gibt mir eine Jacke. Wir schaffen den Bus. Zum Glück.

Ich begleite Birgit bis ans Betriebstor. Ich küsse sie und sage Auf Wiedersehen. Die Polizei sieht uns, ich möchte nicht, dass Birgit Probleme kriegt. Sie küsst mich und sagt: Ich warte auf dich, kommst du heute Abend? Natürlich komme ich.

Ich laufe schnell in unser Wohnheim – und nicht ins Klubhaus, wo es Frühstück gibt. Ich muss mich umziehen und esse etwas aus dem Kühlschrank. Dann kommt Claudio. Gemeinsam haben wir nun doch noch Zeit, ins Klubhaus zu gehen und eine Tasse Kaffee zu trinken. Unsere Leute lachen und möchten viel wissen, aber wir sagen, wir haben im Bahnhof geschlafen. Nur mein guter Freund Alexander fragt nichts. Wir kennen uns gut genug. Dieter kommt, begrüßt uns und sagt: Der Bus ist schon da.

Wir fahren nach Leipzig. Alle setzen sich einzeln, der Bus ist groß genug, es gibt viele freie Plätze. Ich schlafe gleich ein. Ich bin total kaputt. Aber die anderen, diese Schweinehunde, lassen mich nicht in Ruhe. Trotzdem schlafe ich immer wieder ein.

Leipzig ist eine schöne Stadt. Sie hat einen großen Bahnhof, von hier fahren Züge in andere Länder. Wir besuchen auch die Universität. Nach dem Mittagessen haben wir frei. Wir lassen uns fotografieren. Alexander, Claudio und ich gehen auf einen großen Platz und setzen uns auf eine Bank. Es sind dort viele Kinder. Einige kommen zu uns. Sie sind niedlich und machen mir Spaß.

Der »Doktor« fragt mit einem komischen Lachen: Und ihr habt also im Bahnhof geschlafen? Ich sage: Du bist unser Freund, du sollst alles ganz genau wissen. Wir haben bei unseren Freundinnen geschlafen. Da sagt er: Dann bin ich ja zufrieden, ich habe die Wette gewonnen.

Claudio sagt: Wir fahren gleich zurück, probieren wir doch noch ein Bier vom Fass. Das ist gut für mich – mit dem Bier schlafe ich wieder bis Zeitz. Alexander muss mich wecken: Leonel, wir sind schon da! Ich bin immer noch müde und denke: Was ist mit Birgit? Sie muss doch auch müde sein. Eine gute Dusche macht mich wieder wach.

Dieter erklärt uns das Programm für den nächsten Tag. Es geht in die Gedenkstätte des Konzentrationslagers Buchenwald. Das interessiert uns sehr. Weil im Bus so viele Plätze frei sind, fragen wir Dieter, ob wir unsere beiden Freundinnen mitbringen dürfen. Er lacht und sagt: na klar.

Claudio und ich sind glücklich wie Kinder. Die Freundinnen haben morgen frei. Wir bereiten ihnen eine schöne Überraschung. Um sieben fahren wir mit dem Bus zu ihnen. Angelika ist bei Birgit. Sie haben Abendbrot gemacht und warten schon auf uns. Ich schenke Birgit Blumen, und Claudio macht dasselbe mit Angelika. Mit Händen und Füßen erzählen wir von unserem Ausflug nach Leipzig. Claudio lacht und sagt: Birgit, du hast Leonel ganz schön kaputtgemacht. Er hat die ganze Fahrt über geschlafen. Alle lachen, und meine Kleine gibt mir einen Kuss. Und dann fragen wir die Mädchen, ob sie morgen mit uns mitkommen möchten, und sie sagen ja, und wir gehen gleich ins Bett, denn morgen müssen wir ja früh raus. Angelika sagt: Aber nur schlafen! Ich denke, sie hat recht, aber ich glaube nicht, dass es so wird. Im Bett legt Birgit ihren Kopf auf meine Brust. Bis früh um zwei schlafen wir, dann wache ich auf. Ich habe Durst, gehe in die Küche, trinke Wasser, und als ich zurückkomme, schläft meine Freundin auch nicht mehr. So unterhalten wir uns ein bisschen.

Wir können nicht mehr einschlafen. Ich trinke ein Bier und zünde eine Kerze an. Sie sagt: Du musst schlafen, sonst schläfst du wieder im Bus. Ich lache und sage: Gut, dann schlafe ich eben im Bus, aber hier jetzt nicht. Sie lacht auch, küsst mich, und so vergeht die Zeit bis sechs, und wir machen Frühstück. Um sieben fahren wir mit dem Bus zum Klubhaus, wo unsere Leute sind. Birgit hat ihren Fotoapparat mitgenommen. Wir kommen zeitig in der KZ-Gedenkstätte an.

Alles ist sehr beeindruckend für uns. Die Baracken, die Verbrennungsöfen, die Häftlingskleidung, die zum Souvenir gemachte Menschenhaut, der Schrumpfkopf – wir haben so etwas noch nicht gesehen. Der Platz, an dem Ernst Thälmann ermordet wurde. Die Straße der Nationen, die Blutstraße, schließlich der Weg des Friedens. Die Fahnen und Fackeln für alle Nationen, aus denen Häftlinge kamen.

Die Zeit vergeht schnell. Wir essen in Weimar Mittag, und dann haben wir Freizeit. Beim Bummel durch die Stadt treffen wir eine Kubanerin. Sie studiert hier Musik.

Abends um sechs sind wir wieder in Zeitz. Claudio, die Mädchen und ich bleiben in der Stadt und gehen zu den Freundinnen. Sie müssen morgen in die Nachtschicht, und wir haben frei. Da können wir noch den Tag gemeinsam verbringen. Um acht gehen wir in die Disko und treffen unsere Kollegen. Die Mädchen tanzen viel alleine, weil Claudio und ich mit Heinz und den anderen deutschen Kollegen schwatzen. Wir tanzen nur, wenn es unsere Lieder gibt. Und bei »La Paloma blanca«, der weißen Taube.

Nachts um eins sind wir wieder zurück im Wohnheim. Meine Birgit zieht wieder ihr rosa Nachthemd an. Sie gefällt mir sehr, und wir machen uns eine schöne Nacht.

Nach dem Frühstück gehen wir ins Zentrum. Wir müssen Material für die Schule kaufen. Wir treffen unseren Freund Alexander, der möchte ins Museum gehen.

Mittags gehen wir zurück ins Heim. Die Freundinnen müssen ein bisschen schlafen, weil sie um sechs zur Arbeit müssen. Wir begleiten sie wieder bis zum Betriebstor, dann gehen wir ins Klubhaus. Wieder erwarten uns schon die anderen Kubaner und Wolfgang und ein paar andere Deutsche. Wolfgang ist ein netter Mann, aber er trinkt schnell und viel und und ist dann auch schnell blau. Claudio und ich bleiben nicht lange. Wir gehen zurück. Als wir auf unsere Zimmer wollen, treffen wir den guten Willi. Er möchte mit uns Kaffee trinken und Spanisch sprechen. Wir sehen uns im Fernsehen gemeinsam einen Film an. Er dolmetscht für uns und ist glücklich dabei, und wir sind es auch. Er ist ein sehr netter Mann.

Am nächsten Tag – es ist ein Freitag – müssen wir alle in der Betriebsakademie sein. Dort stellt uns Dieter die Lehrer vor, denn am Montag beginnt für uns der Unterricht. Es sind die Lehrer da, die uns unterrichten werden: Frau M. für Deutsch und Literatur, eine andere

Frau M. für Geschichte, Helmut für Mathe, Physik und Chemie, der dicke Rolf für Technik, Herr Sch. für wissenschaftlichen Kommunismus. Wir kriegen einen Stundenplan. Meistens geht es von sieben bis eins, dienstags und donnerstags sogar von sieben bis vier. Also gut, alles ist klar. Wir gehen ins Klubhaus zum Mittagessen. Das ist ein guter Platz, da gibt es viele deutsche Kollegen, und das ist gut für das Erlernen der Sprache.

Am Wochenende haben wir frei. Am Sonntag wollen Birgit und Angelika ins Schwimmbad. Na ja, wir gehen mit, aber eigentlich ist es uns zu kalt. Nur die Mädchen gehen ins Wasser, wir bleiben draußen an unserem Tisch und trinken ein Bier. Mittags gehen wir zu Heinz in den Garten. Er hat seinen Garten direkt neben der Gaststätte. Wir braten Steaks und Würstchen. Der Platz ist schön. Die Deutschen denken, dass sie am Strand sind. Sie sind alle ohne Hemd und in Badehose. Natürlich, sie möchten braun werden, der Sommer ist ja bald vorbei. Wir hingegen möchten jetzt nicht mehr braun sein.

Heinz bringt zwei Flaschen Havanna Club, die er in Leipzig gekauft hat, und wir machen Diskomusik. Peter ist mit seiner Familie gekommen, sie haben zwei Kinder. Die Schwester seiner Frau ist auch da, und der Kapellenchef ist mit Familie gekommen – es ist ein buntes Treiben. Wir unterhalten uns mit den Kindern. Sie bringen uns viele neue Wörter bei. Peter und ein paar andere Deutsche unterhalten sich über die kubanischen Boxer. Jetzt kommen Alexander, Miguel und Lazaro mit der Chefin. Lazaro haben wir im Theater Gliederpuppe genannt, weil er klein und dick ist und einen komischen Schnurrbart trägt. Er ist schnell beschwippst und tanzt mit den Kindern. Die Kinder lachen, und die Leute auch.

Gegen fünf gehen wir ins Heim, um acht wollen wir wiederkommen, um richtig zu tanzen. Ich lasse heißes Wasser in die Wanne. Wir beide sind nicht groß, wir passen gut gemeinsam rein.

Ich sage zu meiner Birgit: Mach dich richtig schön, male dir die Nägel und Lippen schön rot. Ich weiß nicht, warum die deutschen Frauen das nicht so lieben. Bei uns in Kuba geben die Frauen den Nägeln und Lippen eine schöne, kräftige Farbe.

Sie zieht eine schöne Bluse an und eine Hose, alles passt gut. Sie legt sich aufs Bett, und ich sage: Wir müssen gleich gehen. Sie sagt: Die heiße Wanne hat mich ganz müde gemacht. Wir lachen beide.

Auf dem Weg zur Gaststätte treffen wir Peter mit Frau und Schwägerin. Die Schwägerin ist ein schönes brünettes Mädchen. Alexander,

Miguel, Lazaro und ein paar andere Kubaner sind schon da. Wir sitzen alle zusammen. Es sind auch noch andere deutsche Familien gekommen, die ich nicht kenne. Zum Tanzen bin ich zu müde. Ich unterhalte mich gern, es macht mir Spaß, immer neue Wörter zu lernen. Birgit tanzt mit meinen Kollegen.

Mein Freund Heinz erzählt von seiner Zeit bei der Armee. Er ist der einzige Sohn seiner Mutter und lebt mit ihr zusammen.

Birgit zeigt auf die Uhr. Sie will nicht so spät gehen. Am Montag müssen alle zur Arbeit, und wir müssen in die Schule – zu unserem ersten Unterrichtstag.

Wir haben erst einmal nur deutsche Sprache. Frau M. und Kollege Karl teilen sich den Unterricht. Karl ist gut, spielt auch ausgezeichnet Tischtennis. Weil er in Jena zu Hause ist, wohnt er die Woche über auch bei uns im Wohnheim. Das ist für uns ein bisschen schade, denn wenn er unsere Hausaufgaben kontrolliert, weiß er, warum ein Kubaner keine guten Noten haben kann.

Einmal kommt er auf unser Zimmer, und Claudio und ich sind weg, bei den Freundinnen. Am nächsten Tag sagt Alexander: Hey, Leonel und Claudio, der Profe war auf unseren Zimmern. Da wussten wir, dass er heute den anderen Kollegen keine Fragen stellen wird, sondern nur uns. Zu unserem Glück haben aber unsere Freundinnen unsere Aufgaben erledigt. Karl sagt: Ich habe nichts dagegen, dass ihr weggeht, aber lernen müsst ihr, sonst geht das nicht.

Frau M. ist eine gute Lehrerin, aber sie versteht keinen Spaß. Wir müssen pünktlich sein, dürfen im Unterricht nicht schlafen, müssen an den Übungen teilnehmen. Wenn nicht, sagt sie, wird sie es der kubanischen Botschaft schreiben. Aber sie macht das nicht wirklich. Sie will nur, dass wir unsere Ziele erreichen.

Durch unseren Unterricht und die vielen Gespräche mit unseren deutschen Kollegen und Freunden lernen wir die Sprache schnell. Nur noch an den Wochenenden treffen wir uns mit Heinz und seiner Gruppe in der Gaststätte.

Eines Tages gibt es den ersten Schnee. Am Abend zuvor hatten wir den Wetterbericht gehört. Unser Freund Willi hat übersetzt und gesagt: Leute, morgen gibt es Schnee, und er hat recht behalten.

Am nächsten Morgen früh um sechs kommt Willi in unsere Zimmer. Wir springen auf, gehen ans Fenster und sehen die große Überraschung. So etwas haben wir noch nie gesehen. Alles ist weiß, total weiß. Willi sagt, dass wir nach Oberhof fahren werden. Wir ziehen uns warm an, gehen nach draußen und toben herum wie die Kinder. Wir machen eine große Schneeballschlacht.

So um acht fahren wir los in Richtung Oberhof. Alles sieht so wunderbar aus. Die Bäume sind verschneit, die Straße ist dick mit Schnee bedeckt. Wir spüren, wie sich der Fahrer konzentrieren muss.

In Oberhof sind viele Leute. Wir sehen eine Menge Kinder, auch ältere Leute, viele sind mit ihren Skiern gekommen, es ist ein buntes Treiben. Wir rennen und toben durch den Schnee, und das macht uns schnell müde. Schon nach kurzer Zeit sind wir ganz kaputt. Wir gehen in ein Lokal und trinken Grog. Im Hotel »Panorama« machen wir Mittag. Gegen fünf fahren wir wieder zurück. Im Bus ist es schön warm, viele von uns schlafen gleich ein. Es war ein unglaublicher Tag.

Am nächsten Tag kochen wir für unseren Freund Willi und auch für Birgit und Angelika ein kubanisches Essen.

Am Wochenende fahren die Mädchen zu ihren Familien nach Hause. Sie wohnen nicht in Zeitz, sondern in anderen Orten.

Irgendwann im Januar kündigt sich für einen Dienstag ein Besuch von der kubanischen Botschaft an. Uns ist klar: Da müssen wir alles in Ordnung haben, und auch in der Schule muss alles klar sein. Am Montag zuvor kommen der Direktor, der Parteisekretär und der FDJ-Sekretär zu uns in den Unterricht. Sie wollen wissen, ob mit dem Unterricht alles in Ordnung ist, und sie fragen uns auch, ob wir mit den Bedingungen im Wohnheim zufrieden sind. Wir sagen ihnen, dass es nichts zu klagen gibt.

Am Dienstag treffen dann die beiden Genossen von der kubanischen Botschaft bei uns ein. Sie kommen aus Leipzig, wo sie zuvor Station gemacht haben. Sie interessieren sich für unser Leben und unser Studium an der Betriebsakademie. Wir sagen, dass es uns an nichts fehlt, aber dass wir uns wundern, dass sie jetzt erst nach Zeitz kommen – wir sind doch schon vier Monate in Deutschland. Sie sagen uns, dass sie viel zu tun haben. Das ist für uns nichts Neues.

Sie erklären uns, dass 1978 in Kuba die Weltfestspiele der Jugend stattfinden werden und dass wir deshalb viele Aufgaben haben. Zum Beispiel sollen wir in unserer Freizeit einige Arbeiten übernehmen und das dabei verdiente Geld nach Kuba senden.

Im Schnee in Oberhof

Das heißt für die deutsche Seite, dass sie versuchen muss, uns Arbeitsmöglichkeiten zu verschaffen. Das geht entweder in der Landwirtschaft oder dann, wenn die deutschen Arbeiter Feierabend haben. Wir organisieren das so, dass wir im Winter das Schneeräumen und ein paar andere Arbeiten im Betrieb übernehmen. Im Sommer gehen wir Obst pflücken, und im Herbst beteiligen wir uns an der Kartoffelernte. Dagegen ist nichts zu sagen. Das muss so sein. Da gibt es keinen Widerspruch.

An einem Wochenende im Januar fahre ich mit Birgit zu ihrer Familie. Es wird unser großer Fehler. Ich habe gedacht, dass das sehr schön werden wird, und ich habe mich darauf gefreut, die ganze Familie kennenzulernen. Aber ich habe vergessen, dass ich Ausländer bin. Als wir zurückfahren, sehe ich, dass meine Birgit sehr traurig ist. Am nächsten Tag weint sie viel und redet auf mich ein, aber ich verstehe nur, dass wir Schluss machen müssen. So war sie – unsere schöne, aber kurze Liebe.

Ich verstehe: Die Familie will keinen Ausländer. Sie will das Beste für ihre Birgit.

Manchmal treffen wir uns noch. Wir grüßen uns, ich gebe ihr meine Hand, sie gibt mir ihre, und sie weint. Wir sagen kein Wort, aber ich weiß, dass ich nun in eine andere Richtung gehen muss. Das ist besser so.

Die Schule geht weiter. Wir fahren mit Dieter und unseren Lehrern oft ins Museum. Auch nach Berlin fahren wir, besichtigen den Fernsehturm, besuchen den Tierpark. Der Frühling ist eine wunderschöne Zeit. Alles wird grün, die Bäume sind wieder schön anzusehen, die Blumen blühen.

Aber wir freuen uns auch schon auf den Sommer. Wir werden einen richtigen Urlaub machen und in ein Ferienlager in der Nähe von Rostock fahren. Dort werden wir zum ersten Mal sehen, was FKK ist – Freikörperkultur. Aber wir müssen uns noch bis zum Juli gedulden.

In unserer Schule lerne ich einige deutsche Kollegen kennen: Frank, Micha und Thomas. Sie boxen in einer Sportgemeinschaft und interessieren sich für die kubanischen Boxer. Eines Tages laden sie mich zum Boxen ein. Und weil ich in meiner Armeezeit auch ein bisschen geboxt habe, gehe ich mit ihnen mit in die Sporthalle.

Ich denke, dass das gut für mich ist. Ich lerne neue Wörter, gewinne neue Freunde, und es ist gut für die Gesundheit.

Ich wiege 51 kg. Ich bin ein Karikaturmann, aber fürs Boxen ist meine Figur gar nicht so schlecht. Ich habe lange Arme und lange, dünne Beine, bin schnell und explosiv, habe eine solide Verteidigung und kann schnell zum Angriff übergehen.

Im Boxring trainiere ich mit Andreas. Er ist kleiner als ich, aber kräftig und ohne Angst. Er hat, das merke ich schnell, eine gefährliche Rechte. Richtig Angst habe ich nicht, aber Sorgen mache ich mir doch, denn er ist immer an mir dran, jede Sekunde, lässt nicht locker. Sein Trainer hat ihm wohl gesagt: Pass auf, der Leonel ist schnell, du musst ihn angreifen ohne Pause. Aber wenn wir Kopf an Kopf kämpfen und Bein an Bein, dann mache ich meine Schweinereien und schlage mit den Ellenbogen, und zwar so schnell, dass es der Trainer nicht sehen kann, und dann schieße ich zwei oder drei Haken in seine Leber und an seinen Unterkiefer. Ich selbst kriege natürlich auch Treffer ab, am Kopf, auf den Mund, auf die Augen. Aber ich stehe jeden Kampf bis zu Ende durch, und am Ende gehen wir in die Kneipe, um Bier zu trinken.

Eines Tages soll es bei uns in Zeitz einen Wettkampf gegen die Leute aus Gera geben. Bei uns wird diskutiert, ob Andreas oder ich in der 51-kg-Klasse antreten soll. Am Ende lautet die Entscheidung: Ich soll kämpfen.

Den Kubanern habe ich davon nichts erzählt, weil mir die kubanische Leitung keine Erlaubnis zum Kampf geben würde. Trainieren darf ich, das ist klar, aber nicht kämpfen. Meine deutschen Freunde wissen das, und so muss mein Kampf gegen den Geraer ein Geheimnis bleiben.

Jetzt bin ich ein Zeitzer

Mir ist klar: Ich bin jetzt ein Zeitzer, ich muss Zeitz gut vertreten. Unser Trainer und die ganze Mannschaft wollen heute gegen Gera gewinnen, obwohl Gera eigentlich besser ist im Boxen als Zeitz.

Wir sind alle zusammen in der Umkleidekabine. Andreas gibt mir Ratschläge und sagt zum Spaß: Du Schwein, du musst bei dem Geraer die gleichen Schweinereien machen wie bei mir, und wenn du nicht gewinnst, mache ich dich kaputt.

Der Trainer hat mir gesagt: Ich kenne deinen Geraer Gegner, er war schon ein paar Mal in Zeitz. Pass gut auf seine Linke auf, er ist Linkshänder. Leonel, du musst deine Schnelligkeit ausnutzen, musst explosiv sein und schnell in den Gegenangriff gehen. Ich bin bereit, wir gehen zum Ring, und er sagt mir noch: Wir haben einen Vorteil. Die Leute aus Gera kennen dich nicht, wir werden sie überraschen.

Die Stimmung am Ring ist aber nicht gut. Der kleine Thomas hat in der 48-kg-Klasse seinen Kampf verloren. Seine Freundin und seine Familie sind da, alle sind traurig.

Dann höre ich, wie die Zeitzer mich anfeuern. Sie brüllen, als der Vogel aus Gera in den Ring tritt, und dann rufen sie: Das ist unser Kubaner! Ich schaue meinem Gegner direkt in die Augen, das ist gute Psychologie. Aber Mann – plötzlich höre ich unsere Sprache, das ist der Vogel Alexander, der »Doktor«. Ich muss nachher mit ihm sprechen. Er darf den Kubanern nichts von meinem Kampf erzählen.

Die erste Runde beginnt. Der Mann ist schnell an mir dran. Ich bewege mich nach links und rechts, ich muss ihn auf Distanz halten, es darf noch nicht zum Clinch kommen. Ich schieße zwei Geraden mit der Linken und dann mit der Rechten und bleibe immer in Bewegung. Die erste Runde ist fast zu Ende, da trifft mich der andere mit einer tollen Rechten am Kopf. Dann ist Pause. Der Trainer schimpft. Ich kann es nicht sehen, aber ich glaube, Alexander ist ganz in der Nähe, und er schreit: Du musst mit Haken an seine Leber und mit der Rechten an seinen Kopf!

Dann die zweite Runde. Wieder ist der Vogel blitzschnell an mir dran. Gut, denke ich, probiere ich, was Alexander gesagt hat und wie ich es mit Andreas gemacht habe: Körper an Körper, und meine Hände sind blitzschnell. Damit ich seine Leber treffen kann, gehe ich ein bisschen zurück, er kommt wieder schnell auf mich zu, ich denke: jetzt oder nie. Und ich schieße eine wirklich tolle Rechte auf seinen

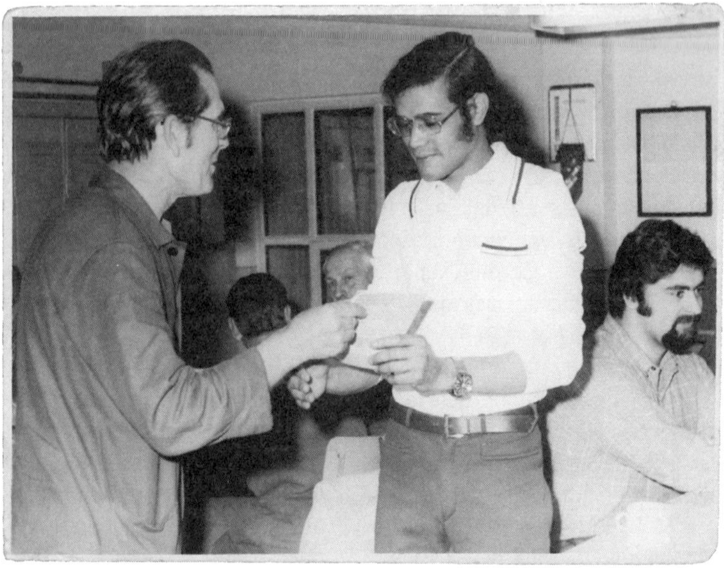

Man trifft sich in der Brigade

Unterkiefer. Er ist gebremst, ich sehe, wie seine Beine tanzen, stürze mich sofort wieder auf ihn, aber der Kampfrichter schickt mich in meine Ecke. Ich sehe nach den Augen des Geraer Boxers, er blickt zu Boden, das bedeutet viel für mich. Ich höre meine Leute, höre den Trainer, höre Alexander, alle schreien, dass der Mann wieder bereit ist, und ich gehe nicht, sondern ich renne auf ihn zu und attackiere ihn mit zwei Linken und einer Rechten. Dabei kassiere ich auch von ihm eine Linke am Kopf, ich sehe Sterne, aber ich lasse nicht nach mit meinen Linken und Rechten und schaffe die zweite Runde.

Die Leute aus Zeitz werden immer lauter. Alexander sagt: Leonel, du hast schon gewonnen, du musst jetzt nur noch tanzen und nicht immer wieder in den Mann hineingehen. Mein Trainer sagt dasselbe. Ich habe kein Benzin mehr. Aber der Mann aus Gera hat offenbar auch einige Sorgen, das könnte mein Vorteil sein.

Die dritte Runde beginnt. Er muss mich erreichen, ich brauche nur zu tanzen und ihn in Bewegung zu halten und die Deckung schnell schließen. Aber der Mann stürmt mit allem auf mich zu, auch mit dem Kopf. Ich blute am Mund, und auch meine Augenbrauen werden von seinem Kopf getroffen. Das macht mich wütend, und ich gehe wieder in den Clinch und attackiere ihn scharf mit meinen Ellenbogen, treffe ihn an der Leber, gehe kurz zurück, treffe ihn dann links und rechts am Kopf und bringe noch einen Leberhaken an. Ich sehe, wie der Geraer wankt. Der Kampfrichter ruft: Stopp!, und schickt mich in meine Ecke. Alexander sagt: Du Homo, ich habe dir doch gesagt, du brauchst nicht mehr zu kämpfen, du sollst nur noch tanzen! Ich sehe Andreas und Thomas. Der Mann aus Gera ist wieder bereit. Er kommt wieder mit beiden Händen und dem Kopf, ich tanze ihn aus, schlage mal links, mal rechts, bewege mich rückwärts und nach links und rechts – Mann, wie lange dauert das denn noch?

Mein Gott, dann ist es doch zu Ende, und ich habe gewonnen! Aber mein Mund blutet, mein Auge ist blau, ich brauche Eis auf meine Augen.

Dann kommen mein Andreas und der kleine Thomas, sie gratulieren mir. Auch Alexander kommt, und er schimpft ganz so, als ob er ein Spezialist fürs Boxen wäre. Er sagt, was er schon in der Pause gesagt hat: Du Homo, warum bist du immer wieder in den Clinch gegangen! Wie kann man denn so Körper an Körper boxen! Aber die deutschen Kollegen lachen, und sie sagen nun auch zu mir: du Homo!

Ich sage zu Alexander: Du, hör mal, du musst den Kubanern nicht verraten, dass ich geboxt habe. Er nickt – und stellt mir ein Fräulein vor. Sie heißt Angelika und ist die Schwester von Claudios neuer Freundin. Alexander sagt: Sie ist hierher gekommen, weil du ihr gefällst. Ich gehe duschen, und meine Leute gehen zurück an den Ring, um die anderen anzufeuern.

René in der Klasse bis 67 kg boxt gut und gewinnt. Er ist kräftig und hat eine gute Technik. Jürgen, Stefan und der Größte – Paul – gewinnen auch, und so ist Zeitz der Sieger dieses Wettkampfes.

Wir gehen zum Kulturhaus, um zu essen und zu trinken. Ich kann nichts essen, trinke nur zwei, drei Bier und ein Schnäpschen. Mein Maul ist kaputt.

Ich verabschiede mich von meinen Leuten und gehe ins Wohnheim. Die Kubaner sind in der Disko. Ich will nicht, dass sie mich jetzt so sehen. So gehe ich ins Klubhaus und setze mich allein an einen Tisch, und da kommt der Kollege Wolfgang und fragt: Was ist denn mit dir passiert? Ich erzähle ihm alles, und er lacht und bestellt eine Runde. Ich sage ihm: Erzähl das nicht meinen kubanischen Leuten!

An einem anderen Tisch sitzen Reingard und zwei Kolleginnen. Wir haben schon ein paar Mal miteinander gesprochen und verstehen uns gut. Ich grüße mit Hand und Kopf zu ihnen hinüber. Wolfgang sagt: Geh mal hin zu ihnen, sie rufen dich – aber ich möchte das nicht. Da kommen sie an unseren Tisch und fragen: Leonel, hast du eine Schlägerei gehabt? Und sie lachen dabei, und Wolfgang sagt: Nein, er ist Boxer.

Wolfgang bestellt eine Flasche Wein für die Frauen. Ich sage zu Wolfgang, dass ich kaputt bin und ins Wohnheim gehen muss, um zu schlafen. Aber er sagt: Kein Problem, heute ist Sonnabend, da kannst du bei mir schlafen, ich arbeite morgen nicht, lass uns noch eine Runde trinken.

Die Freundin von Reingard sagt: Hey, Reingard, warum gehen wir eigentlich nicht zu dir? Und Reingard sagt: Leonel, kommst du mit zu uns, oder hast du Angst?

Warum soll ich Angst haben? Ich bin froh über die Einladung, denn so werden mich die Kubaner zwei Tage lang nicht sehen. Wolfgang kommt auch mit, wir fahren mit dem Bus.

Reingard gibt mir eine Tablette gegen meine Kopfschmerzen, und dann soll ich über den Kampf reden, aber ich will nicht. Ich habe Hunger, denn ich habe den ganzen Tag noch nichts gegessen wegen meines Gewichts, aber ich kann und möchte nur eine Suppe essen oder etwas Ähnliches. Bloß, Mensch, wie soll ich das hier sagen. Ich bin das erste Mal bei Reingard zu Gast. Aber Wolfgang versteht mich ohne Worte. Er sagt: Leonel, du hast bestimmt Hunger, und ich antworte mit einem Nein, das wie ein Ja klingt. Reingard sagt: Klar, ich hole uns was zu essen, aber mein Freund Wolfgang sagt: Frag ihn doch erst mal, was er will. Du siehst doch, dass sein Mund ganz zerschlagen ist. Da lacht sie und kocht eine Nudelsuppe. Die schmeckt mir sehr gut, und ich trinke eine Limonade mit Schnaps dazu. Alle sehen, dass ich ganz kaputt bin. Wolfgang und Reingards Freundin gehen, und ich verschwinde gleich im Bett und schlafe bis zum nächsten Tag um neun.

Reingard hat das Frühstück schon fertig, aber, bitte, ich muss mir erst mal mein Maul waschen. Seit zwei Tagen bin ich nicht aus meinen Klamotten herausgekommen. Reingard hat alles gut vorbereitet. Als ich aus dem Bad zurückkomme, fühle ich mich wie ein neuer Mann.

Wir reden miteinander, und sie sagt, dass Boxen kein menschlicher Sport ist, sondern ein tierischer.

Weil ich mir Sorgen mache, dass sie im Wohnheim über mich reden, ruft Reingard im Wohnheim an, und ich rede mit Alexander. Alexander sagt, dass es kein Problem gibt. Aber da weiß er nicht, dass

Angelika, die mit in der Sporthalle war, ins Wohnheim gekommen ist und Claudio getroffen hat und andere Kubaner, und so ist mein Boxkampf längst kein Geheimnis mehr.

Mit Reingard ist alles klar: Sie hat einen Sohn, der heißt René, und sie ist geschieden.

Nach dem Mittagessen fahre ich ins Wohnheim, ich muss alles für die Schule vorbereiten. Ich komme gegen vier dort an. Um diese Zeit kochen sie alle irgendetwas fürs Abendbrot oder sitzen in ihren Zimmern und trinken ein Bier. Ich gehe ganz ruhig in mein Zimmer. Claudio begrüßt mich: Hallo, Kind camillita! Das heißt »Kind mit den dünnen Beinen«. Alexander und er lachen darüber, wie kaputt ich aussehe, und gleich kommen auch die anderen, Pedro, der Spaßmann und so weiter. Schließlich kommt auch Pimentel, der Chef. Er sagt: Hör mal, Leonel, du bist hier nicht als Sportler hergekommen, sondern du hast eine andere Aufgabe. Ich werde in deine Personalakte schreiben, dass du machst, was du willst. Das heißt: Ab heute will ich dich nicht mehr in der Sporthalle sehen. Gut, sage ich, aber hier im Wohnheim boxe ich weiter. Alle lachen.

Am Montag treffe ich meine deutschen Boxerkollegen in der Schule, und alle starren auf meine Augen und meinen Mund. Alle freuen sich, dass wir gewonnen haben. Auch die Lehrer. Und als ich ihnen sage, dass ich nicht mehr boxen darf, schimpfen sie. Aber so ist das: Der Chef hat entschieden, und da kann man nichts machen.

Reingard und ich, wir treffen uns jetzt jeden Tag und fahren zusammen im Bus. Sie arbeitet im Betrieb.

In meiner Freizeit gehe ich mit den deutschen Kollegen in die Kneipe oder in die Gaststätte zu Heinz und Peter. Sie wissen von der Sache mit Birgit, wissen auch, dass ich geboxt habe, und sie wissen von der neuen Beziehung mit Reingard. Alle zusammen – Heinz, Peter und meine Boxerkollegen – gehen wir zum Fasching. Dort treffen wir auch Claudio, Alexander, Pedro, Lazaro, Pimentel und alle anderen Kubaner. Pimentel, der Chef, sagt zu mir: Vergiss nicht, du bist Kubaner! Klar sage ich, ich bin zu 100 Prozent Kubaner – aber die Freundschaft, die ist gut. Alle lachen.

Hier treffe ich auch Angelika wieder. Sie war beim Boxen dabei. Sie ist mit ihrer Schwester und mit Claudio gekommen und sitzt mit allen Kubanern an einem Tisch. Die deutschen Kollegen und ich stehen in einer Ecke, haben keine Plätze. Aber weil Heinz gut bekannt ist, macht uns die Kellnerin einen Tisch frei. Wir unterhalten uns, und meine kubanischen Freunde lachen über mich – wegen meiner Karikatur-Boxerfigur. Na ja, so sind wir Kubaner eben.

Claudio sagt: Mach dich nicht so interessant, Mann. Angelika möchte mit dir tanzen. Aber ehrlich: Ich möchte das nicht. Ich fühle mich gut, möchte mit meinen Kollegen Späße machen. Später tanze ich dann doch mit ihr. Wir gehen zusammen nach Hause, sind ziemlich betrunken und schlafen miteinander. Am Morgen kommen wir ins Wohnzimmer der Familie. Alle sind fröhlich, Claudio ist auch da. Angelikas Schwester sagt: Hey, Leute, ich war das erste Mal mit einem Mann im Bett! Für mich ist nicht gleich klar, welche Bedeutung das hat. Später verstehe ich.

Wir Kubaner haben viele Freunde und gute Kollegen, aber es gibt auch Leute, die uns nicht mögen.

Eines Tages sind wir mit Wolfgang und anderen Kollegen im Klubhaus, und eine Gruppe von Deutschen beleidigt unseren Wolfgang, weil er immer mit uns zusammen ist. Dann schlägt einer auf Wolfgang ein. Das bringt mich sehr in Wut. Wolfgang ist nicht mehr ganz jung, er ist ein ruhiger Typ, hilft, wo er kann. Ich gehe auf den Mann zu, und es ist mir egal, ob ich schnell bin oder gut boxen kann, ich bin einfach nur noch wie ein Tier und schlage zu, rechts und links, und er blutet gleich am Mund, und die anderen nennen uns beleidigend »Neger«, und sie lachen dabei, und dann laufen sie weg und wir – Alexander, Luis, Claudio und ich – rennen hinter ihnen her. Ich bin ganz heiß vor Wut. Die Polizei kommt und macht Ordnung.

Wolfgang sagt später zu uns: Ihr müsst aufpassen. Die jungen Leute sind schlecht, wenn sie zu viel trinken.

Und dann gibt es wieder viele gute Erlebnisse. Mit der FDJ gehen wir in die Landwirtschaft, um zu helfen. Und im Juli fahren wir – endlich – für zwei Wochen auf die Insel Rügen ins Ferienlager.

Wir leben gemeinsam mit deutschen Studenten. Ins Wasser gehe ich nur ein einziges Mal – und das auch nur, als ich besoffen bin. Meine Beine und Arme sind im kalten Wasser wie abgestorben.

Eines Tages sagen Miguel, Raul und Ramiro: Leute, kommt, wir haben den FKK-Strand entdeckt. Gleich machen wir uns wie die Dummen auf den Weg dorthin. Was ich sehe, ist wie von einem anderen Stern. Klar, man muss bedenken, dass wir Kubaner sind. Wir haben

Rügener Abenteuer

eine andere Mentalität. Aber einer oder zwei von uns tauchen plötzlich auch ohne Sachen auf. Ich nicht, ich habe meine Komplexe.

Ich sehe viele Leute. Einige spielen Volleyball, andere lesen oder unterhalten sich – mein Kopf ist, denke ich, in einer anderen Welt. Ich denke: Wie kann das sein, alle sind ganz nackt. Na gut, ich sehe also diese Kultur, und alles ist in Ordnung. Noch zwei- oder dreimal gehe ich an den FKK-Strand.

Zwei oder drei Tage vor unserer Rückfahrt gibt es eine Schlägerei. Raul, Miguel und Pedro sind in der Disko und bekommen Probleme. Miguel ist ein ruhiger Mann, aber nun kommt er mit einem zerschlagenen Maul nach Hause. Ein paar Deutsche und ein paar Polen, sagt er, haben ihn verprügelt. Luis, Claudio, Lazaro, José, der Chef und ich beschließen, in die Kneipe zu gehen. Die Deutschen dort sind schon vorbereitet. Sie warten mit Holzknüppeln, Stühlen und anderen Dingen auf uns. Es wird ein heißer Abend.

Am nächsten Tag ist die Polizei bei uns. Sie sagen: Ihr macht alles kaputt. Ich denke: Warum sagt der Mann das. Unsere deutschen Betreuer diskutieren mit der Polizei.

Als wir wieder in Zeitz sind und man mich fragt, wie es war, sage ich immer: sehr schön, aber zu kalt. Und es war doch Juli.

Unser Leben geht weiter, wir machen viele Ausflüge. Ich habe das Gefühl, dass die Zeit sehr schnell vergeht. Ich bin mit Reingard und Angelika zusammen. Oft bin ich mit Peter und Heinz unterwegs.

Einmal sind wir in einer kleinen Stadt, dort sind Algerier und Polen. Ich bin immer unbekümmert. Ich gehe zu den Leuten und begrüße sie. Die Algerier sind freundlich und grüßen zurück. Aber die Polen wollen nur über Politik sprechen. Der »große Bruder«, sagen sie, ist Scheiße, aber Wałęsa und die Solidarność sind gut. Ein Pole sagt zu mir: Fidel ist dumm, und er tippt sich mit seinem Finger an den Kopf. Das gefällt mir gar nicht, ich gehe zu meinen deutschen Kollegen zurück.

Heinz und Peter sagen zu mir: Warum sprichst du mit den Polen über Politik. Sie sind faule Leute, arbeiten nicht und machen schwarze Geschäfte. Wir gehen zusammen weg.

Im Herbst bekommen wir wieder Besuch aus der Botschaft. Der Genosse ist schön dick, er fährt ein gutes Auto. Er spricht sehr viel, und ich schlafe.

Erst, als unsere Lehrerin über unsere Noten spricht, bin ich wieder wach. Sie sagt: Leute, der Kollege Cala ist gut, aber er könnte besser sein, wenn er mehr lernen würde. Der Genosse sagt: Ihr seid hier, um zu lernen.

Dann machen wir wieder einen Ausflug nach Berlin. Wir besuchen die Gedenkstätte des Konzentrationslagers Sachsenhausen und auch die Gedenkstätte für Rosa Luxemburg an der Lichtensteinbrücke. An dieser Stelle hat man Rosa Luxemburgs Leichnam am 15. Januar 1919 in den Landwehrkanal geworfen. Das ist sehr interessant für uns. Wir sehen auch das sowjetische Denkmal, wo man an die letzte Schlacht in Berlin erinnert. Und wir fahren zum ersten Mal in unserem Leben mit der U-Bahn.

Zurück nach Zeitz fahren wir vom Bahnhof Berlin-Lichtenberg. Wir fahren mit dem Zug und treffen dort viele sowjetische Soldaten und Offiziere. Wir trinken viel miteinander. Die »großen Brüder« trinken Wodka und davon nicht wenig. Als wir schon ein bisschen betrunken sind, reden wir über Breshnew und Fidel, und wir schimpfen über die Polen, denn wenn die blau sind, dann sind sie unmöglich.

In Zeitz erscheinen in der Zeitung Artikel, dass sich viele deutsche Familien wünschen, zu Weihnachten einen kubanischen Kollegen zu Gast zu haben. Das ist eine gute Idee. Wir besuchen einige Familien.

Aber am liebsten sind wir mit unseren Freundinnen zusammen – und mit unseren guten Freunden, wie es Wolfgang, Heinz und Peter sind.

Aus Kuba haben wir schwarze Bohnen gekriegt – da können wir kubanisch kochen und unsere Freunde einladen.

Ab Januar gehen wir zwei- oder dreimal in der Woche in den Betrieb zur Arbeit. Jetzt müssen wir gleichzeitig lernen und arbeiten. Die deutsche Sprache ist besonders schwer, mit den anderen Fächern habe ich nicht solche Mühe.

In meinem Privatleben muss ich mich entscheiden, ob ich mit Reingard oder mit Angelika gehen will.

Im Haus, in dem Reingard wohnt, lerne ich einiges. Ein paar Mal lasse ich meine Zigarrenkippe auf dem Treppenflur liegen. Die deutschen Familien sagen zu Reingard: Frau S., Sie müssen die Kubaner besser erziehen! Ein anderes Mal spielen wir Domino, wir lachen fröhlich, da kommt die Frau von der Wohnung unter uns und sagt: Frau S., gehen Sie doch mit den Kubanern ins Wohnheim, da können Sie Domino spielen so viel sie wollen. Klar, die Leute haben recht.

Einmal kommt der Ex-Mann von Reingard besoffen in die Wohnung. Er schlägt sie ins Gesicht und beleidigt mich wie Wörtern wie »Schweineneger«. Na ja, ein Neger bin ich, aber ein Schwein? Der Vogel ist groß und dick, er kommt mit erhobenen Händen auf mich zu, und ich denke, in diesem Zimmer wird alles kaputtgehen, es ist besser, wenn wir nach unten gehen. Aber er kommt immer dichter, ich kann nicht mehr warten, schieße meine schnelle Rechte zwei- oder dreimal gegen seinen Kopf. Er blutet am Mund, nimmt einen Stuhl, ich nehme eine Flasche, aber in diesem Moment kommen Claudio und Luis, und alles kommt in Ordnung. Die Polizei kommt und nimmt den Mann mit. Reingard und ich, wir müssen dann auch zur Volkspolizei. Ich verstehe nicht alles, aber ich weiß, dass er eine Strafe zahlen muss. Ein Polizist sagt zu mir: Kein Problem für Sie, dieser Mann ist bekannt, und seine Tätowierungen sagen alles.

Viele von uns wohnen in dieser Zeit bei ihren deutschen Freundinnen, das heißt, nach der Schule gehen wir nicht ins Wohnheim. Aber einmal im Monat haben wir Versammlung, die fängt erst abends an, und dann sprechen wir über die Disziplin, über Probleme in der Schule, über Politik und vieles andere mehr, und deshalb schlafen wir in dieser Nacht im Wohnheim.

Einmal gehen Claudio und ich nach einer solchen Versammlung noch zu Wolfgang. Wir trinken ganz schön, und als wir zurückkom-

Zeitzer Arbeitsalltag

men, schläft Alexander schon. Claudio und ich, wir haben ein paar Feuerwerkskörper und Luftballons. Luis und Lazaro kommen noch dazu, wir zünden die Feuerwerkskörper an und zerstechen die aufgeblasenen Luftballons. Wir gehen raus auf den Flur, alles ist hell, die Luftballons knallen. Alexander springt aus dem Bett, fast verrückt vor Angst, aber wir halten ihm die Tür zu. Er schreit laut und tritt mit den Füßen gegen die Tür, aber wir lachen nur.

Ja, auch solche Späße müssen manchmal sein. Wir müssen uns die Zeit vertreiben. Post aus Kuba bekommen wir nicht oft, die Briefe sind fast einen Monat unterwegs.

Wir machen gemeinsam Ausflüge nach Wernigerode und Thale, Eisenach, Potsdam, und wir fahren auch ganz privat durchs Land. Wir fahren mehr im Land herum, als wir das jemals in Kuba gemacht haben.

Wir treffen auch Leute aus Chile und unterhalten uns mit ihnen, aber wenn wir mit ihnen über Politik sprechen, verstehen uns die Chilenen nicht.

Ein anderes Mal sind wir in der Gaststätte, aber Heinz und die anderen deutschen Kollegen sind nicht da, sie sind in die Tschechoslowakei gefahren. Dafür treffen wir ein paar Ungarn. Sie geben mächtig an, haben ein ziemlich großes Maul. Zum Glück für uns alle kommen zwei Polizisten rein, um Zigaretten zu kaufen. Sie sehen, dass die Ungarn schon sehr besoffen sind und sagen zu ihnen: Es ist besser, wenn ihr ins Wohnheim geht. Das ist eine kluge Entscheidung, sonst wäre etwas passiert.

Ich gehe zu Angelika. Sie wohnt in der Nähe.

Dann sind wir wieder im Freibad. Ich gehe nicht ins Wasser, es ist zu kalt, aber Angelika geht rein. Ich treffe auch meine Boxergemeinschaft, Andreas, Stefan, Paul und Thomas. Wir trinken zusammen ein Bier. Sie sagen zu mir, dass ich wieder in die Sporthalle kommen soll, wenigstens zum Training, aber ich habe keine Lust mehr. Sie erzählen, dass Andreas Meister geworden ist – gut, klasse, da freue ich mich sehr. Wir sind ja gute Freunde. Andreas hat meine kleinen Schweinereien vergessen.

Ich werde Dolmetscher

Am nächsten Tag fahren wir in einen kleinen Ort in der Nähe. Dort sind einige Kubaner, die ein Praktikum in der Landwirtschaft machen sollen.

Schon früh um sieben geht es los. Die Fahrt dauert nur eine knappe Stunde. Wir treffen auf drei kubanische Frauen und vier kubanische Männer. Keiner von ihnen spricht Deutsch, deshalb machen wir die Dolmetscher.

Der Bürgermeister ist sehr zufrieden. Er sagt, dass es das erste Mal ist, dass Kubaner im Ort sind, aber ohne Dolmetscher ist es für ihn zu kompliziert. Pimentel, unser Chef, entscheidet, dass José, Claudio und ich hier Dolmetscher sein sollen. Jeder soll zwei Wochen bleiben und helfen. Er, Pimentel, wird gleich in Zeitz und in der Botschaft anrufen und das regeln. José wird den Anfang machen, dann folgt Claudio, dann Leonel. Der Bürgermeister gibt uns zur Erinnerung an dieses Treffen Obst und Wein mit. Ein deutscher Kollege sagt: Das ist ein klasse Wein, den machen wir selbst.

Wir essen in einer Gaststätte zu Mittag, in der es Hirschbraten gibt. Das esse ich zum ersten Mal. Zum Abendbrot sind wir wieder in der gleichen Gaststätte. Wir trinken Weinbrand und Bier. Eine Kapelle mit grünen Anzügen und mit Hüten, an denen Federn befestigt sind, spielt traditionelle Musik. An den Wänden hängen viele Bilder von Hirschen und Rehen und große Häute von Wildschweinen.

Als wir zurückfahren, nennen uns unsere Kollegen nicht mehr beim Namen, sondern sagen nur noch »Dolmetscher« zu uns. Wir – José, Claudio und ich – freuen uns auf diese neue Arbeit. Wir werden ein bisschen frischen Wind in diesen kleinen Ort bringen.

Als wir zurück in Zeitz sind, gehe ich zu meiner Freundin. Morgen haben wir Prüfung und Vorlesung. Am Wochenende müssen wir arbeiten. »Freiwillig«, für die Weltfestspiele in Havanna. Schade, Peter hat mich eingeladen, mit ihm in die Tschechoslowakei zu fahren, aber ich kann nicht wegen der Arbeit.

Zwei Wochen später kommt José zurück und erzählt, wie es war. Er schwärmt, was für schöne Mädchen er gesehen hat. Er hat in einem schönen Zimmer gewohnt, war jeden Abend in der Kneipe und hat eine Geldprämie gekriegt. Ich bin gespannt, ob es Claudio auch so gut gehen wird. Und dann mir?

Im Betrieb machen wir jetzt ein Praktikum. Wir sind auf verschiedene Brigaden aufgeteilt.

Heinz lädt mich ein, mit ihm mit nach Weißenfels zu kommen und einen Arbeitskollegen zu besuchen. Wir fahren mit seinem Motorrad.

Weißenfels gefällt mir sehr. Aber noch ahne ich nicht, wie wichtig diese kleine Stadt für mich werden wird – 1981, wenn ich hier meine Freundin Ramonche finde, mit der ich lange zusammen sein werde.

Wir verbringen den ganzen Tag in Weißenfels, aber zurück fahren wir nicht mit dem Motorrad, sondern mit dem Zug. Heinz hat viel getrunken, und da wird sein Kollege am nächsten Tag mit seinem Motorrad nach Zeitz kommen. Ich bin froh, dass wir zusammen im Zug sitzen, und Heinz nimmt mich dann auch noch mit zu sich nach Hause, wo ich übernachten kann.

Und dann fahre ich zu den Kubanern, um zu dolmetschen. Ich bin schon am Abend zuvor sehr aufgeregt, denn ich habe Angst, Mist zu machen. Ich muss ja viele neue Wörter lernen. Da geht es nicht mehr um Chemieproduktion, Ölprozess oder Klimaanlage, sondern um Landwirtschaft. Mein guter Freund Claudio hat mir sein Heft gegeben, in das er die neuen Fachbegriffe eingetragen hat.

Ich muss mit dem Bus fahren, und es ist ausgemacht, dass ich in dem kleinen Ort an der Bushaltestelle von einem der Kubaner abgeholt werde. Der Bus ist nicht voll, es fahren nicht viele Leute in diese Richtung, und alle kennen sich untereinander. Weil ich frage, wie lange die Fahrt in diesen Ort dauert, unterhalten sich die Leute mit mir. Ich sage, dass ich aus Zeitz komme und dorthin fahre, um zu helfen. Ein Mann sagt zu mir: Ja, ich weiß, dass dort auch Kubaner sind. Ich wohne in der Nähe. Die Kubanerinnen sind schöne Frauen – gibst du mir eine davon ab? Ich sage: gut, einverstanden.

Die Fahrt vergeht schnell. An der Haltestelle sehe ich sofort eine Kubanerin und einen Kubaner. Wir begrüßen uns, ich stelle ihnen den deutschen Kollegen aus dem Bus vor, und wir gehen zu viert in den Ort. Ich werde diesen Deutschen in den nächsten zwei Wochen fast jeden Tag in der Kneipe treffen. Einmal bin ich auch in seiner Familie, wir sind gute Freunde. Sie sind gut, diese Besuche in den Familien – man lernt so die Sprache am allerbesten.

Die Kubaner sind mit den Kartoffeln beschäftigt und mit dem Obstanbau. In den fachlichen Dingen kenne ich mich nicht aus. Die Kubaner sagen, dass unsere Kartoffeln zu Hause süßer sind als die von hier – das kann ich nicht beurteilen.

Bald muss ich schon wieder zurück nach Zeitz. Drei Kubaner und eine Kubanerin kommen mit mir mit. Sie möchten Zeitz kennenlernen und Einkäufe machen. Die Kubanerin heißt Maria. Sie wird später merken, dass sie gut zu Alexander passt, und Alexander wird jede Woche zu ihr fahren oder sie wird nach Zeitz kommen – je nachdem.

Für meine Arbeit als Dolmetscher kriege ich 100 Mark. Das ist gut. Monatlich kriegen wir 300 Mark. Das ist eine ganze Menge. Nahrung und Kleidung sind billig, und Arzneimittel auch. Außerdem gibt es auch noch andere Möglichkeiten zum Einkaufen. Die Sowjetischen verkaufen viele Dinge, die Polen auch, die Tschechen verkaufen Gläser. Wir haben nichts zu verkaufen.

Die Zeit vergeht schnell, aber manchmal packt uns auch dass Heimweh. Wir denken an unsere Familien. Bald ist der zweite Jahrestag der Sabotage an einem unserer kubanischen Flugzeuge, die viele unserer kubanischen Sportler das Leben gekostet hat.

Wir wissen noch nicht, ob wir in diesem Jahr Urlaub machen werden oder nicht.

Unsere Gruppe wird mit der Pablo-Neruda-Medaille ausgezeichnet. Unser Parteisekretär und der Sekretär des Kommunistischen Jugendverbandes fahren nach Berlin an die Botschaft, wo sie die Auszeichnung entgegennehmen. Wir bekommen sie wegen unserer freiwilligen Arbeit für die Weltfestspiele.

Meine Prüfung bestehe ich mit einem »Gut«. Die Lehrerin sagt, was sie immer sagt: Du lernst nicht genug, deshalb bekommst du nur ein »Gut«. Na ja, sie hat recht.

Von unserer Botschaft kommt ein Genosse nach Zeitz und berichtet uns über das neue Regierungsabkommen zwischen der DDR und Kuba. Entsprechend diesem Abkommen werden künftig viele junge kubanische Freunde in die DDR kommen, um sich zu qualifizieren. Das bedeutet: Kuba braucht viele Gruppenleiter und Dolmetscher.

Wegen unserer guten Ergebnisse in der Schule, der guten Disziplin und der guten Beziehungen mit der deutschen Seite hält er unsere Gruppe für geeignet, diese Aufgaben zu übernehmen. Er sagt: Ihr macht Urlaub in Kuba, und dann kommt ihr in andere Städte in der DDR, wo die kubanischen Freunde arbeiten werden. Er legt uns zwei Listen vor. Auf einer stehen all diejenigen, die als Gruppenleiter vorgesehen sind, auf der anderen die, die als Dolmetscher arbeiten sollen.

Ich stehe auf der Dolmetscherliste.

Die Jugendbrigade Instandhaltung Bau 1 verabschiedete am 13. Juni 1978 einen Kollegen aus Kuba. Leonel Roberto Cala war mehrere Monate in diesem Meisterbereich tätig, um sich besondere Fähigkeiten und Spezialkenntnisse bei der Instandhaltung von Kolben- und Kreiselverdichtern anzueignen.

Vor seiner Abreise in die Heimat traf sich die Brigade noch einmal zum Abschied. Kleine Erinnerungsgeschenke wurden ausgetauscht und es ist zu erwarten, daß Grüße auch in Zukunft die Ländergrenzen überschreiten.

In herzlichen Worten analysierte der Abteilungsleiter, Genosse Ing. Knöpke, die Zeit der beiderseitig guten Zusammenarbeit. Seinen guten Wünschen schlossen sich alle Kollegen an.

Unser Bild: Ein Erinnerungsgeschenk überreicht Kollege DI Wehrisch dem kubanischen Kollegen Leonel R. Cala

Einige Kollegen sagen gleich: Nein, das mache ich nicht. Aber die, die einverstanden sind, werden in Kuba einen Lehrgang besuchen. Das Projekt heißt Cuba-tecnica, Kuba-Technik. Im Juli oder August geht es los.

Die deutsche Seite bereitet alles für unsere Verabschiedung und den Rückflug vor. Das ist alles nicht so einfach, denn eigentlich sollten wir ja vier Jahre bleiben. Nun – es ist das Jahr 1979 – sind erst drei Jahre vergangen. Aber alle sagen uns, dass wir gut gelernt und gearbeitet haben. Die Lehrerin sagt zu mir: Mein Junge, du warst wirklich nicht schlecht, aber ich wollte immer, dass du mehr Zeit für das Lernen verwendest. Ich antworte: Die Zeit mit Ihnen war sehr schön. Das sage ich aus vollem Herzen.

Dann verabschieden wir uns im Betrieb und von unserer Brigade im Meisterbereich. In der Zeitung erscheint ein Bild davon. Alle sind überrascht, dass wir schon gehen.

Es fliegen dann nicht alle auf einmal zurück nach Kuba, denn weil die Entscheidung so plötzlich gefallen ist, ist es nicht gelungen, für alle in einem Flugzeug Plätze zu kriegen.

Dann ist es wie immer: Claudio, Alexander und ich, wir alten Freunde, fliegen mit der gleichen Maschine. Vorher kaufen wir noch schnell für die Familien ein. Sie brauchen zu Hause immer irgendetwas. Die ganze Gruppe kauft Kassettenrekorder – die gibt es zu Hause um diese Zeit noch gar nicht. Nur Leute, die ins Ausland kommen – wie die Seeleute oder wir – können so etwas kaufen.

Wir nehmen Abschied von unseren Freundinnen und Freunden: von Heinz, Peter und den anderen von der Gaststätte, in der wir immer waren, von Angelika und Reingard und von den Boxer-Freunden. Ende August 1979 geht unser Flug. Claudio, Alexander und ich fahren in einem Wolga nach Berlin zum Flughafen.

Ich bin sicher, dass ich wieder einmal nach Zeitz kommen werde. Diese Leute werden wir nicht vergessen.

Im Leuna-Werk

Im Regierungsabkommen zwischen der DDR und Kuba ist festgelegt, dass sich die jungen Kubaner vier Jahre lang in der DDR in verschiedenen Berufen qualifizieren sollen. Die ersten sechs Monate haben sie Deutschunterricht. Schon da sind sie in Meisterbereiche in verschiedenen Fachgebieten integriert. Sie werden zum Beispiel Elektriker, Chemiefacharbeiter, Mechaniker, Betriebs-, Mess- und Regelmechaniker, Betriebsschlosser oder Laboranten. 60 Prozent ihres Lohnes sollen die jungen Leute nach Kuba senden und dort gegen Peso eintauschen. Sie haben ein Zimmer für zwei oder drei Kollegen. Sie werden in die Kollektive integriert – zum Beispiel auch in der Gewerkschaft oder in der GST, der Gesellschaft für Sport und Technik. Gute Zusammenarbeit mit der FDJ und der Partei wird erwartet.

In der Botschaft in Berlin treffen wir uns mit einem Vertreter des Projektes Cuba-tecnico. Er erklärt uns, dass es in den kubanischen Gruppen Dolmetscher aus Chile und Kolumbien gibt, dass er aber Kubaner als Dolmetscher haben möchte. Zu mir sagt er: Kollege Cala, du sollst in die Leuna-Werke »Walter Ulbricht« gehen. Dort ist die Lage sehr kompliziert. Es hat eine große Schlägerei in einer Kneipe gegeben. Zwei kubanische Kollegen sind tot. Es arbeiten dort zwei Chilenen und eine Kubanerin als Dolmetscher, aber ab heute ist das anders: Du und die Kubanerin, ihr müsst die Aufgabe lösen.

Obwohl ich zuerst mit meinem Freund Claudio, der in Guben als Gruppenleiter eingesetzt ist, zusammen gewesen bin, bin ich einverstanden, nach Leuna zu gehen, denn das liegt in der Nähe von Zeitz.

Ich fahre mit dem Gruppenleiter Juanito nach Merseburg. Juanito wird ein sehr guter Freund von mir werden. Er ist ein komischer Mann, ganz ohne Komplexe. Obwohl er doch schon älter ist und klein und dick, und er hinkt etwas und hat einen Bierbauch. Er ist nicht nur Gruppenleiter, sondern auch der Parteisekretär der kubanischen Gruppe. Er ist ein guter Koch und ein guter Erzähler, und er kann Witze erzählen und gut lügen.

Die Fahrt nach Merseburg machen wir mit dem Zug. Nach den zweieinhalb Stunden Fahrzeit weiß ich von ihm alles über die Dinge, die in seinem Kollektiv passiert sind.

Es war also, wie er sagt, folgendermaßen: Die Kubaner sind in eine Diskothek gegangen und haben eine Auseinandersetzung gehabt. Am nächsten Tag sind sie wieder in diese Kneipe, mit ein paar mehr Mann

1. Mai in Leuna

als Verstärkung, aber die Deutschen haben schon gewusst, dass sie wiederkommen werden und waren vorbereitet. So gab es eine riesige Schlägerei. Die Kubaner waren weniger als die Deutschen, die Algerier haben den Kubanern geholfen, auf beiden Seiten hat man mit allen Mitteln gekämpft: mit Stuhlbeinen, Flaschen und Messern. Zum Schluss sind die Kubaner geflohen, und zwei von ihnen sind gleich in den Fluss gesprungen. Erst einige Tage später sind ihre Leichname gefunden worden. Ein deutsches Mädchen, die Freundin von einem der beiden, das diese Schlägerei miterlebt hat, war schwanger und hat sein Kind verloren. Die Leitung der Gruppe ist nach Kuba zurückgeholt worden, und ein paar von den Jungs, die an der Schlägerei beteiligt waren, mussten ebenfalls zurück und sitzen jetzt in Kuba im Gefängnis.

Mit diesen Informationen und voller bedrückender Gedanken komme ich nach Leuna. Ich weiß nicht, was ich von alledem halten soll. Ich denke an unser Leben und unsere Freundschaft mit den Einheimischen in Zeitz, und ich weiß, dass ich Kubaner bin, aber auch die deutsche Mentalität berücksichtigen muss. Wenn ich eine Frau oder Freundin habe, dann gefällt es mir nicht, wenn ein anderer Mann oft mit ihr tanzt. Wir Kubaner sind sehr eifersüchtig – aber andererseits gucken wir uns gerne die Frauen von anderen an und tanzen auch gern mit ihnen. Wir sind schnell beleidigt und böse. Ich ahne, dass ich mit den jungen Kubanern in Leuna viel werde arbeiten müssen.

Wir kommen in Merseburg an und fahren vom Bahnhof mit der Straßenbahn nach Merseburg-Süd. Hier, in der Straße des Friedens 68, steht unser Hochhaus mit seinen zehn Etagen.

Zu meinem Glück sind die Leute noch im Leuna-Werk. Nur ein paar von ihnen sind krank und darum im Wohnheim geblieben. Juanito will mit mir nach Leuna fahren und mich der deutschen Leitung vorstellen, aber ich sage: Nein, ich will erst mal meine Ruhe haben.

Am Fenster im Flur steht Mama Lotti. So nennen die Kubaner die Frau, die hier die Heimleiterin ist. Wir begrüßen sie. Juanito möchte mein Dolmetscher sein, aber er sagt ein Wort auf Deutsch und zehn auf Spanisch. Ich kriege trotzdem meine Schlüssel. Meine Wohnung liegt in der ersten Etage. Dort haben auch die anderen von der Leitung ihre Wohnungen – die Gruppenleiter Juan, Juanito und Del Valle. Die Dolmetscherin wohnt mit ihrem kubanischen Mann in der vierten Etage. Auf jeder Etage gibt es vier Wohnungen, und jede Wohnung hat zwei oder drei Zimmer.

Meine Wohnung hat drei Zimmer, Bad, Balkon, Küche und Korridor. Die Wohnung ist eigentlich für zwei Dolmetscher gedacht, aber wie schon gesagt: Die Dolmetscherin wohnt mit ihrem Mann in einer anderen Wohnung.

Ich möchte allein sein, möchte meine Sachen in Ordnung bringen und mich auf meine künftige Aufgabe konzentrieren. Ich treffe für mich die Entscheidung, zunächst misstrauisch zu sein und nicht gleich Spaß mit den Leuten haben zu wollen.

Juanito sagt: Hey, du kannst heute bei mir essen, und ich antworte: Sagst du mir auch, wie viel das Essen kostet? Er sagt: Wir sind doch keine Deutschen, wir sind doch Kubaner, aber ich sage: Das hat doch nichts damit zu tun, ob wir Deutsche oder Kubaner sind, ich frage doch nur. Ich merke, dass er mich nicht versteht. Er weiß nicht, dass ich in Deutschland schon alteingesessen bin.

Ich wasche mich, bringe meine Sachen in Ordnung. Es ist Winter, Januar. Ich höre, wie die Leute zurückkommen. Da habe ich keine Ruhe mehr. Es ist viel zu laut. Später klopft es an meiner Tür. Es ist Juanito. Er bittet mich, in die Wohnung des Gruppenleiters Del Valle zu kommen. Dort sind schon die drei Gruppenleiter, der Sekretär des UJC – des Kommunistischen Jugendverbandes – und der Parteisekretär sowie ein paar weitere Kubaner versammelt. Eine einzige Frau ist auch da, es ist Maria, die Dolmetscherin.

Sie stellen sich vor. Del Valle, der Gruppenleiter, ist klein und dick, er hat eine Glatze, und er quatscht mir zu viel. Raul ist der UJC-Sekretär, er spricht wie ein Politiker. Dann kommt Juanito, mein »Reiseleiter«, der nicht nur Gruppenleiter, sondern auch Parteisekretär ist. Gruppenleiter Juan ist ein großer Mulatte, der nicht viel spricht, sondern lieber die anderen beobachtet und auf mich einen sehr intelligenten Eindruck macht. Dann sind da noch ein paar junge Leute – Emilio zum Beispiel, ein ganz Schwarzer, der mir nicht sehr gut gefällt. Ich merke, dass er mir ein paar Fragen stellen will, ich lese das an seinen Augen ab, aber ich gebe ihm keine Chance, sage nur meinen Namen und schweige dann wieder. Del Valle sagt zu mir: Du, hier ist es kalt, siehst du den Schnee? Ich lache in mich hinein und denke mir, das ist ein komischer Vogel, sitzt hier in einer langen Unterhose und denkt vielleicht, es ist eine Sporthose. Ich will eigentlich sagen: Du, Kerl, das ist doch keine Sporthose! Das ist eine lange Unterhose!, aber ich sage lieber nichts.

Del Valle sagt zu Maria: Du, das ist Leonel, der neue Dolmetscher, lad ihn zum Essen ein! Ich antworte ganz kühl: Ach, weißt du, ich kann gut alleine kochen. Juanito gibt mir einen Weinbrand, ich trinke ihn und gehe.

Eine halbe Stunde später klingelt es an meiner Tür. Es sind der dicke Schwarze und Maria. Er hat in seiner Hand eine kleine Arzneiflasche mit Tropfen und sagt: Maria hat Ohrenschmerzen und möchte wissen, ob das die richtigen Tropfen sind und wie viele davon ins Ohr geträufelt werden müssen. Ich bin wütend und sage: Ich bin kein Arzt, aber hier kann man lesen, dass es vier bis sechs Tropfen sein müssen. Dann sage ich ihnen, dass ich meine Ruhe haben will, und sie gehen wieder. Aber ein paar Minuten später sind sie wieder da. Ich mag den Dicken nun überhaupt nicht mehr und sage ihm: Hey, du spielst hier den Anstandswauwau für die Frau. Der Kerl lacht wie ein Dummer und sagt: Maria möchte ja nur wissen, ob du eine Kassette mit kubanischer Musik hast. Da werde ich richtig böse und sage zu Maria: Du, hör mal zu, ich nehme die Frauen nicht mit Gewalt, mach also nicht so ein Theater, wenn du wieder kommen willst, dann ohne diesen dicken Schwarzen.

Der Arme macht sich also davon, und sie lacht wie ein Teufel. Sie kommt rein, ohne dass ich sie eingeladen habe. Es ist meine Wohnung, ich bin nur in der Unterhose, und ich nehme sie an den Händen und schubse sie aufs Bett. Sie sagt: Was ist los?, aber sie lacht dabei, und ich weiß: Mit solchen Frauen und in solch einer Lage muss es so sein. Ich ziehe sie aus, auch ihren BH und ihr Unterzeug, und nun liegt sie da, wie sie auf die Welt gekommen ist – ganz nackt. Man muss bei solchen Mädchen so sein, wie ein Tier. Wenn man nett und freundlich ist, dann lachen sie einen aus und quatschen über einen. Wirklich, mir gefällt das alles nicht, aber es geht nichts anders. So nach zwei Stunden sage ich ganz kalt zu ihr: Ich muss jetzt weg. Sie fragt mich: Kommst du zu mir zum Essen? Ich habe kubanisches Essen gekocht. Aber ich sage zu ihr: Pass auf, ich möchte nicht zu dir und auch nicht zu den anderen Kubanerinnen. Sie geht ins Bad und verlässt meine Wohnung.

So beginnt mein erster Tag in Leuna. Juanito kommt und lädt mich zum Essen ein. Bei ihm sind schon mehrere Kubaner versammelt, es gibt Bier zu trinken, aber ich trinke nur ein einziges. Er sagt zu mir: Leonel, um neun treffen wir uns alle in der fünften Etage, wir müssen dich dem Kollektiv vorstellen. Ich sage: Macht das aber bitte kurz und quatscht nicht so viel.

Als wir uns um neun treffen, sind wir fast 200 Leute. Auch fünf Frauen sind dabei, aber in meinen Augen sind das Karikaturfrauen. Ich verstehe nicht, was sie sagen, aber so, wie sie quatschen und zu mir herüber sehen, merke ich, dass sie alle wissen, dass Maria bei mir gewesen ist.

Ich verabschiede mich schnell und gehe in meine Wohnung. Ich mache den Fernseher an. Meine Ohren müssen sich wieder an den Klang und an die Sprache gewöhnen.

Ins Bett gehe ich nicht so spät. Um sechs Uhr früh muss ich schon mit der Straßenbahn fahren, halb sieben müssen wir im Büro sein. Das Büro liegt im Bau 1700, in der Nähe des Haupttores der Leuna-Werke und nicht weit von der Poliklinik entfernt. Im Bau 1700 sind die Betriebsakademie und das Personalbüro der Leuna-Werke untergebracht.

Um sieben haben wir einen Termin beim Genossen D., dem Direktor der Betriebsakademie, und wir lernen gleich weitere Kollegen kennen: Marita, Rudi und andere. Die Vorstellung geht schnell, der Direktor wünscht mir viel Erfolg und sagt, dass er auf Disziplin und Pünktlichkeit hofft. Es ist schlecht, dass mein Büro so dicht an dem des Direktors liegt. Da hat er mich unter Kontrolle.

Ich muss mit meinem Pass nach Merseburg zur Volkspolizei, um mich anzumelden und einen Personalausweis zu kriegen. Alles geht ganz flott, dadurch bin ich schnell wieder zurück und kann mit meinem Freund Juanito in den Bau 200 gehen. Dort sitzt die Betriebsleitung, und da gibt es einen seltsamen Mann, der sich um die Pässe der Ausländer kümmert. Von dort marschieren wir weiter ins Lohnbüro. Dort kriege ich 300 Mark für Winterklamotten und noch einmal 300 fürs Essen. Die 300 Mark fürs Essen zahle ich später zurück, indem mir jeden Monat ein Prozent vom Lohn abgezogen wird. Weil ich schon Winterkleidung habe, spare ich die 300 Mark und kaufe mir, was ich brauche. Aber der dicke Juanito braucht das nicht zu wissen – »er kann alles essen, aber nicht alles wissen«, wie ich gelernt habe.

Zum Mittagessen gehen wir in die große Kantine. Juanito haut rein wie ein Scheunendrescher – zwei Portionen Rippchen, vier Brötchen, eine Flasche Milch und zwei Tassen Kaffee. Dann gehen wir in die Poliklinik, wo ich untersucht werden soll. Juanito stellt mich den Leuten vor und lacht. Er spricht zwei oder drei Worte auf Deutsch und die anderen auf Spanisch. Er zeigt mir die Sprechzimmer und die Patientenaufnahme, damit ich später, wenn ich dolmetschen muss, alles wieder finde.

Dann will Juanito ins Wohnheim zurück. Er sagt, er muss noch einiges mit dem Hausmeister besprechen und in der Kaufhalle Einkäufe erledigen. Ich denke mir mein Teil: Der kleine Dicke hat gestern Abend viel Bier getrunken, heute hat er beim Essen mächtig reingehauen, da muss er jetzt wohl vor allem schlafen. Na gut, ich muss aber auch einkaufen gehen, und so fahre ich mit ihm mit.

Im Wohnheim reden wir mit dem Hausmeister, in einigen Zimmern gibt es Probleme. Dann gehen wir in die Kaufhalle, Juanito stellt mich als den neuen Dolmetscher vor, und als ich denke, jetzt will er schlafen gehen, sagt er: Komm, wir gehen ins »Geiseltal«, das ist eine Gaststätte, nur zehn Minuten von unserem Hochhaus entfernt, und wir trinken ein Bier. Also gehen wir los, nehmen Platz, und gleich kommt die »Mutti« – so nennen die Kubaner die nicht mehr ganz junge Kellnerin – an unseren Tisch. Sie ist nett, trinkt und raucht aber viel zu viel. Dann geht Juanito ins Büro des Chefs, mit Händen und Füßen unterhält er sich mit dem Mann, beide kommen zu mir, und der Chef stellt sich vor. Er heißt Nico und ist ein älterer, aber eleganter Mann.

Geburtstag im Wohnheim Merseburg

Ich sage zu Juanito: Kumpel, ich muss los, muss mich auf morgen vorbereiten. Zum Abendbrot esse ich Schnitzel, Reis und Pommes frites, und damit ich besser einschlafen kann, trinke ich ein Bier.

Am nächsten Morgen klopft es halb sechs an meiner Tür. Es ist Juanito, der gute. Er hat schon Kaffee gekocht. Um sechs fahren wir mit der Straßenbahn nach Leuna.

In unserem Büro stehen fünf Schreibtische: zwei für die Dolmetscher, drei für die Gruppenleiter. Ich bekomme die nötigen Arbeitsmaterialien, insbesondere einen Kalender für die Termine. Del Valle, der Chef, sagt, einer von den beiden Dolmetschern muss immer früh in der Poliklinik sein, der andere bleibt im Büro für die Termine im Werk. Juanito sagt: Dann soll in dieser Woche Cala ins Werk gehen. Er soll die Meisterbereiche kennenlernen. Ich freue mich über seine Entscheidung. Ich möchte unterwegs sein und alles sehen.

Wir beginnen unseren Rundgang beim Kollegen Klaus im Bau 1900. Hier arbeiten etliche kubanische Kollegen als Rohrleitungsinstallateure. Dann gehen wir zu Bau 170 und Bau 180, wo unsere Leute als Maschinenschlosser und Chemieanlagenfahrer arbeiten. Auch als Elektriker sind einige beschäftigt. Die Kubaner unterhalten sich mit den Deutschen ganz normal und machen Spaß miteinander.

Am nächsten Tag geht es nach Leuna-Süd und Leuna II. Es ist ein langer Weg, wir nehmen den Bus. Ich merke, dass die Informationen, die ich früher über das Werk erhalten habe, stimmen. Das Werk ist riesengroß, es hat mehr als 30 000 Beschäftigte. Darunter sind auch wir 200 Kubaner – und dazu Polen, Ungarn, Jugoslawen, Tschechen, Algerier. In der gastronomischen Versorgung treffe ich auch Bulgaren.

Dies alles zu sehen und zu erleben macht mir großen Spaß. Ich bin gern unterwegs. Das Büro ist nichts für mich. Besonders gern gehe ich ins Kraftwerk. Ich mag all diese großen Maschinen, Pumpen, Kompressoren, Turbinen, und ich bin beeindruckt von der Arbeitsdisziplin und dem Arbeitsschutz. Wir besuchen auch die Betriebe, in denen kubanische Frauen arbeiten. Die meisten von ihnen sind Betriebsmess-, -steuer- und -regelungs-Mechanikerinnen (BMSR). Zu ihnen gehört die Maria. Außerdem treffe ich Clarita, Monica und noch zwei andere. Clarita ist ordentlich, nett, klein und rundlich. Monica ist dünn wie ein Nagel und neugierig, sie möchte alles wissen. Die Kubaner nennen sie La Negra, wie eine Afrikanerin.

Meine Kollegin, die Dolmetscherin, übernimmt gern den Poliklinik-Dienst. Na klar, da braucht sie nicht so viel zu laufen und ist immer in der Nähe des Büros. Aber ihre Arbeit hat auch einen Nachteil: Man muss manchmal mit den Kranken nach Halle ins Krankenhaus fahren. Das möchte sie dann nicht, weil sie nicht so lange weg sein will von dem Kubaner, mit dem sie zusammen ist. Dann soll ich diese Aufgabe übernehmen. Aber ich bin nicht dumm. Wir kriegen den gleichen Lohn, dann muss auch die Arbeit gerecht verteilt sein. Also sage ich zu ihr: Dann übernimmst du alle Arbeit im Büro. Manchmal muss ich auch nachts nach Halle – ins Krankenhaus oder zur Polizei, wenn es eine Schlägerei gegeben hat.

So werde ich schnell zum Hauptdolmetscher. Nicht, weil ich etwa so besonders gut Deutsch spreche, sondern weil ich frei bin, weil mir diese operative Arbeit gefällt. Und es gibt noch einen anderen Grund. Die jungen Kubaner kommen lieber zu mir, weil ich ein Mann bin, und bei der kubanischen Leitung ist das genauso.

Nach getaner Arbeit bin ich immer sehr müde und gehe zeitig schlafen. Manchmal kommt die Teufelin Maria zu mir. Wir sind ein paar Stunden zusammen, aber ich sorge immer dafür, dass sie danach wieder in ihre Wohnung geht. Zu meinem Glück trifft sie später einen anderen Kubaner und kommt nicht mehr zu mir.

Die Sache mit der Poliklinik ist kompliziert. Viele Kubaner gehen dorthin, um sich krankschreiben zu lassen, weil sie keine Lust zum Arbeiten haben. Mit ist klar, warum das so ist: Es ist ihnen einfach zu kalt. Auch ich gehe einmal zum Arzt, bekomme einen Krankenschein, kriege Geld, ohne zu arbeiten, und schlafe wie ein Wolf. Der deutschen Seite hat das zu Recht nicht gefallen und den Ärzten auch nicht. Die Dolmetscherin soll nun Listen führen und kontrollieren, ob alles seine Ordnung hat, aber sie will mit den Jungs keinen Ärger haben.

Eines Tages sagt sie zu mir: Cala, lass mich lieber ins Werk gehen und geh du in die Poliklinik. Ich sage erst mal nichts und gucke ihr nur tief in die Augen. Dann sage ich: Hey, warum bist du in diese große Gruppe gekommen, wenn du jetzt Angst hast? Sie sagt: Na, ich habe nicht gedacht, dass das so kompliziert wird. Und dann sagt sie noch: Weißt du, Cala, diese Jungs haben Tripper. Ich sage: Mädel, das ist doch normal, und ich übernehme also den Poliklinik-Dienst.

Sie sagt mir, dass sie eigentlich nach Kuba zurück will. Aber ihr Mann möchte das nicht. Er möchte gern sein Motorrad nach Kuba mitnehmen, und das geht nur, wenn er hier die geplanten vier Jahre arbeitet.

Ich muss also die Arbeit neu organisieren. Das Mädchen muss alle Arbeit im Büro, im Lohnbüro und im Wohnheim übernehmen, und ich bin ständig unterwegs.

Und auch, wenn ich abends nach Hause komme, habe ich keine Ruhe. Egal, ob ich gerade koche oder esse – immer kommen ein paar von den jungen kubanischen Kollegen zu mir und wollen meine Hilfe. Sie nennen mich nicht beim Namen, sondern sagen: Dolmetscher, ich war mit einer Freundin im Bett, und nun bin ich krank, aber ich möchte nicht mit der Dolmetscherin in die Poliklinik gehen, sondern mit dir. Ich begreife das und sage: Gut, wir treffen uns morgen beim Hautarzt. Die Jungs sind einverstanden mit mir, und auch die kubanische und die deutsche Leitung sind zufrieden.

Aber irgendwann denke ich: Ich muss mich auch einmal um mich selbst kümmern, kann nicht immer nur für die anderen da sein. Also gehe ich zur kubanischen Leitung und sage: Am Wochenende fahre ich nach Zeitz. Der Chef sagt: Na, Cala, so richtig gefällt mir das nicht. Wenn es hier Probleme gibt und du bist nicht da, was soll dann werden? Ich werde wütend und sage: Hör mal, bevor ich kam, hattet ihr nur die eine Dolmetscherin, und es ist auch gegangen. Del Valle ergreift für mich Partei und sagt: Leute, Cala hat recht, er ist nicht allein, es gibt noch eine Dolmetscherin – auch wenn er meistens die Arbeit für zwei erledigt.

So fahre ich also an einem Freitag nach Zeitz. Ich möchte meine deutschen Freunde treffen und vom Alltag ausspannen. Auf dem Bahnhof in Zeitz gehe ich in die Mitropa. Ich denke, dass hier immer die Busfahrer saßen, die ich kannte, und andere junge Leute, aber ich entdecke kein bekanntes Gesicht. Nur ein alter Ober erkennt mich. Ich frage ihn nach Peter und den anderen, und er sagt: Die Leute von früher kommen nicht mehr her. Ich gehe die Straße bis ins Zentrum, sehe all die Gebäude und Bäume, die mir so vertraut sind, aber ich fühle mich wie ein Ausländer, weil ich meine Freunde nicht finde, und ich habe ein seltsames Gefühl, weil ich weiß, dass es hier neue Kubaner gibt, die schon viel Mist gemacht haben.

Die Leute, die mir begegnen, sehen, dass ich Kubaner bin, aber sie wissen nicht, dass wir – meine ganze Gruppe und ich – damals in Zeitz mit vielen Deutschen richtig gute Freunde geworden sind. Das macht mich traurig. Ich laufe bis zum Fußgängerboulevard, lasse mich treiben und stehe plötzlich vor der Gaststätte, in der wir immer gewesen sind. Ich gehe hinein. Alles ist voll. Kubaner sind da, Ungarn, Algerier. Hoffnungsvoll schaue ich zum Stammtisch hinüber, aber ich kenne die Leute nicht. Auch die Kellnerin ist mir unbekannt. Ich gehe trotzdem zum Stammtisch, an dem nur Deutsche sitzen, und frage: Bitte, habt ihr einen freien Platz für mich? Sie schauen mich an und sagen: Ja, setz dich. Ich denke: Wo ist die Chefin, unsere Mutti, und wo sind Karl-Heinz, Peter und die Kapelle? Ich bin ganz abwesend, als die Kellnerin mich fragt, was ich trinken will. Ich bestelle ein Bier und einen Weinbrand, sie schreibt alles auf ihren Zettel und sagt zu den Deutschen: Oh, er kann Deutsch und trinkt wie ein Deutscher, dann ist er kein Algerier und auch kein Kubaner, denn die Kubaner sprechen kein solches Deutsch.

Die anderen Ausländer werden auf mich aufmerksam und tuscheln. Ein paar Kubaner sagen: Der sieht aber aus wie ein Kubaner, aber ein paar andere denken, ich komme aus Algerien. Ich halte meinen Mund und hänge weiter meinen Gedanken nach. Ich trinke meinen Weinbrand und mein Bier und sage: Ich will auch gleich zahlen, und dann frage ich die Kellnerin nach der Chefin und nach Karl-Heinz. Die anderen sehen sie an, und sie wird rot und sagt: Die sind nicht mehr da, sind in eine andere Stadt gegangen, aber woher kommst du eigentlich? Ich sage: Ich komme aus Kuba, aber Zeitz ist meine zweite Heimat, ich war hier fast drei Jahre. Einer der deutschen Kollegen sagt: Hab ich doch gewusst, dass ich den Kerl kenne. Vom Hydrierwerk.

Ich grüße zu den Kubanern hinüber und gehe. Ich will zum Hydrierwerk und komme an Angelikas Haus vorbei, an der Ecke, wo die Partei ihren Sitz hat und die Bushaltestelle ist. Nun treffe ich doch einen Bekannten: den Bruder von Angelika. Er umarmt mich vor Freude. Ich frage ihn nach seiner Mutter und seinem Vater und nach Angelika. Er sagt: Deine Angelika ist jetzt verheiratet. Sie wohnt in einem kleinen Ort, der Mann ist ein Säufer und schlägt sie. Sie hat ein Kind, sie ist älter geworden. Er fragt mich, wohin ich gehe, und ich sage ihm, dass ich mit dem Zug nach Merseburg fahre. Er will mich auf ein Bier einladen, aber ich möchte das nicht.

Ich versuche lieber noch, Peter zu treffen. Ich gehe zu seinem Haus, und es gibt eine schöne Überraschung: Peter ist zu Hause. Die beiden Kinder sind großgeworden, die Frau hat sich kaum verändert. Peter freut sich riesig und drückt mich an sich und lässt mich gar nicht wieder los. Sie fragen mich, wie es mir geht und was ich mache. Die Frau möchte Kaffee kochen, aber Peter sagt: Wir gehen erst einmal ein Bier trinken.

So kommen wir wieder in die Gaststätte, wo ich vorhin schon war. Aber jetzt geht es mir ganz anders. Jetzt bin ich glücklich, denn ich habe den Teufel Peter wieder getroffen. Peter geht einfach an den Stammtisch und sagt zur Kellnerin: Zwei Bier und zwei Weinbrand, und die Kellnerin sagt zu den Leuten: Bitte, ich brauche zwei Plätze, und zwei von den Männern stehen auf und gehen an einen anderen Tisch. So ist das, wenn einer kommt, der an den Stammtisch gehört. An seiner Seite kann einem nichts passieren. Peter ist überall bekannt. Der Deutsche, der mich schon vorhin angesprochen hat, sagt zu Peter: Ich habe gewusst, dass er ein Kubaner aus der ersten Gruppe ist, und Peter antwortet ihm: Er ist Kubaner, und er ist mein Freund, und er hat hier viele deutsche Freunde.

Sie unterhalten sich über die Ausländer, und ich gehe dorthin, wo die Kubaner sind. Ich grüße die Gruppe, und weil einige Leute mich komisch angucken, sage ich: Hey, ich komme aus Havanna, aber hier in Zeitz bin ich bekannt wie ein bunter Hund. Ich muss ihnen das sagen, damit sie verstehen, dass ich nicht dumm bin und schon zu

Die Abende sind lang

den »alten Deutschen« gehöre. Ich sage: Neuer Kunde, neue Runde, und bestelle eine Runde Bier und Weinbrand für meine Landsleute.

Zu diesem Zeitpunkt weiß ich noch nicht, dass ich später noch oft als Dolmetscher mit ihnen zu tun haben werde. Jetzt ruft mich Peter, und wir gehen wieder zu ihm nach Hause. Peters Frau sagt: Ich habe für Leonel mitgekocht, aber Peter sagt: Nein, wir gehen nach Zeitz-Ost essen und tanzen. Ich sage: Hey, hör mal zu, ich habe hier kein Wohnheim! Aber Peter sagt: Halt doch einfach die Klappe, auf dem Fußboden ist genug Platz, du passt überall hin. Ich bin glücklich. So war es damals immer zwischen uns, in meiner schönsten Zeit, und so ist es auch jetzt.

Bei Peter ist auch seine Schwägerin. Es ist Angelika, die schöne, braungebrannte Frau mit schwarzem Haar, die auch die Schwester von Claudios Freundin ist. Ich wage es nicht, ihr direkt in die Augen zu sehen. Ich ahne, dass es dann keine Grenze mehr gibt. Gegen acht laufen wir los, ich gehe neben Peter. Wir reden über die neuen Kubaner. Er und seine Frau sagen, dass diese neue Gruppe nicht vergleichbar ist mit der, die damals in Zeitz war. Ich sage: Das müsst ihr verstehen, diese Leute sind sehr jung. Ach, sagen sie, ihr wart doch auch sehr jung und trotzdem ordentlich.

Angelika sagt: Gehen wir nun tanzen, oder wollen wir über die Arbeit reden? Und dann fragt sie mich, was ich in Leuna mache. Peter sagt: Siehst du, du redest auch über die Arbeit! Nein, entgegnet sie, ich will nur wissen, was er so treibt.

Wir kommen ins Restaurant. Wir bestellen Essen, ich nehme Leber mit Pommes frites und Salat. Peter isst dieses komische Gericht: rohes Gehacktes, Ei und Zwiebel. Das habe ich schon damals nicht gegessen, und ich werde es auch jetzt nicht tun. All meine Jahre in Deutschland werde ich das nie probieren. Die Frauen trinken Wein, Peter und ich Bier und Weinbrand. Ich bin zufrieden, weil ich genug Geld habe, um zu bezahlen. Es ist anders als früher, wo unser Geld nie gereicht hat. Ich habe meinen Lohn und lasse mir die Rechnung für alle kommen. Peter sagt: Kerl, bist du verrückt? Du bist mein Gast! Und ich antworte: Neuer Kunde, neue Runde – hast du das vergessen?

Wie es immer so ist: Die Frauen gehen tanzen, und wir quatschen über die Vergangenheit und über die anderen Kubaner. Ich erzähle Peter, dass Luis und Claudio und andere auch wieder in Deutschland sind, aber als Gruppenleiter, und da können sie nicht so einfach unterwegs sein. Er fragt nach meiner Familie, nach meinem Urlaub in Kuba. Wir unterhalten uns lange, und den Frauen wird es langweilig. Dann gehen wir gemeinsam an die Bar. Angelika fragt, ob wir nicht vom vielen Reden müde sind.

Peter geht tanzen, wir beide bleiben an unserem Tisch. Sie fragt, was ich in meiner Freizeit mache. Ich sage, dass ich nicht viel Freizeit habe, aber sie glaubt das nicht. Sie sagt zu mir, dass sie ein Kind hat. Peter und seine Frau kommen zurück und sagen: Los, ihr müsst auch mal tanzen. Ich habe keine Lust, aber Angelika zieht mich mit. Nach ein paar Tänzen gehen wir zurück an unseren Tisch. Peter und seine Frau sind nicht da, sie unterhalten sich an der Bar mit Leuten, die ich nicht kenne. Angelika sagt: Hallo, sagst du was? Na ja, sage ich, was soll ich sagen. Meine Augen sagen ihr, dass sie schön ist. Sie lacht gern. Ich frage sie: Was hast du für einen Beruf? Sie erzählt mir, dass sie Laborantin ist.

Ich denke an Reingard, aber nur kurz. Dann nehme ich Angelikas Hände. Ganz leicht – nicht so kräftig, wie wir das in Kuba unter Männern machen. Wir gehen an die Bar, die Gläser sind leer, ich bestelle noch mal eine Runde. Wir bleiben zusammen und hören, wie die Leute quatschen. Angelika möchte wissen, wann ich nach Merseburg zurückfahre. Ich sage: Morgen, denn am Montag muss ich halb sieben im Betrieb sein. Sie fragt mich: Kommst du mit? Ich antworte: Gut, dann muss ich nicht bei Peter auf dem Fußboden schlafen, und lache. Peter sagt: Leute, wir gehen dann schon mal. Angelika spricht mit ihrer Schwester, und dann gehen wir zu Angelikas Wohnung.

Sie fragt mich, ob ich Kaffee möchte, aber ich sage: Danke, ich möchte lieber eine Limonade, dann kann ich besser schlafen. Quatsch, sagt sie, wir schlafen doch sowieso nicht. Ich trinke meine Limonade und auch einen Kaffee mit Weinbrand. Wir unterhalten uns über viele Dinge. Ich lasse Wasser in die Wanne. Sie fragt, ob ich blau bin. Ich sage: Nein. Sie kommt zu mir in die Wanne. Sie ist ein schönes braunes Mädchen. Dann gehen wir ins Bett. Sie möchte wissen, ob ich in Merseburg eine Freundin habe, und ich sage: noch nicht. Sie lacht und sagt: Du bist ein Vogel. Wir reden noch lange, und ich streichle sie und habe Freude an ihrem schönen Körper.

Am nächsten Morgen gehen wir zu Peter, wo wir zu Mittag essen wollen. Peter und ich gehen in die Kneipe, um ein paar Getränke zu holen. Natürlich bestellen wir uns Bier und Weinbrand. Peter sagt: Du siehst müde aus, hast du nicht gut geschlafen? Nein, Peter, sage ich, ich habe mich lange mit Angelika unterhalten. Peter sagt mir, dass er morgen nach Berlin fahren muss, und da kann er mich bis nach Merseburg-Süd mitnehmen. Da brauche ich mir keine Sorgen um den Zug zu machen. Peter weiß, dass ich zeitig im Büro sein muss.

Nun kommen noch Leute, die ich kenne, und wir reden eine Weile. Dann kommt Angelika und sagt: Männer, wir müssen Mittag machen. Und zu mir sagt sie: Roberto – sie nennt mich bei meinem zweiten Vornamen –, nach dem Essen gehen wir gleich wieder zu mir. Du musst am Sonntag schon früh um fünf mit Peter los. Ich lache und sage: Klar, Kleine, ich weiß, dass wir allein sein müssen. Sie lacht zurück.

Gegen vier gehen wir in ihre Wohnung. Unterwegs treffen wir ein paar Kubaner, und weil ich normal mit Angelika spreche, sagen die Kubaner laut: Er ist Algerier. Ich sage: Nein, Kollegen, ich bin Kubaner. Wir begrüßen uns, und ich erzähle ihnen, dass ich in Merseburg bin. Zu Hause möchte Angelika noch Kaffee trinken, aber ich möchte nicht. Ich trinke lieber wieder eine Limonade. Sie fragt, wie ich mir die Zukunft vorstelle. Ich sage: Komm du zu mir nach Merseburg, warte auf mich am Bahnhof. Aber du musst mich anrufen und mir sagen, wann du kommst.

Wir setzen uns vor den Fernseher und sehen das westdeutsche Programm. Roberto Blanco singt – ein Schwarzer, der aus Kuba stammt. Wir essen ein bisschen und gehen ins Bett. Um fünf muss ich bei Peter sein.

Kurz vor sechs fahren wir von Peters Wohnung los. Wir fahren über Weißenfels Richtung Merseburg, die F 91 lang. Der Bus ist voll, und ich bin der einzige Ausländer, der einzige Schwarze. Aber wie immer quatschen alle mit mir. In der kleinen Stadt Weißenfels werde ich meine große Liebe haben – aber das weiß ich da noch nicht.

Ich steige in Merseburg-Süd aus. Peter will mich am liebsten mit nach Berlin nehmen, aber das geht nicht. Als ich im Wohnheim ankomme, fragen mich die deutschen Frauen: Wo waren Sie, Herr Cala? Ich antworte fröhlich: Ich bin kein Herr, weil ich kein Geld habe. Ich nehme meine Schlüssel, bringe meine Sachen in die Wohnung und gehe gleich zum dicken Juanito. Er hat noch zwei Kollegen bei sich, und alle drei fragen mich aus, wie es in Zeitz war, aber ich sage nicht viel. Sie müssen das nicht wissen. Juanito sagt: Leonel, diese Woche hast du Poliklinik-Dienst, aber bitte schau auf deinen Kalender, es gibt auch Termine im Werk. Raul, der Sekretär vom kommunistischen Jugendverband, bittet mich, am Dienstag bei einem Termin mit dem FDJ-Sekretär des Leuna-Werkes dabei zu sein, und Juanito sagt mir, dass am Dienstag früh um acht immer die Beratung mit der deutschen Leitung sein wird. Da, sagt er mir noch, geht es besonders um Pünktlichkeit.

Ich verstehe das alles. Sie laden mich noch zum Mittagessen ein, und dann will ich mich ein bisschen auf den Dienstag vorbereiten. Aber abends kommt Juanito zu mir und sagt: Wir müssen ins Krankenhaus, ein Kollege ist krank, hat Asthma, kann nicht atmen. Wir fahren mit dem Bus nach Merseburg rein, dann müssen wir noch ein Stück laufen.

Der Kollege kriegt eins von diesen Atemgeräten und ein paar Tabletten und wird krankgeschrieben. Juanito sagt zu ihm: Du bist krankgeschrieben, du musst im Bett bleiben und darfst nicht in die Kneipe gehen.

Aber wir – wir können in die Kneipe gehen und gehen wieder ins »Geiseltal«. Hier ist der dicke Juanito sehr bekannt. Er möchte den Dolmetscher machen, und alle lachen sich kaputt, weil er immer nur ein paar Worte in Deutsch spricht und alles andere in Spanisch. Ich bestelle eine Runde. Raul, Alfredo und Del Valle sind da und ein paar andere. Ich kenne meine Leute. Man muss seine Runde schmeißen, bevor sie blau sind, sonst erinnern sie sich nicht.

Juanito sagt ganz laut: Hey, Roberto – auch er benutzt jetzt meinen anderen Vornamen –, ich weiß von deiner Maria, deiner schönen Kubanerin. Ich antworte: Ich habe keine Maria, ich bin frei wie der Wind. Nur in Kuba habe ich meine Frau.

Trotzdem kommt Maria an unseren Tisch. Die Kneipe ist wieder voller Ausländer. Polen, Ungarn, Jugoslawen, Österreicher, Algerier, schwarze Afrikaner – und wir, die Kubaner, oder auch: die Kubis, wie uns einige deutsche Teufel nennen. Ich versuche wie immer, mit allen einen guten, freundschaftlichen Ton zu haben. Raul sagt: Leute, woanders ist Tanz, wollen wir dahin gehen? Juanito sagt: Klar, wir gehen tanzen, ich bin Gruppenleiter, ich habe da immer einen Tisch frei. Del Valle, der für die Ordnung verantwortlich ist, will ihm widersprechen: Aber hör mal, morgen ist Montag!, aber alle lachen nur, und Alfredo fragt: Wer ist denn hier nun der Chef – Juanito oder Del Valle?

Also: Wir ziehen los, und wir kriegen unseren Tisch. Maria kommt mit uns, aber ich habe keine Lust mehr, mit ihr zu gehen.

Wir unterhalten uns über unsere Arbeit. So sind wir: Beim Arbeiten reden wir übers Tanzen und beim Tanzen über die Arbeit.

Alfredo und Del Valle wohnen bei ihren deutschen Freundinnen, Raul und Juanito im Wohnheim. Raul ist mit einer Kubanerin zusammen, aber sie ist in Erfurt. Juanito tanzt mit einer deutschen Frau und Raul auch. Maria tanzt mit deutschen und österreichischen Kollegen. Sie ist dumm, sie möchte mich eifersüchtig machen.

Ein Algerier kommt an unseren Tisch. Er ist Gruppenleiter, er hat sein Büro auch im Bau 1700. Er ist nett und freundlich und beginnt ein Gespräch. Na, Kollege, sagt er, wie geht es dir in den Leuna-Werken? Ich sage: halb und halb. Er fragt gleich: Aber du warst doch schon einmal in der DDR? Ja, sage ich, das stimmt. Erst gegen Mitternacht trennen wir uns. In der Wohnung trinke ich noch einen Schluck mit Juanito. Dann schaue ich in meinen Terminkalender für den Montag. Um acht muss ich in der Poliklinik sein, und um elf gehe ich mit Juanito und dem Kollegen Rudi zum Bau 116. In diesem Meisterbereich arbeiten kubanische Kollegen als Chemiefacharbeiter.

Poliklinik und andere Alltagssorgen

Das ist nun schon Alltag: Um sechs Uhr früh fahre ich mit der Straßenbahn nach Leuna, halb sieben bin ich im Büro. Und schon um sieben finde ich mich in der Poliklinik ein, denn ich weiß: Am Montag früh sind da immer besonders viele kubanische Kollegen. Na klar, sie waren am Wochenende in der Disko, haben viel getrunken, und jetzt haben sie keine Lust, arbeiten zu gehen. So versammeln sich an diesem Morgen immer so 10, 15 Kollegen, manchmal auch noch mehr, in der Klinik, und sie alle klagen über dieselben Krankheiten: Durchfall, Erkältung oder Magenschmerzen. Einige haben auch Tripper und manche auch Zahnschmerzen.

Erst mal muss ich eine Liste schreiben mit den Namen und den Beschwerden, die die Leute haben. Dann gehe ich in die Patientenaufnahme und hole die Akten, die ich zu Frau Doktor H. bringe. Diese Ärztin ist für uns zuständig. Sie spricht ein paar Wörter Spanisch, sie war als Touristin in Kuba. Ich begleite die Leute zu ihr, dann gehe ich mit einigen zum Hautarzt und zum Zahnarzt.

Ich muss alles übersetzen, und das ist nicht leicht. Zum Beispiel sagt die Ärztin: Roberto, der Kollege muss draußen warten, gib ihm das Fieberthermometer, er soll zehn Minuten lang messen. Der Kollege reibt draußen das Thermometer mit seinen Händen schön heiß. Die Ärztin sieht das nicht, aber ich sehe es. Frau Dr. H. nimmt das Thermometer, und natürlich: Der Vogel hat fast 39 Grad. Gleich wird er krankgeschrieben. Der andere mit den Magenschmerzen hat eiskalte Milch getrunken. Das ist nicht dumm, er weiß Bescheid, jetzt hat er Durchfall. Auch er wird krankgeschrieben, und die Ärztin sagt: keine Milch, keinen Kaffee trinken, kein Fett essen, nur schwarzen Tee trinken.

Dann gehe ich zum Hautarzt. Hier ist es wie bei der Polizei. Der Arzt fragt, wann man das letzte Mal mit einer Freundin im Bett war, wie viele Freundinnen man hat und wie die heißen. Die Kubaner sagen das alles nicht gern, sie verraten nicht gern die Namen von ihren Mädchen. Dann kommt die Behandlung: mit diesem Draht und mit viel Penizillin. Am Ende sagt der Arzt: Sie dürfen jetzt nicht mit ihrer Freundin ins Bett gehen. Sie müssen erst mal gesund werden, oder Sie müssen mit einer Bestrafung rechnen. Der Kollege fragt mich: Roberto, warum kriege ich so viel Penizillin? Ich sage: Das ist nicht mein Bier. Und gehe weiter, zum Zahnarzt, wo einem Kollegen ein Zahn plombiert werden muss.

In der Kantine im Bau 24 beim Frühstück kann ich mich ein bisschen erholen. Es gibt Buletten, Schnitzel, Eier, Milch, Tee, Kaffee, Kuchen und vieles andere. Juanito muss abnehmen, aber er sagt, er kann sich nicht beherrschen bei diesem Angebot.

Dann gehen Juanito und ich zu den Chemiefacharbeitern. Der Meister spricht über Arbeitsdisziplin und Pünktlichkeit. Er beschwert sich, dass einige Kollegen zu lange in der Kantine sitzen. Dann gibt es eine Arbeitsschutzbelehrung für die kubanischen Kollegen. Der Ingenieur sagt: Wir sind hier in einem Chemiebetrieb, hier gibt es viele gefährliche Produkte wie Säuren, Laugen, Kohlensäure, Schwefelsäure, heißen Dampf und anderes mehr. Darum muss man immer die Schutzmaske, die Gummihandschuhe, die Schutzbrille und den Helm benutzen. Man muss am Arbeitsplatz bleiben, denn wenn es einen Unfall gibt, muss man wissen, wo die Kollegen sind. Dann sagt der Meister noch: Genossen, das nächste Mal setzt ihr eure Helme auf. Er meint Juanito und mich. Wir haben unsere Helme vergessen.

Im nächsten Meisterbereich, den wir besuchen, arbeiten unsere Leute als Rohrschlosser. In der Betriebshalle stehen große Maschinen. Der Meister sagt uns, dass die Zusammenarbeit mit den Kubanern gut klappt. Nur mit dem Kollegen Pedro hat er seine Sorgen. Er ist, sagt er, wie ein Kind. Er arbeitet viel, aber er spielt auch unentwegt mit allem, was ihm in den Weg kommt, und immer will er, dass andere – egal ob Kubaner oder Deutsche – bei seinen Spielchen mitmachen. Und den Helm, den setzt er auch nicht auf den Kopf, sondern der liegt immer irgendwo herum. Wenn ich ihm sage: Pedro, was ist mit deinem Helm, dann sagt er: Ich habe keinen Kopf, um ihn aufzusetzen. Und noch eins, sagt der Meister: Er ist mächtig hinter den Frauen her. Aber sonst – nein, sonst haben wir keine Probleme miteinander. Morgen kriegen auch die Kubaner ihre Prämien für Materialeinsparung, und Ende des Monats, wenn die Brigade ihr Brigadefest feiert, sind die Kubaner natürlich auch dabei.

Zum Mittagessen gehen wir gemeinsam mit den kubanischen Kollegen in eine große Kantine. Dort treffen wir auch noch Leute aus anderen Meisterbereichen. Freund Juanito geht gern hierher, es gibt wirklich viel zu essen. Einige Kollegen fragen mich, ob ich jetzt tatsächlich auch in der Poliklinik arbeite. Ich antworte nicht, aber Juanito platzt gleich heraus: Ja, das stimmt. Da braucht ihr mit eurem Tripper keine Angst mehr zu haben. Er ist kein Mädchen wie die Dolmetscherin. Einer von den jungen Kollegen sagt: Ich habe so etwas nicht, und ein ganz Schwarzer lacht laut und ruft ihm zu: Klar, wir wissen doch, das du noch nie mit einer Frau im Bett warst. Alle lachen. So sind sie, die Kubaner.

Am Nachmittag gehe ich mit Raul in die FDJ-Kreisleitung zu einer Beratung. Juanito sagt: Ich komme mit, danach fahre ich ins Wohnheim, dort habe ich einen Termin mit dem Hausmeister. Ich glaube ihm das nicht. Ich glaube, er will ein paar Einkäufe in der Kaufhalle machen, die gleich neben dem Wohnheim ist. Da sind nachmittags nicht so viele Leute. Und danach wird er wohl schlafen gehen. Aber egal, jetzt kommt er erst mal mit zur FDJ.

Der FDJ-Sekretär ist nett. Er fragt uns, was wir trinken wollen. Juanito entscheidet sich für Kaffee, sonst schläft er gleich ein, Raul und ich nehmen Limo. Der FDJ-Sekreträr fragt: Na Jungs, was habt ihr auf dem Herzen? Raul erklärt: In einem Monat wollen wir unsere UJC-Konferenz abhalten, und dazu brauchen wir eure Unterstützung.

Ich weiß, dass unsere Bitte gut begründet ist. Im Regierungsabkommen ist das so festgelegt, dass die deutsche Seite uns solche Veranstaltungen finanziert – wie etwa auch unser Fest zum Nationalfeiertag, Sport- und Kulturveranstaltungen und Ausflüge. Und weil der FDJ-Sekretär das natürlich auch alles weiß, fragt er: Gut, und was wollt ihr also im Einzelnen? Raul ist gut vorbereitet und hat eine Liste bei sich. Zunächst wollen wir die Zahl der Teilnehmer festlegen. In Leuna arbeiten rund 200 Kubaner, aber nur etwa 80 sind im UJC. Dazu kommen drei oder vier Leute aus Halle von der dortigen Bezirksleitung unseres Einsatzes, Leute von der Botschaft und welche vom Projekt Cuba-tecnico in Halle/Magdeburg. Also werden wir etwa 90 Kubaner sein – und Gäste von der FDJ, aber darüber muss die FDJ-Leitung entscheiden.

Der FDJ-Sekretär sagt: Dann müssen wir also für rund 100 Freunde planen. Nicht nur Freunde, sagt Juanito, auch Freundinnen. Alle lachen und machen sich an die Planung fürs Essen. Frühstück muss da sein, und Mittagessen auch. Was sollen wir bestellen? Raul sagt: zum Mittagessen Schnitzel, Kartoffeln und Salat, dazu ein Bier und einen Weinbrand für jeden. Dann überlegen wir weiter. Wir brauchen kleine Prämien für die Besten – zum Beispiel ein Buch oder einen guten Kugelschreiber oder so etwas. Und Bilder brauchen wir: von Honecker, Lenin, Karl Marx und Fidel. Und Fahnen – die kubanische, die vom UJC, die von der DDR und die von der FDJ. Und die Hymnen müssen wir spielen. Der FDJ-Sekretär will noch wissen, wer von der

Botschaft kommen wird. Hier ist Juanito derjenige, der es wissen muss. Er ist unser Parteisekretär, und er sagt, dass von der Partei niemand von der Botschaft kommen wird, sondern nur jemand vom UJC. Wenn das so ist, sagt der FDJ-Sekretär, braucht auch von uns kein Vertreter der Partei dabei zu sein.

Raul macht noch den Vorschlag, dass unsere kubanische Folkloregruppe auftreten soll und dass es bestimmt FDJler gibt, die sich auch an einem Kulturprogramm beteiligen wollen. Zwei von den Kubanern spielen Gitarre und singen. Der FDJ-Sekretär sagt: Gut, jetzt denke ich, dass alles klar ist. Wir haben einen Monat Zeit für die Organisation, und das müsste ja reichen. Vergesst aber bitte nicht, dass in einer Woche der 1. Mai ist, ihr müsst euren Marschblock organisieren. Wir trinken gemeinsam einen Schnaps auf unsere Freundschaft.

Ich sage zu Juanito: Denk daran, wir müssen noch zu unserem Hausmeister! Er lacht und sagt: Ja, da hast du recht, und wir machen uns gemeinsam mit Raul auf den Weg.

Wir gehen zum Hausmeister, dem Genossen K. Ich finde ihn unmöglich. Er quatscht zu viel. Er sagt immer, dass er Kommunist ist, aber er glaubt es wohl selber nicht. Er wimmelt uns ab. Mein Freund, sagt er zu Juanito, ich habe heute keine Zeit für dich. Na, ich bin es zufrieden, ich will sowieso in mein Zimmer, denn ich bin müde. Den ganzen Tag habe ich übersetzt, erst in der Poliklinik, dann in den Meisterbereichen, dann beim FDJ-Sekretär. Jetzt will ich meine Ruhe haben.

Aber das ist ein frommer Wunsch. Kaum bin ich zwei Minuten in meiner Wohnung, da kommt Juanito mit dem Mann herein, mit dem ich heute früh beim Zahnarzt war. Du lieber Gott! Was ist?, frage ich. Juanito sagt: Das siehst du doch, Roberto, der Mann hat immer noch Zahnschmerzen. Aber Mensch!, sage ich, ich bin doch kein Zahnarzt. Du hast Medikamente, und wenn die nicht helfen, trink eine Flasche Schnaps. Oder geh zur Dolmetscherin, die hat den ganzen Tag nichts gemacht. Ich bin zu müde.

Juanito gibt mir recht und schlägt mir vor, noch mit ihm in die Kaufhalle zu gehen. Ich sage: Gut, ich kaufe alles, und du kochst. Er ist einverstanden, denn er ist nicht dumm. Wir kaufen Kotelett, Kartoffeln, Reis, Tomatenketchup, Zwiebeln, Knoblauch, Pfeffer und Bier. Ich bezahle alles. Als wir wieder im Wohnheim sind, muss ich Juanito ein bisschen belügen. Ich sage zu ihm: Du, ich muss die Ansprache für die UJC-Konferenz übersetzen, ich gehe in meine Wohnung. Aber ich arbeite nicht wirklich. Ich lege mich hin und schlafe ein bisschen.

Um sieben bin ich wieder wach und gehe zu Juanito. Wie immer sind dort schon viele Kollegen versammelt. Maria ist auch da. Sie spielen Domino, und zwei Kollegen spielen Schach. Viele warten darauf, beim Domino mitmachen zu könne. Ich spiele lieber Schach. Beim Domino diskutieren wir viel und laut. Um neun essen wir. Maria auch. Sie wäscht am Schluss die Teller ab. Alle müssen sich irgendwie beteiligen.

Am nächsten Tag trinke ich früh wie immer meinen Kaffee bei Juanito, und dann fahren wir nach Leuna. Um acht haben wir die Beratung mit der deutschen Seite. Als wir kommen, sind schon versammelt: der Direktor der Betriebsakademie, Genosse D.; Frau M., die Kollegen Rudi, Klaus und Gustav, ein Kollege aus Polen und ein Vertreter des FDGB. Von unserer Seite sind dabei die Gruppenleiter und der UJC-Sekretär.

Sie beraten über die theoretische und praktische Ausbildung, über die Disziplin und auch über die Krankenscheinfrage, darüber, dass viele Kollegen oft in der Kneipe sind oder in andere Städte fahren und über Ordnung und Sauberkeit im Wohnheim. Der Direktor fordert uns auf, die Leute besser zu organisieren. Die Kubaner hier, sagt er, stehen in der Öffentlichkeit für das ganze kubanische Volk.

Der Kollege Gustav präsentiert das Kulturprogramm für Mai. Es gibt einen Ausflug, einen Kinobesuch, eine Fahrt ins Theater. Bitte, sagt er, ihr müsst mir sagen, was ihr wollt. Wer möchte am Ausflug teilnehmen? Wie viele Karten braucht ihr fürs Kino und fürs Theater?

Juanito sagt: Wir fahren in die Gedenkstätte des Konzentrationslagers Buchenwald, und wie das mit den Kino- und Theaterkarten ist, sagen wir euch morgen. Gustav erklärt noch, wie die Buchenwald-Fahrt ablaufen soll: Abfahrt um sechs Uhr früh, um acht wird es ein Frühstück geben, am Vormittag sind wir in der Gedenkstätte, um eins ist in Weimar Mittagessen, dann sind zwei Stunden Freizeit, und dann fahren wir wieder zurück.

Wir gehen in unser Büro, ich trinke eine Tasse Kaffee, und dann muss ich gleich rüber in die Poliklinik.

Dort sind heute nicht so viele Leute von uns, aber zwei Mädchen brauchen meine Hilfe: Clarita aus unserem Kollektiv und Elena aus Erfurt. Elena hat ihren Freund hier in Leuna, sie hat ihn übers Wochenende besucht, und weil sie noch ein paar Tage bei ihm bleiben will, kommt sie zur Ärztin, damit die sie krankschreibt.

Clarita ist ein gutes Mädchen. Wenn sie zur Ärztin kommt, dann ist sie wirklich krank. Sie ist klein und ein bisschen rundlich, nett und freundlich. Elena ist da ganz anders, und das bekomme ich gleich zu spüren.

Zuerst ruft Frau Dr. H. Clarita herein. Clarita ist stark erkältet, hat Fieber, sie hat die letzten Tage im Bett verbracht. Die Ärztin muss das Mädchen untersuchen. Natürlich muss ich als Dolmetscher im Zimmer bleiben. Ich schaue nicht hin, sitze in meiner Ecke und dolmetsche von der Ferne. Mit Clarita ist das kein Problem, mit den meisten anderen Frauen auch nicht. Clarita bekommt ihre Medikamente und eine Krankschreibung.

Dann platzt plötzlich Rodolfo, der Teufel, herein. Er hat seine kubanische Freundin in Erfurt, war am Wochenende dort und ist zu spät zurückgekommen. Dafür will er einen Krankenschein. Eigentlich geht das nicht, aber er ist wirklich ein Teufel. Er bezirzt die Ärztin, lacht und macht Witze, und sie gibt klein bei.

Als er weg ist, rufe ich Elena herein. Sie sagt nicht Guten Morgen zur Ärztin, sondern sagt zu mir: Bitte, Dolmetscher, gehen Sie doch aus dem Zimmer, Sie brauchen meinen Körper nicht zu sehen. Das macht mich ziemlich wütend, und ich sage zu ihr: Weißt du was, spiel dich hier nicht auf, ich habe eine schöne deutsche Frau, die hat einen richtigen Körper und nicht so einen Karikaturkörper wie du. Wenn dir hier irgendetwas nicht passt, kannst du woanders hin gehen. Sie sagt: Entschuldige bitte. Frau Dr. H. fragt: Was ist los? Ich erzähle ihr die ganze Geschichte, und sie sagt: Ist sie ein bisschen dumm, oder was?

Dann fragt sie Elena auf Spanisch: Was hast du, Freundin? Elena erklärt, dass sie ein Problem mit ihrer Monatsblutung hat. Die Ärztin fragt sie, wann die letzte Monatsblutung war, ob sie einen Freund hat und ob sie die Pille nimmt. Elena antwortet, dass sie die Pille nimmt, aber die Blutung trotzdem ausgeblieben ist. Die Ärztin sagt zu mir: Roberto, ich glaube, du musst die Freundin zur Frauenärztin bringen. Scheiße!, denke ich, bei dieser Frauenärztin müssen wir lange warten, da sitzen schon viele andere Frauen, diese Warterei will ich mir nicht antun, da muss ich irgendetwas unternehmen. Ich sage: Meine liebe Frau Dr. H., helfen Sie mir bitte, rufen Sie die Frauenärztin an, erklären Sie ihr alles und sagen Sie ihr, dass Elena schnell drankommen muss, denn ich muss danach dringend nach Halle. Sie lacht, geht ans Telefon und regelt, dass wir gleich drankommen können. Ich sage: Danke schön, meine liebe Ärztin, morgen gebe ich ein Frühstück aus.

Ganz in Familie

Rita, die Krankenschwester bei Frau Dr. H., sagt: Hallo, ein Mann – ein Wort! Natürlich, sage ich, und nicht: eine Frau – ein Wörterbuch.

Ich gehe also mit dem Mädchen zur Frauenärztin, und wir werden gleich vorgelassen. Die Ärztin stellt noch viel mehr Fragen als Frau Dr. H., Elena muss sich aufs Bett legen, sie wird untersucht, und dann sagt die Ärztin: Roberto, das Mädchen muss ins Labor gehen und am Freitag wiederkommen. Ich sage: Sie wohnt nicht hier, sie wohnt in Erfurt. Gut, sagt die Ärztin, dann geht sie ins Labor, und mit dem Papier, das sie dort kriegt, geht sie in Erfurt zu ihrem Frauenarzt. Elena geht ins Labor, und ich verabschiede mich.

Um eins müssen Del Valle und ich mit dem Bus nach Leuna-Süd fahren. Dort gibt es einen Meisterbereich, in dem fünf oder sechs kubanische Kollegen als Elektriker arbeiten. Der Kollege Rudi will uns begleiten. Die Elektriker sind schon seit zwei Jahren in der DDR und sprechen ziemlich gut Deutsch. Das wird ein leichtes Arbeiten für mich sein.

Aber als ich aus der Poliklinik in mein Büro komme, ist dort erst einmal großes Gedränge. Juanito sehe ich dort, die Dolmetscherin, dazu auch Del Valle und Toni. Dieser Toni, klein, dick und mit Glatze, hat ein Problem: Er hat eine kubanische Freundin in Leipzig, sie ist dort Gruppenleiterin, und er möchte für immer nach Leipzig gehen. Das kann jetzt aber nicht geregelt werden. Del Valle sagt zu mir: Roberto, wir fahren schnell nach Leuna-Süd, die Dinge dort können wir rasch regeln, denn es gibt bestimmt keine Probleme, und dann nehmen wir den Zug nach Halle. Escalona, der Leiter von Cuba-tecnica von Halle/Magdeburg, hat dort eine Beratung, aber er hat keinen Dolmetscher. Ich frage, wann denn die Beratung dort losgehen soll? Er sagt, halb drei, das können wir schaffen.

Wir essen schnell etwas in der Kantine im Bau 24 und nehmen den Werksbus nach Leuna-Süd. Del Valle hat recht: Hier gibt es keine Probleme. Alle sind miteinander zufrieden. Der Meister und die ganze Brigade finden, dass die Kubaner sehr gut arbeiten. Wir trinken alle zusammen eine Tasse Kaffee, und dann rennen Del Valle und ich zum Bahnhof Leuna-Süd. Wir kriegen den Zug gerade so.

Wir fahren bis Halle-Süd, nach Ammendorf, wo unser Chef Escalona sein Büro hat. Deutsche Kollegen sind auch da – von einem Ministerium, wo man sich mit den Angelegenheiten der ausländischen Arbeiter befasst. Der eine heißt Manfred, ist klein und spricht nicht viel; der andere heißt Siegfried, redet ständig und erzählt über seine Zeit bei der Armee.

Del Valle stellt mich als neuen Dolmetscher von Leuna vor. Escalona und ich, wir kennen uns. Er ist klein, nett, ein richtiger Mulatte, trägt immer den gleichen dunkelblauen Anzug. Er hat seine Frau und sein Kind mit in die DDR gebracht, wohnt in Halle-Neustadt.

Die deutschen Kollegen sprechen über Betriebe, in die künftig die neuen kubanischen Kollegen entsandt werden sollen. Wir beraten eine Arbeitseinsatzkonzeption. Einige Kubaner sollen nach Dessau gehen, in die Brauerei, andere nach Aschersleben. Escalona und die deutschen Kollegen wollen in den nächsten Tagen in diese Betriebe fahren und sich ein Bild davon machen, ob alles vorbereitet ist.

Zunächst aber wollen sie nach Hohenthurm. Dort gibt es einen Betrieb, in dem Kubaner arbeiten, die aber keinen Dolmetscher haben. Escalona will mich am Dienstag zum Dolmetschen haben, aber Del Valle widerspricht. Weißt du, sagt er, ich brauche Roberto am Dienstag unbedingt in Leuna, wir haben eine wichtige Beratung, es gibt viel zu beraten, das kann ich nicht ohne Roberto machen. Du weißt, wie die deutschen Genossen sind. Sie sind verärgert, wenn wir den Termin verschieben müssen. Escalona sagt: Ist gut, aber dann brauche ich Roberto am Mittwoch. Und du, Del Valle, musst dir merken: Wenn ich Roberto brauche oder einen Gruppenleiter, dann können die Betriebe nicht nein sagen. Nicht wahr, Genosse Manfred?

Manfred sagt: Escalona hat recht. Er ist der Vertreter der kubanischen Botschaft und von Cuba-tecnica Halle/Magdeburg. Er muss das entscheiden.

Escalona sagt: Danke, Manfred. Und dann sagt er noch: Ab heute werde ich immer mit Roberto arbeiten. Denn ich habe von Juanito, Raul, Del Valle und anderen gehört, dass er sehr einsatzbereit ist und jede Aufgabe erfüllen kann. Und außerdem: In Leuna gibt es viele Kubaner, die ganz gut Deutsch sprechen können. Da kommen sie auch ohne ihn aus.

Ich höre das alles, kann mir aber noch nicht richtig vorstellen, wie das sein wird: immer mit Escalona oder anderen Chefs unterwegs zu sein.

Als wir fertig sind mit unserem Gespräch, will ich gleich gehen, aber Escalona sagt: Leute, wir fahren erst zusammen in meine Wohnung, dann bringe ich euch nach Merseburg. Na, wenn das so ist, was soll ich sagen.

Escalona fährt ein deutsches Auto, einen Wartburg, mit einem Diplomatenkennzeichen. Er ist kein großer Chef, fährt keinen Lada. Die deutschen Kollegen sind mit ihrem privaten Trabi gekommen und haben sich schon wieder auf den Rückweg gemacht. Escalona fährt mit uns nach Halle-Neustadt. Er stellt sein Auto an der Straße ab, hat keine Garage, das Auto bleibt immer draußen. Seine Wohnung ist schön. Sicher nicht so wie in Kuba, aber Heimat ist Heimat, sagt man.

Als wir die Wohnung betreten, stellt mich Escalona seiner Frau vor. Del Valle und der Sekretär des UJC Halle/Magdeburg, Reymundo, sind hier schon bekannt. Escalonas Frau ist sehr nett, aber sein Kind – das ist ein Teufelsengel. Del Valle sagt: Das ist Roberto, unser neuer Dolmetscher in Leuna. Reymundo sagt: Das ist sehr gut. Wir haben viele Probleme in unseren Kollektiven, ich muss in alle Betriebe fahren, aber ich kann kein Deutsch. Das Kind sagt: Hey, da musst du in den Kindergarten gehen, da wirst du Deutsch lernen! Wir lachen, bis uns der Atem ausgeht.

Die Frau bringt Kaffee, und der Vogel Reymundo sagt: Also bitte: Hier ist der neue Dolmetscher, und ihr serviert nur Kaffee? Sie lacht, und Escalona lacht auch, und Reymundo geht in ein anderes Zimmer und holt eine Flasche Schnaps. Del Valle lacht und sagt: Hallo, Reymundo, Roberto ist ein guter Kollege, aber bitte, seinen Schnaps trinkt er nur mit Bier! Ja, so sind wir Kubaner. Escalonas Frau sagt: Aber bitte nur einen Schnaps und ein Bier. Es ist schon fast sieben, ich habe schon gekocht, und ich möchte nicht, dass ihr mit dem Auto bis Leuna fahrt, dann kommt mein Mann so spät zurück. Del Valle ist Kavalier und sagt: Keine Sorge, Roberto und ich, wir fahren mit der Straßenbahn. Aber Escalona sagt: Ich muss auf jeden Fall nach Merseburg, brauche noch einen Bericht, und Reymundo muss mitkommen. Ich freue mich darüber. Es ist von Halle-Neustadt aus nicht so leicht, mit der Straßenbahn zu fahren.

Wir essen also gemeinsam Abendbrot, und dann gehen wir zum Auto. Reymundo und Escalona gehen vorneweg, Del Valle und ich hinterher. Reymundo erzählt und erzählt. Du, Roberto, sagt er, wir haben gemeinsam viel Arbeit. Ich bin für so viele Kollektive verantwortlich und brauche unbedingt einen Dolmetscher. Del Valle sagt: Und weißt du auch, Roberto, dass das alles Mädchenkollektive sind? Escalona lacht. Er ist ein Vogel!

Wir kommen zurück in unser Hochhaus. In der Anmeldung sitzt Frau K., dick und breit und immer neugierig. O hallo, ruft sie, jetzt kommen die großen Chefs. Und du, Roberto? Bist du auch schon ein großer Chef? Du bist doch erst ein paar Tage hier!

Del Valle stößt mich an und sagt: Frau K. und Mama Lotti – die sind doch alle gleich! Wir gehen zum Generalstab, das heißt, in die Wohnung von Juanito. Dort ist es voll wie immer, alle wollen immer irgendwie mit ihm reden. Er sieht Escalona, Del Valle und mich und sagt: Guckt mal, Leute, Roberto ist schon an der Spitze angekommen! Raul erklärt: Ja, er ist nicht mehr der Dolmetscher für unser Kollektiv, sondern für die Genossen Escalona und Reymundo. Ich wehre mich und sage: Wisst ihr, das ist mir scheißegal. Hauptsache ist doch: Ich muss Geld verdienen. Alle lachen. Ich lache auch. Ich kenne doch meine Leute.

Nun wissen also alle, dass ich für Escalona und Reymundo arbeiten werde. Nicht alle sind damit zufrieden. Einige von den jungen Leuten gucken mich enttäuscht an. Aber das hilft nichts. Es ist jetzt so entschieden.

Ich gehe in meine Wohnung. Ich bin müde, esse ein bisschen und gehe gleich ins Bett. Aber um elf klingelt es an meiner Tür. Ein Kollege ist krank, sie haben schon den Krankenwagen gerufen. Wir müssen ins Krankenhaus fahren. Hin ist das natürlich kein Problem, aber zurück – da muss man laufen oder mit dem Taxi fahren. Natürlich nehme ich mir ein Taxi. Der Kollege muss im Krankenhaus bleiben, er hat eine Blinddarmentzündung. So gegen drei Uhr morgens bin ich wieder zu Hause. Ich klingle bei Juanito. Er öffnet, ist nur in Unterhose, sein Bierbauch ist nackt. Ich sage: Hallo, mein Freund, ich muss um acht im Krankenhaus sein. Da fahre ich gleich von hier aus. Du musst der Dolmetscherin Bescheid sagen, dass sie für mich den Poliklinik-Dienst übernimmt. Und du, frage ich ihn, kommst du mit ins Krankenhaus? Er ist einverstanden. Das wundert mich nicht. Er freut sich, dass er länger schlafen kann. Machst du das Frühstück für uns?, frage ich ihn. Ja, sagt er, aber du, Roberto, musst bitte einen Zettel für Del Valle schreiben, damit er weiß, wo wir sind.

Ich lästere über Juanito, aber das mache ich nur aus Spaß. Ich bin gerne mit ihm unterwegs. Er ist immer fröhlich. Und er ist stolz, wenn ich ihn als Gruppenleiter vorstelle. Einmal habe ich das vergessen – mit Absicht, weil ich sehen wollte, was er macht. Er sagte in einem Gemisch aus Deutsch und Spanisch: Ich bin der Genosse Juanito, der kubanische Gruppenleiter, und Roberto wird mich jetzt vorstellen. Wir haben gemeinsam gelacht.

Als wir ins Krankenhaus kommen, erklärt uns der Arzt, dass er operieren muss. Wir müssen die kubanische Botschaft benachrichtigen. Der Arzt beruhigt uns: Es ist nichts Schlimmes, es ist nicht kompliziert und dauert nicht lange. Der kranke Kollege heißt Amaya. Juanito spricht noch ein bisschen mit ihm und macht – wie immer – seine Witze.

Wir bleiben im Krankenhaus, bis die Operation vorbei ist. Juanito ruft Del Valle in Leuna an und sagt ihm, dass alles in Ordnung ist und dass er in der kubanischen Botschaft anrufen soll. Der operierte Kollege schläft, und wir gehen in ein Restaurant zum Mittagessen. Um fünf kommt ein Freund von Amaya. Er wird über Nacht im Krankenhaus bleiben. Juanito und ich, wir fahren zurück ins Wohnheim.

Am nächsten Tag erkundigt sich der Direktor der Betriebsakademie nach unserem Kollegen. Wir sagen, dass alles gut verlaufen ist. Dann fahre ich wieder ins Krankenhaus. Der Arzt erklärt mit, dass der Kollege noch drei oder vier Tage im Krankenhaus bleiben muss. Dann kann er ins Wohnheim, wird aber noch für einen Monat krankgeschrieben.

Am Abend ist im Wohnheim die monatliche Versammlung aller hier arbeitenden Kubaner. Alle Probleme kommen auf den Tisch: Arbeitsprobleme, Disziplinfragen, Krankenstand. Wenn ein Kollege schwere Probleme gemacht hat – zum Beispiel etwas gestohlen hat oder in eine große Schlägerei verwickelt gewesen ist –, kann er von der Leitung nach Kuba zurückgeschickt werden. Auch bei ernster Krankheit kann das geschehen.

Die Versammlungen dauern meistens zwei Stunden, das ist sehr langweilig. Ich spreche mit Juanito, dass ich diesmal nicht teilnehmen will, weil ich eine Übersetzung machen muss. Gott sei Dank – er akzeptiert meine Bitte. Muss ich mir nicht so viel Mist anhören.

Um acht kommt plötzlich Mama Lotti zu mir. Sie sagt: Hallo, deine Freundin aus Zeitz ist am Telefon. Danke, sage ich, und laufe schnell in die Rezeption. Hallo, Angelika, hier bin ich, wie geht es dir? Kommst du morgen? Ja, sagt die Kleine, um vier kommt mein Zug in Merseburg an, wartest du auf mich am Bahnhof? Aber natürlich, mein Schatz. Roberto, sagt Angelika noch, schöne Grüße von Peter. Danke, sage ich – und bleibst du eigentlich bis Sonntag? Ja, sagt sie.

O Mann, ich muss Blumen kaufen. Ich habe Glück, die deutschen Kollegen machen keinen Termin für Freitagnachmittag. Ich werde also wie immer früh in die Poliklinik gehen, und dann habe ich Zeit, in Merseburg Einkäufe zu machen.

Als ich mir das überlege, kommen Juanito, Raul und die anderen von der Versammlung zurück. Raul sagt: Hey, Roberto, hast du nicht noch einen Kaffee für uns? Na klar, sage ich, und Raul schiebt nach: Sag mal, und deine Freundin aus Zeitz kommt zu dir? Juanito lacht, und ich sage: Mensch, Mama Lotti kann doch wirklich nichts für sich behalten. Zu Juanito sage ich: Mein Freund, früh gehe ich in die Poliklinik, und dann fahre ich nach Merseburg. Gut, sagt Juanito, da komme ich mit. Ein anderer Kollege sagt: Weißt du, Juanito, seit Roberto da ist, bist du nur noch mit ihm unterwegs. Alle lachen.

Ich will, dass sie alle schnell gehen, aber sie trinken in Ruhe ihren Kaffee. Ich frage Juanito, ob es in Merseburg eine Nachtbar gibt. Er nickt. Die anderen trinken noch ein Bier, aber ich will das heute nicht. Ich hoffe nur noch, dass morgen nicht zu viele in die Poliklinik kommen.

Und ich habe Glück. Um sieben kommt die Ärztin, und schon um neun ist sie mit allen fertig. Del Valle, Antonio und die Dolmetscherin sind da. Del Valle sagt: Ich weiß Bescheid, du willst nach Merseburg. Ich komme mit, ich muss mich auch um ein paar Einkäufe kümmern.

Ich muss sagen: Del Valle und Juanito mag ich gut leiden, mit ihnen kann man gut arbeiten. Mit Antonio sieht es schon anders aus.

Juanito sagt: Wisst ihr was, heute lade ich euch zum Mittagessen ein. Gut, sagt Del Valle, erst gehen wir einkaufen, dann gehen wir Mittagessen. Ich sage: Kumpels, ich brauche schöne Blumen und guten Wein, und dann brauche ich auch etwas zu essen fürs Wochenende, und außerdem habe ich nicht viel Zeit. Del Valle sagt: Warum fragst du nicht Juanito, ob er für dich und deine Freundin kocht? Juanito sagt: Ja, klar kann ich das machen.

Mit unseren Einkäufen beladen fahren wir ins Wohnheim zurück. Ich will mich schnell duschen.

Dann ziehe ich meinen Anzug an, nehme meine Blumen, gehe noch bei Juanito vorbei und will mich verabschieden. Del Valle ist auch da, und beide lachen und sagen: Du bist ja ein richtiger Kavalier. Ich weiß, wir, die Kubaner, sind eigentlich nicht so für Anzug und Blumen. Ich trinke schnell ein Bier und gehe. Eine halbe Stunde zu früh bin ich auf dem Bahnhof. Ich gehe in die Mitropa und trinke noch eine Tasse Kaffee. Dann gehe ich auf den Bahnsteig, und der Zug kommt.

Angelika, die Kleine, steigt aus, und ich gebe ihr einen Kuss und die Blumen. Sie freut sich. Ich nehme ihre Tasche, und wir fahren mit dem Bus zum Wohnheim. Die Kubaner sind noch nicht von der Arbeit zurück, es ist noch leer im Haus. Wir lassen Angelikas Personalausweis in der Rezeption und gehen nach oben. Angelika ist das erste Mal in meiner Wohnung. Wir gehen zu Juanito, ich will ihm Angelika vorstellen.

Juanito fragt wie immer mit Händen und Füßen: Angelika, willst du ein Bier? Sie sagt ja, aber ich sage: Nein, Juanito, sie will lieber ein Glas Wein.

Del Valle sagt: Hallo, Angelika, heute wirst du die kubanische Küche kennenlernen. Juanito ist ein guter Koch.

Draußen wird es sehr laut. Unsere jungen Leute kommen von der Arbeit zurück. Es beginnt der übliche Wochenendtrubel. Viele fahren weg, und andere wiederum kommen zu Besuch in unser Heim. Auch Juanitos Wohnung füllt sich wieder. Raul, Antonio, Pedro, Clarita, La Negra und auch die gut bekannte Maria kommen. Alle reden durcheinander. Ich stelle ihnen meine Angelika vor, und Raul sagt zu Maria: Kleine Maria, da musst du dir einen anderen Mann suchen, Roberto ist nichts mehr für dich. Alle lachen, aber Angelika versteht nichts, sie unterhalten sich auf Spanisch. Ich sage zu Juanito: Hallo, mein Freund, pass gut auf!

Wir gehen in meine Wohnung. Angelika sagt: Die Kubanerinnen sind schön, und ich antworte ihr: Aber nicht so schön wie du. Ich sage ihr, dass wir um acht bei Juanito Abendbrot essen und dann in die Stadt in die Nachtbar fahren wollen. Sie ist einverstanden.

Ich stelle Musik an, bereite uns eine Badewanne vor, und wir reden miteinander. Wir trinken eine Tasse Kaffee, und dann gehen wir in die Wanne. Wieder freue ich mich an ihrer schönen, schlanken Figur. Aber Mist: Es klingelt. Ich will nicht zur Tür gehen, aber ich weiß: Wenn ich nicht gehe, klingeln diese Vögel nur noch mehr. Also nehme ich mir ein Handtuch und mache die Tür auf. Es ist wirklich eine Sauerei: Juanito und Raul stehen da und wollen mir Bier bringen. Ich kenne meine Leute und sage: Nein danke, Bier habe ich selber. Raul fragt: Mann, bist du etwa schon im Bett? Beide Lachen. Nein, sage ich, ich bin in der Wanne, und nun haut ab.

Nach der Wanne gehen Angelika und ich eine Stunde ins Bett. Das ist normal. So viele Tage sind ja schon vergangen, seit wir uns gesehen haben.

Dann gehen wir zu Juanito zum Abendbrot. Er hat schwarze Bohnen mit Reis gekocht, dazu gibt es Fleisch und Salat und auch Kartoffeln. Um neun fährt der Bus in die Stadt. Ich frage Juanito, ob er mitkommen will. Natürlich sagen auch die anderen, dass sie tanzen gehen wollen, und so fahren wir alle zusammen los. Die Nachtbar liegt oben am Merseburger Schloss, sie ist bis drei oder vier Uhr morgens geöffnet.

Als wir ankommen, sind dort nicht viele Ausländer, nur ein paar Jugoslawen und Österreicher. Wir bestellen Wein für die Frauen und Bier und Weinbrand für die Männer. Juanito, der Spaßmann, macht beim Tanzen den Anfang. Erst tanzt er mit Rauls Freundin, dann mit Angelika. Nach ein paar Gläsern Bier geht er an einen anderen Tisch und tanzt mit einer deutschen Frau. Wir gehen an die Bar. Ich bleibe bei meinem Weinbrand, Raul und die Frauen trinken Sekt mit Ananas. Dann kommt Juanito mit der deutschen Frau zu uns. Sie ist über 40, so wie er. Er sagt auf Spanisch: Leute, heute muss Roberto bezahlen, und ich antworte ihm: Mein lieber Freund, ich bin doch kein Lohnbüro. Er bestellt auch Sekt für die Frau und Weinbrand für sich selbst. Die Frau arbeitet im Buna-Werk und kennt viele Kubaner, die dort beschäftigt sind. Wir gehen an unseren Tisch zurück, die Frau kommt mit uns. Ich tanze mit Angelika.

Kurz nach Mitternacht kehren wir ins Wohnheim zurück. Juanito will noch Kaffee trinken, aber ich nicht. Ich will mit Angelika zusammen sein.

Im Wohnheim ist viel zu laute Musik. Frau K. kommt zu mir. Ich muss mit ihr in die dritte Etage gehen. Die Leute sind besoffen. Einige quatschen nur noch dummes Zeug, andere begreifen die Lage, aber in dieser Gruppe gibt es ein paar Jungs mit einer sehr großen Klappe, und bei denen ist Vorsicht geboten, denn sie beginnen schnell eine Schlägerei.

Es ist ja auch nicht leicht. Die jungen Leute kommen aus verschiedenen Orten in Kuba: aus Havanna, Pinar del Rio, Santiago de Cuba, Camagüey, Guantanamo oder Mansanillo. Sie sind das erste Mal so weit von zu Hause fort, und ihre unterschiedlichen Mentalitäten prallen aufeinander. Ich spreche mit Francisco, José und Pablo. Die drei wohnen in dieser Wohnung. Ich sage ihnen: Bitte, ich möchte nicht noch einmal zu euch hier hoch kommen müssen wegen eurer zu lauten Musik, ich habe auch meine Freizeit. Ein großer Mulatte mit Namen Pedro kommt auf mich zu und sagt: Hallo, my friend, trink doch erst mal ein Glas Bier mit mir, wir sind keine schlechten Leute. Ich möchte lachen, verkneife mir es aber. Er legt seinen Arm auf meine Schulter, ich trinke einen Schluck mit mir. Er wird ein guter Kumpel werden. Er war in Kuba Boxer, die anderen Kollegen nennen ihn Pedro El Mulo.

Ich sage zu El Mulo: Ich gehe jetzt, und ich hoffe, ihr macht keinen Mist mehr. Er lacht und sagt zu den Leuten: My friend, unser Dolmetscher, hat Besuch, und er braucht seine Ruhe.

Ich gehe in meine Wohnung zurück. Angelika hat sich Sorgen gemacht. Na ja, sage ich, so ist das bei uns im Heim, da kann man nichts machen. Aber ich habe das Gefühl, dass Angelika nicht wiederkommen wird.

Wir gehen ins Bett. Am nächsten Morgen klingelt es. Es ist erst um acht, ich mache nicht auf. Angelika fragt mich, ob es wieder Probleme gibt. Ich sage nein, aber ein paar Minuten später klingelt es schon wieder. Ich mache die Tür auf. Es sind der Vogel Juanito und Pedro El Mulo, der Maulesel. Ich sage: Junge, Junge, heute ist Sonnabend, ich habe Besuch und ich möchte ein bisschen schlafen. Juanito sagt: Du bist ein schlechter Junge. Ich habe Kaffee für dich gekocht. Und der Maulesel sagt: Ich habe nach unserer Feier Ordnung gemacht und bringe dir eine Flasche Bier.

So sind sie, die Kubaner. Ich muss lachen und sage: Gut, ich komme gleich, aber Juanito muss auch für Angelika Frühstück machen. Und für mich auch, sagte der Maulesel.

Berufswettbewerb in Potsdam

Ich putze meine Zähne. Angelika schläft noch. Ich schreibe ihr einen kleinen Zettel, dass ich bei Juanito bin.

Bei Juanito trinke ich Kaffee, die anderen beiden trinken Bier. Juanito fragt mich, was er für Angelika für ein Frühstück machen soll. Ich sage: Das musst du sie selber fragen, wenn sie kommt.

Pedro El Mulo sagt zu mir: My friend, bei unserer Feier hat ein Kollege ziemlichen Mist über dich erzählt, aber ich habe ihm gesagt, dass unser Dolmetscher ein guter Mann ist. Er ist immer da, wenn wir irgendein Problem haben, und wenn du Ärger mit ihm haben willst, dann wirst du Ärger mit mir, dem Maulesel, bekommen. Ich frage ihn, wer das gewesen ist, aber das will er mir nicht sagen. Ich sage: Solche Leute sind Schweine, aber sie werden mich kennenlernen, ich kämpfe gern. Juanito sagt: Na, Roberto, pass auf, du gehörst zur kubanischen Leitung.

Angelika kommt, ich stelle ihr den Mausesel vor. Juanito macht das Frühstück: Kaffee, Milch, Brötchen, Butter, Schinken, Käse und Tomaten. Ich esse nur ein Brot mit Schinken und eine Tomate und trinke eine Tasse Kaffee mit Milch und viel Zucker. Pedro El Mulo sagt zu mir: My friend, du musst mehr essen, du bist ja nur ein Karikaturmann. Alle lachen, und er zeigt auf seine Muskeln: Guckt mal, wie stark die sind, es sind richtige Boxerarme. Na und, sagt Angelika, euer Roberto war auch Boxer, und zwar in Zeitz. Juanito sagt: Aha, er war Boxer im Bett! Alle lachen.

Es klingelt. Juanito macht die Tür auf. Es ist der Zimmerkollege von Pedro. Er wird Pepillo genannt – »der schöne Mann«. Er ist ein Sparmann. Er raucht nicht, trinkt nicht und ist sehr ordentlich. Er beschwert sich: Pedro, hör mal zu, so geht das nicht weiter. Ich mache immer sauber und räume auf, und du machst nur Mist. Überall stehen Bierflaschen rum und unabgewaschene Teller. Es ist eine Schweinerei, ich bin nicht deine Frau. Pedro lacht nur und antwortet: Aber du bist auch nicht mein Vater. Ich bringe nachher alles in Ordnung. Komm, setz dich her und trink ein Bier mit uns. Aber der junge Mann will nicht und geht wieder.

Nachmittags gehe ich mit Angelika spazieren. In unseren Gesprächen merke ich, dass ich recht hatte mit meinem Gefühl: Sie wird nicht wieder zu mir nach Merseburg-Süd kommen. Und ich – ich kann nicht jedes Wochenende nach Zeitz fahren. So ist es wohl aus mit uns beiden. Am nächsten Tag bringe ich sie zum Bahnhof, und ich denke, es ist ein Abschied für immer.

Am Montag habe ich meine ganz normale Arbeit in der Poliklinik und im Werk. Am Abend kommt Maria zu mir, aber ich schicke sie wieder fort.

Ich bleibe eine lange Zeit ohne Freundin. Nur die Arbeit füllt jetzt meine Tage aus, und ich möchte meine Ruhe haben.

Ich habe immer öfter außerhalb des Werkes zu tun, muss zur Volkspolizei oder zur Kriminalpolizei wegen Schlägereien oder Diebstahl, und auch unser Bezirksleiter Pedro Escalona fordert mich immer wieder an.

Heute findet die Versammlung des UJC im großen Saal des Klubhauses statt. Auch die FDJ-Leitung ist eingeladen, für die muss ich übersetzen. Das bedeutet viel Arbeit für mich. Natürlich übersetze ich nicht alles Wort für Wort, sondern nur zusammengefasst das Wichtigste. Um mich herum sitzen der Genosse S., Roland und ein paar andere Kollegen. Aber wirklich Neues gibt es nicht. Es geht um die Disziplin, die Weiterbildung, um die politische und ideologische Arbeit. Genosse Reymundo wird ein Referat über die Freizeitgestaltung, über Sport und Kultur halten.

Ich weiß, dass gleich der Genosse S. reden wird, und suche meine Zettel, auf denen ich seine Rede schon vor zwei Tagen ins Spanische übersetzt habe. Jetzt wird der Genosse S. angekündigt, wir müssen zusammen ans Mikrofon gehen, aber ich finde diese Scheiß-Zettel nicht. Ich bin ein Vogel, ich habe sie im Büro vergessen. S. fragt mich: Hast du deine Zettel? Nein, sage ich, ich habe sie vergessen, und er lacht und fragt: Und was machen wir da jetzt? Na ja, sage ich, los, du liest, und ich übersetze gleich so. Ich bin wütend auf mich selbst und denke mir, die Scheiß-Kubis verstehen sowieso nicht alles, und die Deutschen, diese Vögel, verstehen kein Spanisch, also wird es schon irgendwie gehen. Und ein Vorteil könnte ja sein, dass die Deutschen nicht so lange und so schnell quatschen wie die Kubaner.

S. beginnt seine Rede, und ich versuche, gleich Zeile für Zeile zu übersetzen. Dann kann er nicht so viele Zeilen hintereinander weg lesen, und die Kubis haben keine Möglichkeit zum Nachdenken. Und es ist ja bekannt: In solchen Reden wird meistens dasselbe gesagt. Es geht los mit den Grüßen an die großen Chefs, und dann folgt: Im Namen der FDJ, des UJC, des FDGB oder der Partei grüßen wir eure Konferenz. Unsere politische und ideologische Arbeit ist auf die Festigung des Friedens gerichtet, sie dient der Freundschaft zwischen den Völkern und dem Kampf gegen die atomare Aufrüstung. So ist es immer – und zum Schluss: Es lebe die deutsch-kubanische Freundschaft, es lebe Honecker, es lebe Fidel, und dann die Gläser hoch und einen Schluck gemeinsam getrunken. Und so war es auch diesmal, schon nach ein paar Minuten war S. fertig. Er bedankt sich bei mir, aber ich sage: Nein, nein, ich muss dir danken. Warum?, fragt er. Weil du nicht so viel geredet hast, sage ich.

Nun kommt Reymundo mit seinem langen Referat. Ich übersetze nur das Wichtigste.

Am nächsten Tag fahre ich mit unserem Chef Escalona nach Dessau in die Brauerei. Wir müssen mit der Betriebsleitung das genaue Konzept für den Einsatz der Kubaner vorbereiten. Auf der deutschen Seite nehmen an der Beratung auch Leute von der Regierung teil, die für Arbeit und Löhne zuständig sind. Wir sprechen über die Arbeitsplätze, über die Löhne, über den Urlaub in Kuba, den es einmal in den vier Jahren des Einsatzes gibt, über das Schulungsprogramm und darüber, dass 60 Prozent des Lohns nach Kuba transferiert werden. Zum Abschluss machen wir eine Runde zu jedem der künftigen Arbeitsplätze.

Nach dem Mittagessen fahren wir in die Dessauer Zementfabrik. Hier arbeiten schon jetzt einige Kubaner. Der Gruppenleiter ist ein komischer Mann. Er gehört zu den Leuten, die immer die gleichen

Worte wiederholen. Wir gehen an die Arbeitsplätze, sprechen mit den Arbeitern, den Meistern und der Betriebsleitung. Am späten Nachmittag bin ich wieder zurück im Wohnheim.

Juanito ist schon da und möchte mit dem Hausmeister sprechen. Hausmeister K. hat Sorgen. Er sagt zu Juanito: Kollege, deine jungen Leute haben zu wenig Respekt. Sie machen, was sie wollen. Immer ist die Musik zu laut, in den Wohnungen sieht es unmöglich aus, besonders in den Küchen und den Toiletten. Das ist eine Schweinerei. Juanito sagt: Gut, wir werden das mit den Leuten diskutieren.

Dann bringt er sein eigenes Anliegen vor. Kollege K., sagte er, in einer Woche ist Frauentag. Wir von der kubanischen Leitung möchten uns für eine Stunde mit den deutschen Frauen treffen und kleine Geschenke übergeben. Genosse K. freut sich über diesen Vorschlag. Das ist schön, sagt er, dass ihr an die Frauen denkt, die hier sehr viel Arbeit mit euch haben.

Ich gehe in meine Wohnung und dann in die Gaststätte, um Abendbrot zu essen. Zum Kochen habe ich keine Lust, und auch zu Juanito möchte ich nicht gehen, dort sind mir immer zu viele Leute. Ich esse wieder mal Leber, Bratkartoffeln, Salat und trinke zwei Bier, und dann will ich meine Ruhe.

Aber es klingelt, und vor der Tür steht der Kollege Roman. Er ist ein guter Junge, aber manchmal ein bisschen dumm. Heute fragt er mich, ob ich Lust hätte, ein bisschen Schach zu spielen. Ja, sage ich, komm rein. Wir spielen ein paar Partien, und dann kommt Juanito mit einem anderen Kollegen. Der berichtet, dass er Probleme mit seinem Meister hat. Das heißt, wir müssen am nächsten Tag nach Leuna-Süd fahren. Da kann ich nicht in die Poliklinik, sage ich zu Juanito. Er nickt. Dann sagt er zu Roman: Hey, Roman, du kannst Schach spielen? Das ist doch gar kein Sport für Schwarze! Schwarze müssen boxen oder so etwas! Alle lachen.

Am nächsten Morgen sehe ich auf meinem Kalender im Büro, dass ich vergessen habe, dass unsere Frau Dr. H. Geburtstag hat. Ich rufe sie gleich an. Hallo, liebe Frau Dr. H., hier ist Roberto! Schönen guten Morgen! – Schönen guten Morgen, Roberto, was hast du? – Ich habe gar nichts, ich möchte Ihnen zum Geburtstag gratulieren. Viel Erfolg in der Arbeit und gute Gesundheit! Und bitte: Ich muss jetzt erst mal nach Leuna-Süd fahren, aber um 9 komme ich die Sprechstunde. Und viele Grüße auch von Juanito, Del Valle und der ganzen kubanischen Leitung!

Juanito sagt: Ich komme mit zu Frau Dr. H. Gut, sage ich, aber wir müssen erst noch schöne Blumen kaufen und eine Flasche Wein und Pralinen.

Wir rennen zum Bus und sind schnell in Leuna-Süd. Der Kollege T. von der Betriebsakademie ist auch schon da, er ist mit dem Fahrrad gefahren. Der Meister sagt: Armando ist ein guter Kollege, er arbeitet fleißig, aber er geht während der Arbeitszeit zu oft zu seiner deutschen Freundin. Das können wir nicht dulden. Wir müssen die Sicherheit haben, dass unsere Kollegen an ihrem Arbeitsplatz sind. Sonst kommt alles durcheinander. Wir können den Plan nicht erfüllen, und wenn es eine Havarie gibt, wissen wir nicht, wer betroffen ist. Auch der Kollege T. meldet sich zu Wort. Am Ende sagt Juanito: Armando, die deutschen Kollegen haben recht, und wir hoffen, dass das alles wieder in Ordnung kommt. Du bist ein guter Arbeiter, und du wohnst doch bei deiner Freundin – warum musst du sie dann auch bei der Arbeit ständig besuchen?

Wir fahren mit dem Bus zurück und schaffen tatsächlich noch unsere Einkäufe. Um 9 sind wir bei Frau Dr. H. Die Dolmetscherin ist schon wieder weg, aber auch sie hat Frau Dr. H. ein Geschenk überreicht.

Als wir ankommen, sind da schon viele andere Ärzte und Schwestern. Ich küsse unsere Ärztin, Juanito tut das auch, und wir übergeben unsere Geschenke und eine Ansichtskarte von Kuba. Lieber Roberto, sagt Frau Dr. H., du bist der Jüngste, du musst noch zwei Stühle holen. Ich sage: Juanito muss mitkommen. Wenn wir in der Disko sind, betont er immer, dass er ganz jung ist. Alle lachen. Ich hole die beiden Stühle, Frau Dr. H. sagt: Roberto, du kommst hier zu mir, du musst neben mir sitzen.

Das ganze Zimmer ist voller Blumen, es gibt zu essen und zu trinken. Rita, die Krankenschwester, hat alles organisiert. Es klopft, Rita macht auf, draußen stehen der Direktor und die Parteisekretärin der Poliklinik. Sie bringen Blumen und eine Glückwunschkarte. Beide sind nette Leute. Ich springe auf und sage: Ich bin der Jüngste, ich hole zwei Stühle. Alle lachen wieder. Rita sagt: Du bist ein Vogel, und Frau Dr. H. widerspricht ihr und sagt: Nein, nein, Roberto ist sehr nett. Wir bleiben fast eine Stunde. Das Telefon klingelt sehr oft, viele Kollegen gratulieren unserer Ärztin. Zum Schluss kommen ihr Mann und eine ihrer Töchter, die andere ist Medizinstudentin in Berlin.

Nach dem Mittagessen müssen wir in der GST, der Gesellschaft für Sport und Technik, sein. Wir sind auch in dieser Gesellschaft organisiert. Der Leiter ist ein kleiner Dicker, ganz wie Juanito. Er begrüßt uns und sagt, dass sie für die kubanischen Kollegen alle Möglichkeiten schaffen wollen wie für die deutschen Kollegen auch. Er erklärt uns, welche Sportarten man machen kann: Schießen, Laufen, Militärsport, und es soll auch Fahrschule für die Kubaner geben. Allerdings muss auch jeder Kubaner seinen Mitgliedsbeitrag bezahlen. Natürlich sind wir einverstanden.

Als ich ins Wohnheim zurückkomme, sagt mir Frau K., dass ein Mädchen aus Erfurt angerufen hat, Otilia heißt sie, und sie will es heute Abend noch einmal versuchen. Danke schön, sage ich. Otilia ist eine Freundin, die ich aus meinem Urlaub in Kuba kenne. Gut, im Moment bin ich allein, da wäre nichts gegen eine Freundin zu sagen, aber Otilia ist auch mit meiner Frau in Kuba bekannt. Juanito sagt: Na, da wirst du ja bestimmt nach Erfurt fahren! Ich sage: ach was.

Ich esse bei Juanito Abendbrot, und so um sieben rum klingelt wieder das Telefon. Es ist Otilia. Roberto, sagt sie, seit einem Monat bin ich schon hier, und ich habe dir einen Brief von deiner Frau mitgebracht. Das ist schön, sage ich. Komm doch am Wochenende zu mir. Gern, sagt Otilia, aber wie soll ich das machen? Ich spreche kein Wort Deutsch und habe keine Ahnung, wo du wohnst und wie ich zu dir kommen soll. Hör mal, meine Freundin, sage ich, von Erfurt kommen viele Kubaner hier her, frage doch einfach mal, wer dich mitnimmt. Und morgen rufst du mich wieder an, einverstanden? – Sie ist einverstanden.

Diese Otilia ist schön, groß und hat eine weiße Haut, ganz wie die deutschen Frauen. Am nächsten Tag ruft sie wieder an und sagt: Ich komme am Freitag mit den anderen Kubanerinnen nach Merseburg.

Aber unsere Beziehung wird nicht lange dauern. Otilia kennt meine Frau in Kuba, das ist nicht gut. Und eines Abends werde ich in Erfurt sein, in der dortigen kubanischen Gruppe sind nur Frauen, und ich gehe mit einer Kollegin von Otilia ins Bett, und Otilia kommt von der Arbeit nach Hause und findet uns, und es gibt ein großes Theater. Otilia schlägt die Kollegin sogar.

Jetzt aber muss ich erst einmal die nächste Woche bewältigen. Wir müssen zur Kriminalpolizei, am Wochenende hat es eine Schlägerei gegeben. Zwischen Deutschen, Polen und Kubanern. Alle waren besoffen, und natürlich ging es um die Frauen. Die Kubaner und die Deutschen saßen mit ihren Freundinnen am Tisch, die Polen kamen und wollten mit den Frauen tanzen. Die Deutschen und die Kubaner sagen: Nein. Die Polen sagen: Ihr seid Schweine, und das reicht für eine richtige Schlägerei. Die Polen hatten kein Glück: Auch an einem anderen Tisch saßen noch Kubaner.

Am Mittag treffen wir uns mit den Frauen zum Frauentag. Die Kubanerinnen sind auch da. Aber ich bleibe nicht lange. Am nächsten Tag ist Gruppenleiterberatung vom ganzen Bezirk Halle/Magdeburg. Das bedeutet viel Arbeit für mich. Es geht den ganzen Tag. Es wird viel über die Arbeit gesprochen, aber auch über die Freizeit. In jedem unserer Kollektive gibt es Sportmannschaften: Fußball, Volleyball, Leichtathletik. Und es gibt Tanzgruppen und Folkloregruppen, und auch auf diesen Gebieten gibt es Wettbewerbe. In Leuna, wo sehr viele Kubaner zusammenleben, gibt es eine große Folkloregruppe, an der sich auch deutsche Freundinnen beteiligen, und es gibt eine gute Fußball- und eine gute Volleyballmannschaft. Im Sommer wird es in Merseburg ein großes Sportfest für alle Kubaner aus dem Raum Halle/Magdeburg geben, und mit der FDJ gemeinsam organisieren wir einen deutsch-kubanischen Ausflug in die Tschechoslowakei. Er soll eine Woche dauern. Für das Sportfest wird eine Kommission gebildet, der auch ich angehöre. Das bedeutet, dass wir einmal in alle Betriebe fahren müssen, um mit den dortigen Sportgruppen zu reden. Also müssen wir nach Zeitz, nach Buna, nach Halle-Neustadt, nach Bitterfeld, nach Dessau, zur Filmfabrik in Wolfen, ins Traktorenwerk Schönebeck, nach Genthin, nach Salzwedel, nach Staßfurt und zur KKW-Baustelle nach Stendal.

Beraten wird auch über den 1. Mai. Die Kubaner bilden bei der Demonstration einen eigenen Block. Meistens bekommen wir für unsere Auftritte Preise, denn mit Rumba und Conga und dem »tambore« der Folkloregruppe machen wir uns selbst und allen anderen viel Freude.

Bei dieser Beratung gibt es mal keine Probleme. Alles ist gut und schön, es stehen keine Dummheiten der Kubaner auf der Tagesordnung.

Am Freitag kommt Otilia. Wir fahren gemeinsam zu meinem Freund Claudio nach Dresden. Claudio ist dort Gruppenleiter bei Robotron. Wir haben uns lange nicht gesehen. Auch Alexander, den »Doktor«, und Pedro und die anderen Kollegen von der ersten Gruppe damals in Zeitz vermisse ich.

Wir fahren zuerst nach Leipzig und von dort weiter nach Dresden. Claudio und seine kubanische Freundin warten auf dem Bahnhof. Wir fallen uns um den Hals und umarmen uns. Wir sind richtig gute Freunde, das kann jeder sehen.

Wir reden über unsere Familien in Kuba und über die neuen Aufgaben in der DDR. Claudio fragt: Essen wir bei mir zu Hause? Ich sage:

Mir ist das egal. Er sagt: Gut, ihr seid müde, wir fahren zu mir nach Hause, morgen können wir dann weggehen. Ich sage: Aber ist es nicht zu spät, um noch etwas zu kochen? Er sagt: Hör mal, das ist nicht dein Bier, meine Freundin und ich haben das alles längst organisiert.

Wir kommen in Claudios Wohnung. Na, mein lieber Roberto, sagt er, wie geht es dir mit dieser großen Teufelsgruppe da in Leuna? Na ja, sage ich, was soll ich machen, das ist schon nicht leicht, die Leute kommen aus ganz verschiedenen Gegenden. Ich bin vorsichtig, mache nicht zu viel Spaß mit ihnen. O ja, sagt Claudio, ich kenne dich, Roberto. Du bist ein Karikaturmann, aber du hast ein heftiges Temperament. Ich erinnere mich gut, du hast keine Schlägerei ausgelassen. Hey, Claudio, sage ich, rede nicht solchen Mist. Du hast den Mann von Monika verprügelt, damals, auf Rügen, hast du das vergessen?

Na, sagt Claudios Freundin, nun kommt erst mal essen, ihr braucht ja mindestens einen Monat, um euch von eurer Vergangenheit zu erzählen und von den vielen Frauen. Claudio fragt: Sollen wir uns etwa über Männer unterhalten?

Claudios Freundin heißt Clara. Sie ist eine gute Köchin. Nach dem Essen gehen Claudio und ich ins Wohnzimmer, die Frauen machen in der Küche Ordnung.

Claudio fragt mich, ob ich die alten deutschen Freunde getroffen habe. Alle nicht, sage ich, es sind nicht mehr so viele da. Peter habe ich getroffen. Und den dicken Heinz?, fragt Claudio, und seine Mutti? Nein, sage ich, Heinz ist nicht mehr in Zeitz, und seine Mutti auch nicht. Ach, sagt Claudio, solche Leute kann man nicht vergessen. Unsere Zeit damals in Zeitz – sie ist unwiederbringlich. Natürlich haben wir auch viel Mist gemacht – aber wir hatten eine gute Freundschaft mit vielen. Mit alten Leuten und jungen, mit Kindern – und natürlich auch mit den Frauen. Es war wunderschön.

Claudio ist schon ein bisschen betrunken, aber ich merke: Alles, was er sagt, kommt aus tiefem Herzen. Die Frauen sind schon ins Bett gegangen.

Claudio, frage ich ihn, was ist mit Luis? Luis ist in Leipzig, antwortet er, dort ist es auch ziemlich kompliziert. Weißt du was, sage ich zu Claudio, wenn ich in Kuba Urlaub mache, besuche ich Alexander, den »Doktor«. Er war gut und freundlich. Ja, sagt Claudio, das war er, aber du hast immer viel Mist mit ihm gemacht. Hey, Claudio, sage ich, wieso eigentlich immer ich? Wer hat sich denn das Ding mit dem Feuerwerk und den Luftballons ausgedacht, und wer hat die Tür zugehalten? Das warst doch du, guter Claudio! Ja, sagt Claudio, du hast recht, wir haben alle unsere Späße gemacht. Aber sag noch mal, Roberto, was hattest du für ein Problem mit Luis? O Mann, sage ich, das war schlimm. Wir saßen in einer Beratung, und am Ende sagt Luis: Hier sitzt ein Scheiß-Mann, er heißt Roberto, und er will mir meine Freundin ausspannen. Ich habe gedacht. Ist dieser Mann den blöd? Ich möchte seine Frau nicht, und ich habe gleich mit dem Aschenbecher nach ihm geworfen. Na ja, so war das.

Dann fragt Claudio: Hast du eigentlich Birgit und Angelika wieder gesehen? Nein, Claudio, habe ich nicht, sage ich. Ich war nur zwei Mal in Zeitz. Aber Roberto, sagt er, es ist doch nicht weit von Merseburg nach Zeitz. Ja, das stimmt, sage ich, aber ich habe keine Lust mehr, dorthin zu fahren, und außerdem habe ich viel Arbeit. Wo hast du viel Arbeit, Herr Cala?, fragt er. Im Bett? Mensch, sage ich, das auch, aber vor allem im Werk. Es sind zu viele kubanische Teufel dort.

Na ja, sagt Claudio, bei mir ist es vielleicht nicht ganz so aufregend wir bei dir, aber als Gruppenleiter hast du es auch hier nicht leicht. Du kennst ja die Probleme alle selber: Disziplin, Sauberkeit, Bier, Frauen.

Als wir ins Bett gehen, ist es schon früh um vier. Otilia schläft nicht. Warum schläfst du nicht?, frage ich sei. Na, weißt du, sagt sie, ich weiß nicht, warum ich mit dir hierher gefahren bin. Wir sind lange miteinander gefahren und haben kaum miteinander gesprochen, morgen muss ich nach Erfurt zurück. Ich gebe ihr einen Kuss, streichle sie und ziehe ihr die Unterwäsche aus. Ich denke, ich werde den ganzen Tag verschlafen, so müde bin ich.

Um elf kommt Claudio und sagt: Leute, wir wollen frühstücken. Clara sagt: Ihr seid schön dumm, bis um vier zu reden! Frauen, sagt Claudio, wir haben uns so lange nicht gesehen, das könnt ihr vielleicht nicht verstehen. Otilia sagt: Ihr hattet so viele Freundinnen, da braucht ihr wahrscheinlich wirklich einen ganzen Monat, um die alle durchzuquatschen.

Wir gehen spazieren. Und besuchen das Museum. Wir wissen das schon: dass die britischen und amerikanischen Bomben die Stadt fast völlig zerstört haben, obwohl der Krieg doch schon fast zu Ende war und zu solch einem Angriff keine Notwendigkeit bestand. Nun sehen wir die Bilder.

Dann wandern wir über den Boulevard. Es gefällt uns sehr in dieser Stadt. Um fünf gehen wir essen. Wir bestellen Karpfen, Wein für die Frauen und Bier und Weinbrand für uns. Dann gehen wir in eine

Disko. Ich sage zu Claudio: Aber nur zwei Stunden, wir müssen morgen zeitig los.

Wir bleiben dann auch wirklich nicht lange. Claudio und ich, wir wollen lieber zu Hause sein und miteinander reden. Ich rechne ihm vor, wie das morgen sein wird. Um neun fährt ein Zug nach Leipzig, da müssen wir um acht losgehen. Gut, sagt Claudio, trinken wir noch ein Bier, und dann gehen wir schlafen. Die Frauen sind schon im Bett.

Claudio, frage ich ihn, wie lange wirst du noch in der DDR bleiben? Ich weiß es nicht, sagt er, aber bestimmt nicht mehr lange. Ich fühle mich schon ein bisschen alt. Na gut, sage ich, aber bevor du die DDR verlässt, musst du mich in Leuna besuchen.

Als ich in unser Zimmer komme, packt meine Otilia schon die Sachen für morgen. Sie trägt ihre schwarze Unterwäsche, das sieht schön aus auf ihrer weißen Haut. Sie weiß, dass mir das sehr gefällt. Ich lege mich hin und warte, bis sie mit ihren Dingen fertig ist.

Sie sagt: Na, habt ihr heute keine Frauenkonferenz? Nein, sage ich, ich habe nur Zeit für dich! Ach, sagt sie, du lügst. Fräulein, sage ich, du glaubst nicht, was ich sage? Sie lacht und kommt zu mir ins Bett. Ich sage: Wir schlafen gleich, morgen früh müssen wir zeitig aufstehen. Sie lacht und sagt: Hast du Angst vor mir? Sie legt sich auf mich und sagt: Heute muss noch einmal alles sein, denn wir werden uns nicht wieder sehen. Otilia, sage ich, ist das dein Ernst? Ja, sagt sie, so ist das. Ich gebe ihr einen Kuss und streichle sie. Ich sehe die Uhr. Es ist schon um drei. Um sieben müssen wir schon wieder raus.

Claudio und Clara haben das Frühstück fertig, aber ich habe keinen Hunger. Otilia isst ein bisschen.

Wir verabschieden uns und fahren mit dem Bus zum Bahnhof. Auf dem Bahnhof sind viele Kubaner. Das ist normal. Es ist Wochenende, die Kubaner besuchen sich gegenseitig. Einige sitzen ruhig im Warteraum, aber andere sind ziemlich laut und trinken schon ihr Bier.

Otilia fährt mit dem Zug von Dresden bis Erfurt durch, ich steige in Leipzig um. Während der Fahrt reden wir nicht viel miteinander. Manchmal sehen wir uns an. Ich frage sie noch einmal: Treffen wir uns wirklich nicht wieder? Sie antwortet nicht, ihre Augen sind rot, sie ist traurig und sagt: Nein, wir treffen uns nicht wieder. Es ist besser so. Ich sage: Bitte, Otilia, wenn ich etwas für dich tun kann, will ich das gerne tun. Ich gebe ihr einen Kuss, sie küsst mich zurück. Ich bleibe auf dem Bahnsteig. Wir sehen uns durchs Fenster. Der Zug fährt los, wir sehen uns nicht mehr. Abschiede machen mich immer traurig.

Am nächsten Tag fahre ich nach Dessau in die Zementfabrik und nach Wolfen in die Filmfabrik. In Dessau gibt es keine Probleme, alles läuft reibungslos. Zur Gruppe der Kubaner gehört eine Dolmetscherin, sie heißt Anita. Sie ist nett, klein, hat schwarzes Haar. Wir bleiben nicht sehr lange. Anita wird auch mit in die Tschechoslowakei fahren, und morgen wird sie zur Beratung nach Halle kommen, wo diese Reise vorbereitet werden soll. Was machst du in deiner Freizeit?, frage ich sie. Ach, sagt sie, ich bin immer in meiner Wohnung. Ich möchte dich anrufen, sage ich.

In Wolfen heißt der Gruppenleiter Rudy. Er ist ein guter Kollege. Seine kubanische Frau ist schwanger, sie muss nach Halle in die Frauenklinik, um sich untersuchen zu lassen. Rudy fragt mich, ob ich als Dolmetscher helfen kann. Na klar, sage ich, du musst mir nur genau sagen, wann und wo, dann treffen wir uns. Escalona, der Chef, sagt: Rudy, das regeln wir gemeinsam.

Escalona nimmt mich mit seinem Auto mit bis nach Merseburg, da spare ich mir die Bahnfahrt. Er erzählt mir, dass er es schade findet, dass er nicht mit in die Tschechoslowakei fahren kann.

Im Wohnheim treffen wir Juanito, Del Valle, Raul und Ramon. Escalona sagt, was zur Vorbereitung der Reise noch getan werden muss. Es muss eine Liste vorbereitet werden mit allen Namen, die Pässe müssen eingesammelt werden, Escalona muss die Liste unterschreiben, und dann muss alles ins kubanische Konsulat, damit die Pässe gestempelt werden können. In Dresden müssen wir Geld wechseln.

Del Valle sagt: Escalona, wir müssen überlegen, wie es mit der Dolmetscherei wird. Unsere Dolmetscherin ist schwanger, sie möchte nach Kuba zurück, das heißt, wir werden nur noch Roberto haben. Aber du hast gesagt, es wird 40 neue Kubaner in Leuna geben – das ist für einen allein nicht zu schaffen. Wir brauchen eine neue Dolmetscherin. Nein, sage ich, keine Dolmetscherin. In Leuna ist es zu kompliziert. Wir brauchen einen Mann für diese Aufgabe. Del Valle und Juanito geben mir recht.

Als Escalona weg ist, sagt Juanito zu mir. Morgen müssen wir zur VP, ein Kollege hat in der Kaufhalle geklaut.

Wir sind mit dem Mann pünktlich bei der Polizei. Der Vogel hat mächtigen Mist gebaut, hat Zigaretten und eine Flasche Weinbrand gestohlen. Von der deutschen Seite bekommt er eine Geldstrafe aufgebrummt, aber von der kubanischen bekommt er seine Rückführung nach Kuba.

Wir fahren nach Leuna zurück. Wir haben ein Gespräch mit dem Berufsschullehrer für die Chemiefacharbeiter. Der Kollege beschwert sich über einige Kubaner, die zu spät kommen oder zu zeitig wieder gehen. Juanito diskutiert mit ihm, ich muss nur übersetzen.

Am Abend fahre ich mit dem Kollegen Oselis nach Weißenfels zur Disko. Hier werde ich meine große Liebe kennenlernen.

Weißenfels ist eine kleine Stadt, schön grün und gemütlich. Es gibt hier außer den sowjetischen Soldaten kaum Ausländer. Wir gehen ins Café Centra. Es ist kein Tisch frei, wir gehen an die Bar und bestellen Cola mit Weinbrand. Das Lokal ist voll. Trotzdem geht es ruhig zu. Die Leute scheinen anders zu sein als in Merseburg oder Halle.

Zwei schöne Mädchen kommen und bestellen Sekt mit Ananas und rauchen Club-Zigaretten. Die sind ganz schön teuer. Ich rauche Cabinet.

Wir unterhalten uns und gucken uns die beiden Mädchen an. Sie sind schön braungebrannt, haben schwarze Haare. Eine, die mir besonders gut gefällt, trägt eine weiße Hose und eine gelbe Bluse. Ihre Lippen sind schön rot. Ich sage zu Oselis: Das sind zwei schöne Blumen, aber ich glaube nicht, dass solche Mädchen etwas mit Ausländern haben wollen. Oselis sagt: Wer weiß. Ich warte auf eine Möglichkeit, um etwas zu sagen. Neben uns werden zwei Stühle frei. Ich schaue hinüber und sage zu dem Mädchen in der gelben Bluse: Bitte, hier sind zwei Stühle frei. Sie sagt: Danke, nein. Aber Oselis sagt das gleiche zu der anderen, und sie sagt: Ach ja, setzen wir uns doch.

Nun gucke ich nicht mehr zu den Mädchen, rede nur noch mit meinem Kollegen, aber im Spiegel sehe ich: Sie ist schön und niedlich.

Beide gehen tanzen. Jetzt kommen zwei Blondinen, und Oselis sagt: Mit denen können wir tanzen, sie arbeiten in Leuna. Ich habe zwar keine Lust, aber Oselis zuliebe mache ich mit. Mein Freund sagt: Fräulein, wollen wir tanzen, und wir ziehen los.

Ich tanze, aber ich habe nur Augen für das Mädchen in der gelben Bluse. Sie weiß das. Ich spüre das, wenn sich unsere Blicke treffen, und sie weiß, dass ich nur mit diesem anderen Mädchen tanze, um die Zeit zu überbrücken. Die Kapelle macht eine Pause. Wir gehen wieder an die Bar, die beiden Blondinen mit uns. Die beiden Schönen verschwinden in der Toilette. Ich habe keine Lust zu irgendeiner Unterhaltung, Oselis redet auch nicht, und so gehen die beiden Blondinen wieder an ihren Tisch. Die beiden Schönen kommen von der

Toilette zurück, sie lachen und unterhalten sich fröhlich und trinken ihre Gläser leer. Ich nutze die Situation und sage: Bitte schön, die nächste Runde geht auf mich. Ach nein, vielen Dank, sagt meine schöne Braune, aber ihre Freundin sagt: Wieso denn, Ramona? Lass uns doch ein Glas auf seine Kosten trinken. Danke schön, sage ich, und bestelle schnell eine Runde für die Mädchen und für uns. Dabei sage ich: Meine schönen Damen, wir stammen nicht von einem anderen Planeten, wir sind Kubaner. Beide lachen und sagen: Aber Kuba ist für uns ein anderer Planet, weil es so weit weg ist.

Oselis sagt: Ihr seid doch nicht böse, wenn wir mit euch tanzen wollen? Die andere sagt: Und wie soll das gehen – ohne Musik? Sie lacht. Dann beginnt die Kapelle wieder zu spielen, und sie gehen beide auf die Tanzfläche. Ich frage die Schöne in der gelben Bluse: Und wir, wollen wir auch tanzen? Sie sagt: Nein, jetzt nicht. Gut, dann nachher, sage ich, aber sie zögert weiter: Nein, das weiß ich noch nicht. Ich frage sie: Ist es denn hier verboten, mit Ausländern zu tanzen? Nein, sagt sie, aber ich bin so. Ich heiße Roberto, sage ich, und wie heißt du? Muss das sein?, fragt sie, das spielt doch keine Rolle. Da sage ich kein Wort mehr. Sie hat bestimmt einen Freund.

Die Kapelle macht wieder Pause. Oselis kommt mit seiner Tänzerin zurück, sie spricht gern mit ihm. Oselis sagt: Roberto, das ist Katrin. Ich sage: Angenehm, ich bin Roberto. Oselis sagt: Ramona, ich bin Oselis, und sie sagt: Danke, ich bin – wie du schon gesagt hast – Ramona.

Katrin sagt: Ramona, gehen wir an unseren Tisch, da sind jetzt auch zwei Plätze für die Jungs frei. Wir gehen mit den beiden Mädchen mit. Ich gucke Ramona nicht mehr an, sondern unterhalte mich mit Katrin. Was trinkt ihr?, frage ich sie. Wir trinken Wein, sagt Katrin. Wir bestellen eine Flasche Wein für die Mädchen und Weinbrand und Bier für uns. Oselis und Katrin unterhalten sich, ich schweige. Die Kapelle spielt wieder, Katrin und Oselis gehen tanzen. Ich möchte Ramona noch mal zum Tanzen einladen, aber ich will nicht wieder ein Nein hören. Aber beim zweiten Titel sage ich dann doch: Bitte, Fräulein, wollen wir nicht tanzen? Sie sagt kein Wort, steht auf, und wir gehen los. Sie tanzt gut, wir tanzen alle vier zusammen. Katrin sagt: Siehst du, und beide lachen. Jetzt frage ich: Kannst du mir deinen Namen sagen? Sie sagt: Ich heiße Ramona, und du heißt Roberto, das sind zweimal R. Sie lacht. Jetzt spielen sie ein Lied von Julio Iglesias, das ist sehr schön.

Am Tisch reden wir über alles Mögliche. Darüber, was wir hier machen, und wie es in Kuba ist. Hallo, Ramona, sage ich, warum bist du so spröde mit mir? Sie sagt: nur so. Ja, sage ich, aber du bist ein so schönes Mädchen, du musst nett zu mir sein. Sie lacht und will wissen, warum ich mehr Deutsch spreche als Oselis. Ich sage: Na, weil du mir gefällst! Ach, sagt sie, lüge nicht, das sagen die Männer zu allen Frauen. Ich lüge nicht, sage ich, ich möchte dich sehr gern wiedersehen. Können wir uns am Wochenende nicht noch mal hier treffen? Sie sagt: Weiß nicht. Ich frage sie, wo sie wohnt. Hier in dieser Stadt, sagt sie. Bitte, Ramona, sage ich, ich meine deine genaue Adresse. Die sage ich dir nicht, erwidert sie. Ich habe dir meinen Namen genannt, das reicht. Jetzt kommt die letzte Musik-Runde, sagt Ramona. Das ist schade, sage ich. Kann sein, sagt Ramona. Und wie kommt ihr nach Merseburg zurück? Mit dem Taxi, sage ich, oder wir schlafen auf dem Bahnhof. Sie lacht. Tanzen wir die letzte Runde?, frage ich. Ja, sagt sie.

Ramona, frage ich sie, wann können wir uns wieder treffen? Weiß ich nicht, Roberto. Pass auf, Ramona, ich werde immer wieder in diese Disko kommen. Und wenn nicht, können wir uns in Merseburg im Café Geiseltal treffen. Gut, Roberto, das kann sein. Bitte, Ramona, kann ich dich nach Hause begleiten? Es ist schon spät, du brauchst vor mir keine Angst zu haben. Ja, Roberto, das kannst du, aber nicht bis nach Hause.

Oselis und Katrin gehen in die eine Richtung, Ramona und ich in eine andere. Oselis und ich, wir werden uns auf dem Bahnhof treffen. Ramona und ich gehen Hand in Hand. Ich bin sehr glücklich. Dieses kleinen Mädchen ist so schön und niedlich, sie geht nicht so einfach mit den Männern los. Solche Frauen gefallen mir sehr gut. Ich möchte sie küssen, aber sie gestattet es nicht. Sie sagt nur: nein, nein, bitte. Dann sagt sie: Roberto, jetzt musst du gehen. Gut, Ramona, ich wünsche dir alles Gute, und ich hoffe, dass wir uns wiedersehen.

Als ich mich umdrehen will, sagt sie: Warte noch, wir können noch ein paar Minuten miteinander reden. Mein Herz jauchzt vor Glück, und ich sage: Danke, Ramona, das ist wunderbar. Aber ein bisschen sorge ich mich, denn es ist schon spät. Sie sagt: Mach dir keine Sorgen, ich wohne hier gleich um die Ecke.

Es ist stockdunkel, aber wir schauen uns in die Augen. Sie hat schöne schwarze Augen. Wir küssen uns, und die Kleine sagt: Jetzt ist es gut, jetzt muss ich gehen. Ich sehe ihr nach. Ja, so ist das. Ich weiß jetzt zwar nicht, wie ich zum Bahnhof kommen soll, aber das ist mir scheißegal, ich bin glücklich.

Als ich den Bahnhof endlich finde, ist mein Kollege nicht da. Ich gucke in die Mitropa, aber da ist er auch nicht. Es sind eine Menge junge Leute da drin, viele sind betrunken. Ich komme gar nicht erst rein, ein Polizist steht mit einem Hund vor der Tür. Eine Stunde später kommt mein Freund Oselis. Na, Roberto, wie war's?, fragt er. Ich sage: nichts Besonderes. Aber ich bin glücklich. Ich will nur noch dieses Mädchen.

Oselis sagt: Katrin hat mir gesagt, dass Ramona gerne mit dir zusammen sein will. Aber sie weiß nicht, ob das geht. Wir sind Ausländer. Na ja, Oselis, sage ich, mal sehen, ob wir uns mal wieder treffen können. Um sechs Uhr früh fahren wir mit dem Zug nach Merseburg. Ich gehe gleich ins Bett. Es ist Sonnabend. Nächste Woche fahren wir in die Tschechoslowakei.

Ich fahre noch zwei Mal nach Weißenfels, möchte meine schöne Ramona sehen, aber ich kann sie nicht finden. Ich habe kein Glück, obwohl ich in jede Straße schaue. Ohne Ergebnis kehre ich nach Merseburg zurück.

Del Valle und ich, wir fahren in unser Konsulat wegen der Pässe. Dann fahren wir nach Dresden, um Geld zu tauschen.

Am Sonntag geht die Reise los. Der Genosse Bernd ist unser Leiter. Er ist gut, aber trinkt sehr viel. Er ist fast ein Säufer.

In Prag ist es ganz anders als in der DDR. Auf Schritt und Tritt begegnen wir den Zigeunern, die dort leben. Sie spielen und machen schwarze Geschäfte. Einige möchten mit uns Geld wechseln oder etwas tauschen. Wir sagen ja, aber die Vögel denken, dass wir DM haben, und wenn wir ihnen unser DDR-Geld zeigen, schimpfen sie und gehen weg.

Wir treffen uns auch mit den Kubanern, die in der Tschechoslowakei arbeiten. Ihre Wohnheime sind nicht so gut wie unsere. Wir besichtigen auch zwei oder drei Betriebe, zum Beispiel den Flughafen. Auch dort sind Kubaner beschäftigt. Wir sehen den Wenzelsplatz mit der großen Uhr, besuchen eine große Kirche. Die U-Bahn gefällt mir sehr gut. Besonders beeindruckt bin ich von unserem Besuch in Lidice, wo die Gestapo und die SS-Einsatzkommandos alles in Schutt und Asche gelegt haben.

Meine Kollegen kaufen sich zum Andenken schöne Gläser oder Kleidung – Hemden und Stiefel.

Aber was ist mit mir los? Ich möchte am liebsten schnell zurück, denke nur an Ramona. Dabei ist doch Anita ganz in meiner Nähe. Ich könnte mit ihr zusammen sein, aber ich will jetzt nichts mit einer Kubanerin anfangen.

Auf der Rückfahrt müssen wir lange an der Grenze warten. Viele Autos stehen in der Warteschlange. Am Abend sind wir in Merseburg. Ich gehe zu Oselis und frage ihn, ob wir nicht morgen zusammen nach Weißenfels fahren wollen. Er ist einverstanden und schlägt vor, dass wir gleich vom Werk aus fahren. Das geht schneller, und wir können unterwegs etwas essen.

Abendbrot kriege ich bei Juanito. Ich habe ihm vier Flaschen Prager Bier mitgebracht. Wir quatschen ein bisschen, und dann gehe ich ins Bett.

Am nächsten Morgen habe ich wieder Poliklinik-Dienst. Für Frau Dr. H. und Schwester Rita habe ich ein paar Ansichtskarten mitgebracht. Nach dem Mittagessen gehe ich mit Juanito nach Bau 104, dort haben die Kubaner eine Arbeitsschutzbelehrung. Der Meister erklärt, wie man an der Bohrmaschine mit Schutzbrille und Handschuhen arbeitet.

Um fünf treffe ich mich mit Oselis am Bahnhof Leuna-Nord. Wir fahren nach Weißenfels, laufen über den Boulevard, gehen ins Café Centra, essen und bleiben bis zur Diskothek. Aber Ramona ist nicht da, und sie kommt auch nicht. Oselis tanzt mit einem Mädchen, aber ich habe keine Lust. Um elf fahren wir mit dem Zug zurück.

Am nächsten Tag muss ich nach Halle, in die Hautklinik. Ein Kollege hat Probleme mit seiner Haut, wahrscheinlich ist es eine Allergie gegen irgendein chemisches Produkt. Dann muss ich mit Escalona, dem Chef, nach Bitterfeld. Dort gibt es ein typisches Problem: Die deutsche und die kubanische Mentalität prallen aufeinander. Aber wir können alles regeln. Alle merken: Hier gibt es keine Schuldigen, hier muss man sich einfach aufeinander einstellen.

Am Sonnabend gehe ich mit Juanito ins »Geiseltal«. Dort ist im oberen Saal Disko. Sie halten immer einen Tisch für die kubanische Leitung reserviert. Als wir ankommen, ist es schon ganz voll. Monika, die Kellnerin, kennt uns. Sie weiß, was wir trinken – Bier und Weinbrand. Eine Weile später kommt die Pförtnerin von unten und sagt zu mir: Roberto, unten ist ein junges Mädchen, das möchte zu dir kommen. Ich sage: Danke, Meine, ich komme gleich mit! Du lieber Gott, das muss Ramona sein! Mein Herz schlägt ganz schnell.

Und wirklich: Es ist Ramona, in ihrer weißen Hose und in ihrer gelben Bluse und mit ihren roten Lippen. Ich reiße die Tür auf, nehme ihre Hand und gebe ihr einen Kuss. Sie lacht, und ich lache auch. Na, Ramona, wie geht es dir? Ich sage: Ich war mehrere Male in Weißenfels, und sie sagt: Ich weiß, meine Freundin hat dich gesehen.

Ich möchte viel sagen, aber mir fehlen die Worte. Gut, meine Ramona, kommst du mit nach oben? Ja, Roberto, aber ich bleibe nicht lange. Wie du willst, Ramona, aber jetzt komm erst mal mit.

Wir gehen hoch. Ich habe ihre Hand nicht mehr in meiner, aber ich habe große Sehnsucht nach ihr. Juanito, sage ich, das ist Ramona, meine zukünftige Frau. Juanito lacht. Ramona versteht nicht und fragt, was ich gesagt habe, und ich wiederhole es ihr auf Deutsch. Bist du sicher?, fragt sie. Ich denke doch, sage ich. Ich bestelle eine Flasche Wein für Ramona, aber so viel Wein will sie nicht. Macht nichts, sagt Juanito, wir teilen uns die Flasche, ich trinke auch gerne Wein.

Ich sage Ramona, dass ich nur an sie gedacht habe, aber nicht wusste, wie ich sie finden sollte. Sie lacht niedlich und süß. Die Kellnerin kommt mit einer Flasche Wein und sagt: Fräulein, passen Sie mit Roberto auf, der ist immer hinter den Mädchen her. Dann lacht sie und sagt: Nein, nein, das war nur Spaß, er ist ein ordentlicher Mann. Monika, sage ich, heute kriegst du kein Trinkgeld von mir. Sie lacht nur.

Ich weiß, dass Juanito jetzt irgendetwas sagen will. Und wirklich, er erzählt Ramona, dass ich in der Tschechoslowakei war. Roberto ist ein guter Mann, sagt er, ist erst so kurze Zeit hier und hat schon diese Auszeichnung gekriegt. Ich lache, und meine Ramona lacht auch.

Jetzt kommt Roman mit zwei deutschen Frauen. Juanito schließt sich ihnen an, sie wollen noch nach Merseburg rein fahren. Ich sage: Juanito, kläre doch bitte mit der Pförtnerin, dass sie keinen an unseren Tisch schickt. Ich will jetzt meine Ruhe haben.

Na, Ramona, sage ich, jetzt sind wir alleine, und wir haben ja auch viel zu reden miteinander. Sag mir, bitte, die Wahrheit: Hast du an mich gedacht? Sie sagt: Bist du ein Kindskopf oder was? Warum bin ich denn hier? Wir lachen gemeinsam.

Ich nehme ihre Hand und küsse sie. Weißt du, Ramona, auf dieser Reise nach Prag habe ich immer nur an dich gedacht. Schon einen Tag später bin ich mit Oselis nach Weißenfels gefahren, um dich zu sehen. Was ist mit Oselis?, fragt Ramona. Er ist nach Erfurt gefahren, zu seiner kubanischen Freundin, sage ich. Und du?, fragt sie, wo ist deine Freundin? Weißt du, meine Kleine, sage ich, meine Freundin ist aus Weißenfels und heißt Ramona. Sie lacht wieder. Die Kapelle spielt, und wir gehen tanzen. In der Kapelle singt auch unser kubanischer Kollege Omar. Er hat eine schöne Stimme. Ich möchte, dass sie nicht so schnelle Musik spielen, aber sie gehen auf meinen Wunsch nicht ein. In der Pause gehen wir an die Bar. Ich frage Ramona: Was trinkst du? Sie sagt: Weißt du das denn nicht mehr? Ich sage zu der Frau an der Bar: Rosemarie, sei gegrüßt. Machst du uns eine Cola mit Weinbrand und einen Sekt mit Ananas? Sie lacht. Ach so, sage ich, und eine Schachtel Club, bitte.

Mit Freunden vorm Wohnheim

Roberto, sagt Ramona, es ist schon zwölf, ich muss zurück, weißt du nicht, wann ein Zug fährt? Nein, Meine, das weiß ich nicht. Und von hier aus müssen wir bis nach Merseburg zum Bahnhof laufen. Das ist eine halbe Stunde Weg.

Wir kommen zum Bahnhof, aber bis um drei fährt kein Zug mehr. Ramona, da musst du heute bei mir bleiben, sage ich. Ich lasse dich nicht alleine fahren. Wenn du fährst, fahre ich mit und schlafe dann auf dem Bahnhof von Weißenfels. Sie sagt: Nein, Roberto, das brauchst du nicht. Es ist zu spät. Ja, eben, sage ich, weil es zu spät und Sonnabend ist, lasse ich dich nicht alleine fahren. Viele Leute sind besoffen, da lasse ich dich nicht allein, ich fahre mit. Nein, sagt sie, das geht nicht, du kannst nicht bei mir übernachten, ich wohne bei meinen Eltern. Und dass du auf dem Bahnhof schläfst, will ich auch nicht.

Gut, sage ich, dann musst du mit zu mir kommen. In meiner Wohnung sind zwei Schlafzimmer, ich bin ein Kavalier, du brauchst keine Angst vor mir zu haben. Das ist nicht das Problem, sagt Ramona, aber es ist ein Wohnheim! Gut, Ramona, sage ich, dann ist das jetzt entschieden, wir fahren mit dem Taxi zum Wohnheim, und dann wird alles geregelt. Ich bin mir noch nicht so richtig im Klaren über alles. Bei anderen Mädchen habe ich mir nicht so viele Gedanken gemacht.

Ich möchte Ramona nie mit Gewalt haben, aber vielleicht denkt sie so von mir.

Wir kommen ins Wohnheim. Bitte, Ramona, sage ich, gibst du mir deinen Personalausweis? Ich gebe ihn Mama Lotti und sage: Das ist Ramona, sie ist meine Freundin. Gut, Roberto, sagt die Mama.

Ramona, sage ich beim Eintreten, die Wohnung ist nicht ganz in Ordnung, ich bin immer unterwegs, da sieht es manchmal etwas liederlich aus. Willst du eine Tasse Kaffee haben? Nein, Roberto. Gut, dann ein Glas Bier? Wir trinken unser Bier. Ramona, sage ich, ich werde jetzt alles herrichten, wenn du willst, kannst du ins Bad gehen.

Ich bereite das eine Schlafzimmer für sie vor und das andere für mich. Roberto, was machst du?, fragt Ramona. Ich komme gleich, sage ich, dein Schlafzimmer ist fertig, du kannst es dir anschauen. Sie lacht in sich hinein und weiß nicht, dass ich sie im Spiegel beobachten kann.

Wir trinken unser Bier und denken an unseren ersten Abend in Weißenfels. Ich frage sie: Warum warst du so mit mir, Ramona? Sie fragt zurück: Wie war ich denn? Ich war doch ganz normal. Wir haben getrunken und getanzt, was wolltest du denn noch? Ich sage: Ich wollte nichts, ich möchte dich, aber ich möchte dich nur, wenn du das willst. Na klar, sagt sie, sowieso.

Mensch, sagt sie, es ist ja schon so spät. Ja, sage ich, also: Hier ist dein Zimmer, ich habe dir auch ein Handtuch aufs Bett gelegt. Hallo, Roberto, sagt sie, ich habe mich doch schon schön gewaschen. Na ja, sage ich, vielleicht brauchst du es für die Farbe im Gesicht, und ich gehe in mein Zimmer.

Nach einer Weile ruft sie mich. Roberto, alleine kann ich hier nicht schlafen, ich habe Angst. Na gut, sage ich, komm in mein Bett. Ich liege ganz steif auf der rechten Seite. Ich weiß nicht, was mit mir los ist. Ich versuche zu schlafen, aber es geht nicht. Ramona liegt im Bett neben mir, ich habe große Sehnsucht nach meiner Kleinen.

Roberto, fragt sie, schläfst du schon? Sie legt ihre Hand auf meinen Kopf, ich nehme sie und gebe ihr einen Kuss. Sie sagt: Ich habe keine Angst vor dir. Schon seit unserem ersten Treffen weiß ich, dass du ein guter Mann bist, deshalb bin ich doch zu dir gekommen. Ich weiß nicht, Ramona, sage ich, es ist ganz einfach so, dass ich dich liebe. Ich nehme ihren schönen Körper in meine Arme, küsse ihre schönen Lippen, unsere Körper sind ganz heiß, ich denke, unsere Lippen werden bluten. Ich liebkose sie, und sie liebkost mich, und ich denke, so schön muss die Liebe sein. Wie lieben uns, wir sind nicht müde, sie hat keine Angst vor mir, sie weiß ganz genau, dass sie mich verrückt macht. Dann sind wir alle beide fix und fertig und bleiben im Bett so, wie wir auf die Welt gekommen sind. Um zehn Uhr früh bin ich wieder wach, sie schläft noch, ich schaue lange ihren schönen Körper an und decke sie zu. Sie soll noch ihre Ruhe haben.

Ich wasche mich und gehe zu Juanito Kaffee trinken. Na, Roberto, ist Ramona weggefahren? Ich schaue ihm tief in seine Augen. Ich weiß, Mama Lotti hat ihm alles erzählt. Na, was denkst du?, frage ich. Und woher kennst du dieses schöne Mädchen?, fragt er weiter. Juanito, Mensch, wie oft soll ich dir das noch sagen: Du kannst alles essen, aber nicht alles wissen. Kapierst du das, mein Freund?

Ich gehe in meine Wohnung zurück, Ramona schläft noch. Ich bereite das Frühstück und lasse die Wanne ein. Roberto, ruft sie, was machst du? Ich lege mich neben sie und küsse sie. Ich sehe ihre schönen Augen und ihr schönes Haar. Sie lacht so niedlich. Ich sage: Gehst du, mein schönes Mädel, in die Wanne? Du kannst auch die neue Zahnbürste benutzen, und hier habe ich Sportsachen für dich. Das ist gut, sagt sie, da kann ich meine Wäsche waschen, und wir lachen beide. Kannst du denn Frühstück machen?, fragt sie. Na klar, sage ich, ich kann auch gut kochen, aber nur kubanisch. Wann musst du denn fahren, mein Schatz? Morgen um zehn muss ich bei meiner Arbeit sein, sagt sie, aber, Roberto, ich fahre heute schon nach Hause, weil ich noch einiges in Ordnung bringen muss. Gut, meine Ramona, aber dann fahr nicht zu spät. Um sieben fährt ein Zug, den müsstest du nehmen.

Ich bin fertig, ruft sie aus dem Bad, bringst du mir die Sportsachen? Sehr gern, meine Süße, sage ich, aber du musst mir meine Dienste mit einem Kuss bezahlen. Wir küssen uns, und ich nehme das Handtuch und trockne ihren ganzen schönen Körper ab. Zum Frühstück gibt es Kaffee, Milch, Butter, Schinken, Käse, Brot, Marmelade und weichgekochte Eier. Wir hören Musik von Julio Iglesias. Ramona isst gern und viel, das gefällt mir. Dann rauchen wir. Es klingelt. Das ist Juanito, sage ich, das erkenne ich am Klang.

Guten Morgen, sagt er, hast du gut geschlafen, Ramona? Guten Morgen, Juanito, ja, ich habe gut geschlafen, und du? Ich habe auch gut geschlafen, sagt er, aber leider allein. Möchtest du mit uns frühstücken, Juanito? Nein, danke, ich trinke nur eine Tasse Kaffee. Gott sei Dank, sage ich, und wir lachen. Lach nicht zu früh, sagt Juanito, ich will Kaffee mit Weinbrand!

Ramona, sage ich, Juanito kann gut kochen, wenn er das macht, sparen wir uns die Arbeit. Hallo, Juanito, Ramona möchte deine Kochkünste kennenlernen! Du brauchst keine Angst zu haben, Rindfleisch habe ich zu Hause. Gut, mache ich, sagt Juanito.

Ramona, kommst du mit einkaufen?, frage ich sie. Ja, sagt sie, aber erst muss ich die Betten machen. Ich gehe zu ihr, hebe sie hoch, sie lacht, ich lasse sie ins Bett fallen und küsse sie wie verrückt. Schnell sind wir wieder ausgezogen. Wir lieben uns sehr. Dann gehen wir einkaufen. Wir brauchen Limonade, Zigaretten und ein paar Flaschen Bier für Juanito. Aber zuerst einmal gehen wir ein bisschen durch die Stadt bis hinunter zu dem kleinen See. Dort sind viele Kinder, sie füttern die Schwäne. Wir essen ein Eis und laufen zurück nach Merseburg-Süd. Juanito hat kubanisches Frikassee gekocht: Rindfleisch mit Kartoffeln, Tomaten, Zwiebeln, Knoblauch und Pfeffer, Reis und Salat. Den Reis isst Ramona nicht so gerne, aber Salat und Kartoffeln. Der Bierbauch hat auch einen guten Kaffee gekocht.

Ramona will die Teller abwaschen, aber Juanito gestattet das nicht. Es ist schon drei, um sechs müssen wir zum Bahnhof, da bleiben uns drei Stunden, die will ich mit Ramona alleine sein.

Wir sitzen im Wohnzimmer und rauchen. Erzähl mir, was du in Leuna machst, sagt Ramona. Tja, meine Ramona, ich bin als Dolmetscher im Leuna-Werk beschäftigt. Aber ich muss noch viel Deutsch lernen, eure Sprache ist sehr schwer. Sie lacht und sagt: Genau wie euer Spanisch. Und die Kubaner können kein Deutsch sprechen? Na ja, ein bisschen schon, sage ich, aber beim Arzt oder in der Berufsschule oder am Arbeitsplatz oder bei der Polizei, da ist es manchmal kompliziert, und da muss ich dann dabei sein.

Und wo hast du Deutsch gelernt, Roberto? Zuerst habe ich in Kuba ein Jahr Deutsch gelernt, dann war ich in Zeitz, und jetzt bin ich hier. Und was machst du, mein süßes Mäuschen? Ich habe Landwirtschaft gelernt. Ich habe in einer LPG gearbeitet, aber es war mir immer zu kalt, meine Nieren sind krank geworden. Jetzt arbeite ich als Kellnerin in einer kleinen Gaststätte in der Nähe von meiner Wohnung. Du weißt ja, ich wohne dort mit meinen Eltern. Die Wohnung ist nicht im Zentrum von Weißenfels, sondern in Weißenfels oben, wie wir sagen.

Ich schaue meine Kleine an und berühre ihr Gesicht, ihre Arme und ihr schönes schwarzes Haar. Ich sehe auf die Uhr, es ist schon kurz vor fünf. Ich gebe ihr einen Kuss und gehe ins Schlafzimmer, nehme das Bügeleisen und bügele ihre Hose. Roberto, ruft sie, was machst du? Ja, ich bin hier und mache deine Sachen fertig. Mensch, sagt sie, das kann ich doch machen. Ja, meine Ramonche, das kannst du machen, aber ich mache das gern für dich. Wir lachen alle beide.

Wann fährt ein Straßenbahn nach Merseburg?, fragt sie. Halb sieben, mein Schatz, sage ich, und lege mich gleich ins Bett. Sie liegt neben mir. Ich mache meine Augen zu, sie küsst mich im Gesicht. Meine Ramona, wie fühlst du dich? Ich fühle mich gut, sagt sie. Und du? Ich nicht, sage ich, und küsse sie mit aller Kraft. Ich gehe und hole ein Glas Wein, damit wir zum Abschied noch einmal anstoßen können.

Ramonas Körper ist wieder ganz heiß vor Aufregung, und meiner auch. Ihre Augen glänzen wie die Sonne, ihre Lippen sind wunderschön. Sie sagt: Roberto, ich muss unbedingt mit diesem Zug fahren, wegen meiner Eltern. Ja, sage ich, wir schaffen diesen Zug ganz bestimmt. Dann lieben wir uns mit einer Heftigkeit, dass man denken kann, dass es uns in verschiedene Richtungen auseinandertreibt. Einige Minuten bleiben wir total kaputt liegen, dann mache ich die Wanne fertig. Wir müssen den Zug schaffen.

Kommst du, Ramonche, die Wanne ist fertig. Wir verabschieden uns von Juanito und rennen zur Bahn. Wir kommen zum Bahnhof, und ich gucke im Fahrplan nach. So etwa um neun kommt von Weißenfels ein Zug – das ist gut, da kann ich mit Ramona nach Weißenfels fahren und komme gut wieder zurück. Ich sage aber nichts, gehe einfach zum Fahrkartenschalter und kaufe zwei Karten nach Weißenfels. Ramona sagt: Du bist verrückt. Wie willst du denn zurückkommen? Ich sage: Keine Sorge, meine Kleine, halb neun fährt ein Zug von Weißenfels nach Halle, den kann ich nehmen. Sie lacht und sagt: Mensch, warum machst du das? Ich kann doch alleine fahren.

Bitte, Ramona, sage ich, zerstöre jetzt nicht meine Pläne. Natürlich nicht, Roberto, du Dummer, ich freue mich doch, wenn du mich begleitest. Sie drückt mich fest an sich. Ich drücke sie auch und sage: Ich bin ein Mann, der kann auch später kommen, aber du bist eine Frau, du darfst so spät nicht alleine fahren.

Der Zug kommt. Von Merseburg nach Weißenfels ist es eine knappe halbe Stunde. Halb acht sind wir in Weißenfels. Wir haben fast eine Stunde Zeit, sagt Ramona. Komm mit zu meiner Wohnung, dann bringe ich dich mit meinem Moped wieder zum Bahnhof. Gut, Meine, sage ich, wir können mit dem Taxi fahren, es stehen genug da. Nein, Roberto, wir haben Zeit, und die Luft ist klar und der Mond scheint, da können wir schön laufen.

So gehen wir Hand in Hand durch die Stadt, gehen den Berg hinauf bis in die Nähe vom Krankenhaus, in die Lutherstraße. Roberto, komm rein, sagt sie, aber warte erst mal hier unten, meine Eltern sind oben. Ich hole schnell die Schlüssel von meinem Moped und von der Garage. Sie geht hoch, und nach zehn Minuten ist sie wieder unten. Weiß du was, mein Roberto, meine Mutter hat auf mich gewartet. Komm, wir müssen fahren, sonst wirst du deinen Zug nicht schaffen.

Die Kleine kann gut fahren, sie fährt schnell über das Kopfsteinpflaster, mein Hintern tut weh. Wir kommen am Bahnhof an und haben noch ein bisschen Zeit. Ich kaufe eine Fahrkarte, und dann trinken wir in der Mitropa noch einen Kaffee. Sie erzählt mir, wie das mit ihrer Mutter war. Weißt du, Roberto, ich habe am Telefon mit einer Freundin gesprochen und ihr gesagt, ich fahre nach Merseburg zu Roberto, aber zu Hause erzähle ich, dass ich zu dir komme. Das hat meine Mutter gehört, und sie hat auch gesehen, dass ich mit dir ins Haus gekommen bin. Ich habe ihr aber nicht gesagt, dass du Ausländer bist. Du weißt doch, Roberto, wie das hier ist mit den Ausländern. Gut, meine Ramona, ich möchte nicht, dass du wegen mir Probleme bekommst.

Nein, Roberto, sagt sie. Du bist für mich kein Problem und auch nicht für meine Familie.

Und wann kommst du wieder, Ramonche? Na, ich muss zwei Tage arbeiten, und dann habe ich zwei Tage frei. Am Mittwoch kann ich wieder bei dir sein. Gut, sage ich, wenn ich noch nicht im Wohnheim sein sollte, kannst du meine Schlüssel nehmen. Ich sage dem Hausmeister und den Frauen am Empfang Bescheid. Gut, mein Roberto, der Zug kommt gleich, wir müssen nach oben gehen. Nein, sage ich, es ist besser, wir verabschieden uns schon hier.

Schnell bin ich wieder in Merseburg-Süd. Ich lege mich gleich ins Bett. Ich bin zufrieden, habe viel Lust und gute Laune. So ist die Liebe. Ich denke noch ein bisschen an Ramona und schlafe ein.

Arbeit für die »großen Tiere«

Die Woche beginnt wie üblich. Kaffee bei Juanito, dann Dienst in der Poliklinik. Später muss ich nach Halle-Süd. Dort treffen wir uns bei Escalona zur Vorbereitung des großen Sportfestes. Es soll nun in Halle-Neustadt stattfinden, dort haben wir ein schönes Stadion. Die kubanischen Freunde von den anderen Kollektiven werden einen Tag vorher nach Halle kommen und dann in Halle, in Leuna und in Wolfen übernachten. Dann haben sie alle am Tag des Sportfestes kurze Wege. Es wird Wettkämpfe im Fußball, im Volleyball, im Baseball, in der Leichtathletik und im Schießen geben. Am Ende des Sportfests ist ein Kulturprogramm geplant.

Als wir fertig sind mit den Planungen, sagt Escalona: Roberto, morgen fahren wir zusammen nach Genthin. Del Valle sagt: Escalona, wir brauchen einen neuen Dolmetscher in Leuna, Roberto kann das alleine nicht schaffen. Escalona sagt: Ich habe das schon an die Botschaft gemeldet, wir müssen uns gedulden.

Ich hoffe sehr, dass es am Mittwoch und Donnerstag keine Fahrten in andere Städte gibt. Es ist komisch: Die Leute unterhalten sich, aber ich denke nur an Ramona. Auch der Besuch in Genthin macht mir ein paar Kopfschmerzen. Das dort ist eine Waschmittelfabrik, da muss ich viele neue Wörter lernen.

Escalona fährt uns mit seinem Auto ins Wohnheim. Er ist ein guter Chef und zugleich ein guter Freund. Weißt du was, Del Valle, sagt er, ihr bekommt in Leuna noch 30 kubanische Leute mehr. Das wird in zwei Monaten sein. Wenn wir bis dahin keinen neuen Dolmetscher gefunden haben, müsst ihr einen Kollegen aus der alten Gruppe zur Aushilfe einsetzen. Ja, das machen wir, sagt Del Valle.

Wie immer trinken wir alle zusammen bei Juanito einen Kaffee. Escalona ist zu jedem Spaß bereit, er scherzt mit Juanito. Escalona fragt. Na, Juanito, was gibt es Neues? Juanito sagt: Roberto hat ein schönes deutsches Mädchen gefunden. Escalona sagt. Juanito, du bist wirklich unser bester Gruppenleiter, selbst solche Sachen weißt du immer gleich. Alle lachen, ich auch.

Dann hat Escalona einige Anweisungen für uns parat. Ich brauche, sagt er, von euch einen Bericht über die Entwicklung bei euch insgesamt. Er ist für uns und für die deutsche Seite. Ihr müsst euch zur Ausbildung, zur Arbeit, zur Arbeitsdisziplin und zur Freizeit äußern. Das müsst ihr mit der Partei und mit dem UJC abstimmen. Und noch etwas: Im Sommer fliegt eine Gruppe nach Kuba in Urlaub. Ihr seid dafür verantwortlich, dass am Flughafen alles klappt. Ihr wisst doch, dass es immer Ärger gibt, wenn die Jungs ihr Übergepäck bezahlen sollen. Und nächste Woche muss Roberto mit der Gruppenleiterin von OGIS/Zeitz – das ist ein Gemüseverarbeitungsbetrieb – nach Berlin fahren und die neuen kubanischen Kolleginnen für diesen Betrieb abholen. Und noch etwas, Kollegen – Escalona ist jetzt sehr dienstlich: Ich habe euch immer gesagt, dass ihr, wenn ihr zu Beratungen mit der deutschen Leitung geht, eure guten Anzüge anziehen sollt. Das will ich nun nicht immer wiederholen müssen. Einen neuen Dolmetscher werden wir so schnell nicht kriegen. Wir müssen prüfen, wer von den alten Kollegen hilfsweise als Dolmetscher arbeiten kann. Wir bilden eine Kommission, die die Sache übernimmt. Roberto wird diese Kommission leiten. Außerdem muss die Kommission für Sport, Kultur und Freizeit aktiver werden.

Scheiße, denke ich, da bin ich ja auch Mitglied. Und nun noch die neue Sache mit den Dolmetschern. Da werde ich keine Zeit für meine Ramona haben.

Escalona verabschiedet sich, und wir haben eine Menge zu bereden. Ich sage, ich werde Ramona immer mitnehmen. Juanito lacht. Mensch, Roberto, du hast es doch gut, kannst nach Berlin fahren und die neuen Kubanerinnen abholen. Ach, sage ich, ich habe keine Lust, wenn du willst, kannst du das übernehmen.

Ich habe das Gefühl, dass mir die Dinge über den Kopf wachsen werden. All diese vielen Beratungen – Gruppenleiter, Dolmetscher, UJC, Partei. Junge, Junge! Außerdem die normale Arbeit im Werk. Morgen muss ich mit Escalona ins Krankenhaus nach Halle, er hat irgendetwas mit dem Magen.

Nach dem Aufstehen fahre ich gar nicht erst ins Leuna-Werk, weil ich um neun im Krankenhaus in Halle sein muss. Meine Ramona will heute kommen – da muss ich ihr einen Zettel schreiben, weil es später werden kann. Hoffentlich versteht sie alles.

Ich fahre mit dem Zug nach Halle, Escalona holt mich mit dem Auto ab, wir fahren ins Krankenhaus. Hier macht Escalona, der große Chef, ein großes Theater. Wir kommen in die Sprechstunde, und der Arzt fragt: Was ist mit ihm? Escalona sagt: Ich habe Magenschmerzen und Durchfall. Der Arzt nimmt ein Fieberthermometer in die Hand und sagt zu mir: Ich muss Fieber messen bei ihm, aber hinten, im After. Ich muss lachen. Escalona lacht nicht, aber irgendetwas ahnt er, und er fragt mich: Warum lachst du, Roberto? Und was hat der Arzt gesagt? Ich sage: Er will Fieber messen bei dir, aber, mein Freund, im Arsch. Ich muss so toll lachen, weil ich uns doch kenne, uns Kubaner, wir mögen das nicht. Escalona wird auch gleich ganz böse und sagt: Hör mal zu, wenn du mit den Leuten etwas besprichst, und ich verstehe das nicht, bekommst du großen Ärger! Ich sage: Mensch, ich bin Dolmetscher, und ich habe auch meine Ethik, ganz wie ein Arzt. Nun, endlich, lacht auch Escalona und macht gute Miene zum bösen Spiel.

Er bekommt seine Medikamente, und wir fahren zu ihm nach Hause. Er trinkt Tee, ich trinke eine Flasche Bier, und er erzählt alles, was im Krankenhaus gewesen ist, seiner Frau und seinem kleinen Sohn Pavel, und alle müssen lachen. Die Frau sagt: Ach, Pedro, das ist doch normal. Ja, sagt Escalona, aber wenn Roberto das weitererzählt, werden sich alle über mich kaputtlachen. Ich sage: Na, komm, jetzt muss ich erst mal meinen Zug schaffen.

Escalona sagt zu seiner Frau: Komm, wir bringen Roberto nach Merseburg. Pavel ist zufrieden, weil es auch mitkommen kann.

Nach einer dreiviertel Stunde sind wir in Merseburg-Süd. Bei Juanito sind, wie immer, Raul, Del Valle und noch ein paar andere. Der Bierbauch Juanito fragt sofort: Na, Escalona, wie geht's? Was hat der Arzt gesagt? Ich gehe ans Fenster. Ich möchte lachen, aber die Leute sollen mich nicht sehen. Und Escalona auch nicht. Escalona sagt: Ich habe Medikamente bekommen, und ich darf keinen Kaffee trinken. Na, sagt Juanito, da wirst du wohl ein Magengeschwür haben. Wie, sage ich, Juanito, du Vogel, hast du etwa auch Medizin studiert? Dann kannst du ja Escalona untersuchen! Alle lachen.

Jetzt gehen die anderen Kollegen, nur die Familie Escalona, Juanito, Del Valle und ich sind noch da. Del Valle sagt ganz ernsthaft: Ich glaube, Escalona, du musst jetzt ein bisschen auf dich aufpassen. Escalona schaut mich an, er muss lachen, seine Frau lacht auch, und der kleine Pavel fragt ganz unschuldig: Papa, wie war das mit dem Thermometer?

Da braucht jetzt gar keiner zu antworten, alle denken sich ihr Teil und lachen, lachen, lachen. Juanito kann sich kaum halten vor Spaß. Escalona sagt: Hört zu, jetzt ist genug gelacht, ihr seid meine drei Freunde, aber ich bitte euch, dass ihr nachher in der Beratung nicht darüber redet. Del Valle sagt: Keine Sorge, ich bin ganz sicher, Juanito und Roberto werden nichts sagen. Aber wir können ja deinen

Ich weiß schon, was er sagen will

Pavel mit in die Beratung nehmen. Pavel lacht und sagt: Ja, ich komme mit in eure Beratung. Gar nichts machst du, sagt Escalona, du gehst höchstens zur Beratung in deinen Kindergarten.

Es klingelt. Juanito macht auf, und Ramona kommt herein. Meine Ramona! Juanito gibt ihr einen Kuss und sagt: Komm rein, unser Chef und seine Familie sind da.

Ramona kommt herein, Juanito übernimmt die Vorstellung. Ramona begrüßt alle, und wie die Kubaner so sind: Sie geben ihr alle einen Kuss. Sie setzt sich neben mich, und ich nehme ihre Hand. Das Kind fragt: Ist das deine Frau? Nein, noch nicht, sage ich. Trinkst du eine Tasse Kaffee?, fragt Juanito. Ja, gern, sagt Ramona. Frau Escalona sagt: Sie ist ein schönes Mädchen. Ramona fragt mich: Was hat die Frau gesagt? Ich wiederhole alles, und Ramona sagt: Danke, aber die Kubanerinnen sind schöner.

Der Bierbauch kommt mit Ramonas Kaffee und sagt: Na, Ramona, Roberto ist der Dolmetscher unseres Chefs, da ist er oft unterwegs und wird nicht so viel Zeit für dich haben. Ramona sagt: Ich weiß, aber das macht mir nichts aus. Der kleine Pavel fragt: Wo wohnst du? In Weißenfels, sagt Ramona. Wo ist das? Das ist nicht weit von hier. Aber sag mal, fragt sie den Jungen, wieso kannst du so gut Deutsch sprechen? Ich gehe in den Kindergarten, antwortet Pavel. Da bist du also den ganzen Tag mit deinen deutschen Freunden zusammen, sagt Ramona. Du sprichst ja besser Deutsch als Roberto!

Escalona sagt: Wir müssen los. Ach nein, sagen wir, bleibt doch noch ein bisschen. Aber Escalona lässt sich nicht umstimmen.

Pavel sagt: Du alte Pute. Ramona lacht – so komisch, wie er das sagt. Ich weiß gar nicht, was es bedeutet. Die andern fragen mich: Was hat Pavel gesagt? Ich weiß nicht, sage ich, und ich frage Ramona. Sie lacht immer noch und sagt: Gib mir mal das Wörterbuch. Juanito gibt ihr eins, und sie zeigt mir das Wort. Ach so, sage ich, und übersetze es ins Spanische. Roberto, sagt Ramona, im Kindergarten benutzen die Kinder oft solche Wörter. Mensch, denke ich, immerzu muss ich neue Wörter lernen, im Betrieb, in der Kneipe, in der Poliklinik, bei der Polizei, in der Kaufhalle, in der Berufsschule – und jetzt auch noch mit einem Kindergartenkind. Ramona, wann kommst du uns besuchen?, fragt Pavel. Ich weiß ja gar nicht, wo du wohnst, sagt Ramona. Ja, aber Roberto weiß, wo ich wohne, sagt das kluge Kind. Escalona sagt: Komm, Pavel, wir gehen, wenn uns Roberto und Ramona besuchen wollen, sind sie herzlich eingeladen. Ramona ist erstaunt, dass Escalona plötzlich deutsch spricht. Ja, sage ich, ein bisschen kann er das.

Ich sage: Ramona, komm, wir müssen noch ein paar Einkäufe machen. Ach wo, sagt sie, das habe ich schon alles erledigt. Juanito sagt: Ich lade mich heute mal bei euch ein, ich habe keine Lust zum Kochen. Kannst du machen, sagt Ramona, ich habe Koteletts gekauft und eine Flasche Wein, und Frühstück für morgen habe ich auch schon besorgt. Schön, meine Kleine, sage ich, aber das hättest du nicht machen müssen. Hast du dir denn ein paar Sachen für die Wohnung mitgebracht? Ja, sagt Ramona, habe ich. Na, sage ich, dann geh doch schon vor und zieh dich um. Ich helfe dir dann beim Kochen, schäle die Kartoffeln, schneide die Zwiebeln und den Knoblauch.

Sie geht in meine Wohnung, und ich folge ihr ein bisschen später. Sie ruft. Der Wein steht schon im Kühlschrank, und ein paar Bier habe ich dir auch mitgebracht. Trinkst du denn ein Glas mit mir, mein Schatz?, frage ich. Ja, gerne, sagt sie. Hast du morgen viel zu tun, Roberto? Na, es geht, bis Mittag erst mal nichts, dann muss ich nach Leuna-Nord, und dann bin ich wieder bei dir. Und wie war es heute?, fragt sie weiter. Na ja, nichts Besonderes. Hast du mit deiner Mutter gesprochen, Ramona? Ja, habe ich. Sie war nicht so richtig einverstanden mit mir, aber sie hat gesagt: Du bist alt genug, du musst wissen, was du tust. Sie weiß, dass ich heute bei dir bin. Ich bin froh über das, was sie da erzählt, und umarme sie und gebe ihr einen Kuss.

Es klopft, Juanito kommt. Er hat zwei Flaschen Bier in der Hand und will mit mir reden. Was macht Ramona?, fragt er. Sie ist in der Küche und kocht. Ich will mal sehen, ob sie gut kochen kann, sagt er. Was redet ihr da über mich?, ruft Ramona. Er will sehen, ob du gut kochen kannst, rufe ich zurück.

Na, Roberto, fragt er mich, was denkst du über die viele Arbeit, die Escalona für uns hat – und besonders für dich? Na gut, er hat Vertrauen zu uns, aber wir haben viel Arbeit und die vielen jungen Leute, das wird alles ein bisschen zu viel. Na ja, Juanito, sage ich, wir müssen erst mal abwarten. Nächste Woche fahre ich nach Berlin, dann muss ich ein paar Tage in Zeitz bleiben, aber die Leute vom Hydrierwerk können diese Gruppe bei OGIS bestimmt unterstützen. Wie viele Kubanerinnen sind es?, fragt Juanito. 28, sage ich, und die Gruppenleiterin kommt vom KKW Stendal.

Ramona ruft aus der Küche: Na, Juanito, glaubst du immer noch nicht, dass ich kochen kann? Ich schenke ihm einen Weinbrand ein. Wir trinken, ich lasse ihm die Flasche da, denke, dass ihn das genug beschäftigt, und gehe in die Küche, um Ramona zu helfen.

Ramona brät die Koteletts auf kleiner Flamme. Ich gehe zu ihr und küsse sie. Ach, meine Ramona, sage ich, am liebsten würde ich gleich mit dir in die Wanne gehen. Ich habe so sehr an dich gedacht und hatte die ganze Zeit gute Laune, das liegt an dir. Mir ist, als würde ich dich schon ganz lange kennen. Ja, so ist das, sagt sie, und wir küssen uns, und ich küsse ihren ganzen Körper, und alles geht, wie es gehen muss.

Roberto, die Koteletts!, ruft sie plötzlich. Ich mache das Feuer aus. Wir sind fertig, das Essen ist es auch. Ich gehe zu Juanito, um ihm zu sagen, dass er kommen soll.

Ramona hat ausreichend gekocht, der Bierbauch wird reinhauen wie ein Tier. Er kommt und sagt: Ramona, du hast gut gekocht, der Duft zieht durch die ganze Wohnung. Juanito, sage ich, morgen früh fahre ich nicht nach Leuna, wir treffen uns um eins in Leuna-Nord. Siehst du, so ist er, sagt Juanito zu Ramona, der Dolmetscher unseres Chefs Escalona, des Vertreters unserer Botschaft im Bezirk Halle/ Magdeburg. Ach, weißt du, sage ich zu Juanito, ich bin so oft nachts und an den Wochenenden unterwegs, da kann ich mir das mal leisten. Na klar, sagt Juanito, ich mache doch nur Spaß.

Nun redet er mit Ramona. Weißenfels ist ein schöner Name für eine Stadt, sagt er. Und es liegt schön in der Natur, sagt meine Kleine, hat nicht solche großen Chemiebetriebe wie Leuna oder Buna.

Juanito, sage ich, du kannst alles essen, aber du musst dann auch den Abwasch machen. Ach wo, sagt Ramona, das mache ich schon. Nein, sage ich, das macht Juanito, so ist unsere Abmachung. Bitte, sagt sie, Roberto, das mache ich wirklich gern. Juanito, du brauchst das nicht zu machen. Der Vogel lacht und sagt: Siehst du, Roberto, ich bin euer Gast. Ich helfe dir, meine Süße, sage ich, aber sie sagt: Geh nur, ich mache das schnell, und dann komme ich.

Wir gehen wieder ins Wohnzimmer. Juanito fragt: Und wie wird das mit den jungen Leuten und der deutschen Sprache, wenn wir keinen neuen Dolmetscher kriegen? Ich weiß nicht, sage ich. Ich weiß nur, dass Escalona etwas unternehmen muss. Der Vogel Reymundo vom UJC will mich ja auch noch als Dolmetscher haben.

Sag mal, sagt Juanito nach einer Weile, hast du eigentlich daran gedacht, dass wir am Sonnabend einen Ausflug nach Eisenach machen? O Gott, sage ich, das habe ich vergessen. Aber Juanito hilft mir.

Ramona, fragt er, willst du nicht mit nach Eisenach kommen? Ja, gern, sagt sie, aber ich muss das erst mit meiner Kollegin besprechen. Sie muss dann meine Schicht übernehmen. Du musst, sage ich, dann schon am Freitagabend zu mir kommen und hier schlafen, denn der Bus fährt schon um sechs Uhr früh hier ab. Ich komme mit meinem Moped, sagt sie. Gut, sage ich, dann hole ich dich am Freitagnachmittag von deiner Arbeit in Weißenfels ab, und wir fahren zusammen ins Wohnheim. Sie erklärt mir, wie ich die Kneipe, in der sie arbeitet, finden kann. Du gehst in Richtung meiner Wohnung, sagt sie, aber biegst dann nicht in die Lutherstraße ein, sondern gehst geradeaus weiter, und hinter dem Krankenhaus siehst du die Kneipe dann schon. Gut, sage ich, das wird schon klappen.

Leute, ich muss gehen, sagt Juanito. Morgen muss ich ja schon halb sieben in Leuna sein. Danke, Ramona, du hast gut gekocht.

Ramona und ich, wir trinken noch ein Glas Wein miteinander und sprechen über den Ausflug nach Eisenach und auch darüber, dass ich am nächsten Donnerstag nach Berlin fahren werde. Der Bus kommt aus Zeitz nach Merseburg und fährt dann zum Flughafen Schönefeld. Ramona sagt, dass sie an diesem Tag auch frei hat und also auch mit nach Berlin kommen könnte. Ich freue mich, dass wir so oft zusammen sein werden.

Ramonche, sage ich, lass uns ins Bett gehen, ich bin müde. Soll ich das glauben?, fragt sie und lacht. Sie zieht ihr schönes Nachthemd an und lässt ihr Haar locker fallen, das macht mich ganz verrückt. Im Zimmer ist es dunkel, nur eine Kerze brennt, im Kerzenschein sieht sie noch schöner aus. Wir küssen uns, ich streichle sie von oben bis unten, wir tun alles, was die Natur uns erlaubt. Später sind wir beide total kaputt. Da braucht man keine Tabletten. Wir schlafen wie tot.

Ich wache um zehn auf, Ramona schläft noch. Ich mache uns das Frühstück, wecke sie, und dann fahre ich nach Leuna-Nord. Da gibt es einen Meisterbereich, in dem Fernando arbeitet. Seine Disziplin ist schlecht. Er wird in unsere Disziplinarkommission vorgeladen, und wenn er sich nicht ändert, wird er nach Kuba zurückgeschickt werden.

Als wir in mein Büro zurückkommen, wartet ein Kubaner auf mich. Er ist krank. Er hat Tripper – da müssen wir nach Merseburg fahren. Er ist schon zum zweiten Mal bestellt. Das erste Mal ist er einfach nicht hingefahren, und wenn er jetzt wieder nicht fährt, muss er ein Strafgeld bezahlen. Mein lieber Freund, sage ich, du gehst mit deiner Freundin ins Bett, anstatt zum Arzt zu fahren, und jetzt muss ich meinen Feierabend für dich opfern.

Juanito, sage ich, bist du bitte so freundlich und sagst Ramona, dass ich nach Merseburg muss? Na klar, sagt er.

Wir kommen in die Sprechstunde des Hautarztes. Zu meinem Glück sind nicht viele Leute da, nur eine Frau und zwei angolanische Kollegen. Die Ärztin begrüßt mich, und ich sage: Hier ist mein Kollege, und ich habe keine Zeit. Gut, Roberto, sagt sie, ihr könnt gleich reinkommen. Und dann wird sie ganz energisch. Hören Sie, junger Mann, sagt sie, wenn Sie wieder einen Termin versäumen, melden wir Sie der Polizei. Sie haben eine ansteckende Krankheit und müssen zur Behandlung. Sie dürfen in dieser Zeit mit keiner Freundin schlafen, begreifen Sie das? Gut, alles klar, sagt er, und danke schön, Roberto, sagt er auch, und ich sage: keine Ursache, und bin schon weg.

Ich komme ins Wohnheim, es ist schon nach sechs. Ramonche macht das Abendbrot. Wo warst du so lange?, fragt sie. Ich habe Juanito gar nicht richtig verstanden. Ich war mit einem Kollegen in der Hautklinik, sage ich. Und was hat er?, fragt sie. Meine, sage ich, du bist ein bisschen zu neugierig. Aber gut: Er hat eine venerische Krankheit. Ich will die Wanne einlassen, aber sie sagt: Ruh dich doch aus, mein Lieber, das mache ich. Du bist müde, und ich habe viel geschlafen. Ich sehe, sie hat die ganze Wohnung in Ordnung gebracht. Das können die Frauen sehr gut – ganz anders als wir Männer.

Wir essen Abendbrot und unterhalten uns nicht so lange. Ramona muss morgen pünktlich zur Arbeit sein. Halb sechs stehen wir auf, machen uns noch ein kleines Frühstück und verabschieden uns voneinander.

Ich gehe in die Poliklinik. Da warten fünf oder sechs Kubaner. Ich erledige alles, und dann muss ich mit Del Valle ins Lohnbüro. Das ist eine komplizierte Arbeit, die mir nicht viel Spaß macht. Es geht um die Berechnung der 60 Prozent, die von jedem Lohn nach Kuba transferiert werden. Das ist so schwierig, weil auch noch Krankengeld einberechnet werden muss, und alles ist in einer komplizierten Sprache verfasst. Vom Lohnbüro aus gehen wir zu einer Beratung über unseren Ausflug nach Eisenach. An dem werden sich auch polnische Kollegen beteiligen. Der Plan sieht vor, dass wir um sechs abfahren, eine Frühstückspause machen, die Wartburg besichtigen, dann Freizeit haben und um fünf die Rückfahrt antreten.

Gut, alles klar. Und bitte: Die Abfahrt ist wirklich um sechs, wir haben keine Lust, auf Nachzügler zu warten.

Das also wird am Sonnabend sein. Aber morgen ist erst einmal Donnerstag, und da hat Reymundo um 14 Uhr einen Termin in der FDJ-Bezirksleitung beim Genossen Roland Claus. Na klar, Del Valle, sage ich, das machen wir, aber vorher muss ich noch zur Kriminalpolizei. Mit dem Kollegen Zulueto, wegen der Schlägerei, und du weißt, das dauert immer ziemlich lange. Wann seid ihr denn bestellt?, fragt Del Valle. Um zehn, sage ich. Na gut, dann geht ihr eben schon um acht hin, und du bittest die Genossen, dass sie euch schon so zeitig dran nehmen, weil wir zur FDJ-Bezirksleitung müssen. Ich werde es versuchen, sage ich.

Del Valle verabschiedet sich zu seiner Freundin, und ich gehe ins Wohnheim. Ich brauche meine Ruhe, um mich auf den morgigen Tag vorzubereiten. Ich gucke ein bisschen fern, dann nehme ich mir das Wörterbuch. Ich muss wieder ein paar neue Wörter lernen, um auf das Gespräch bei der Polizei vorbereitet zu sein.

Um acht sind wir bei der Kripo, und ich melde mich gleich. Der Diensthabende sagt: Aber eine halbe Stunde müsst ihr trotzdem warten, denn alle sind zur Beratung beim Chef.

Nach einer halben Stunde kommt der Genosse, der für uns zuständig ist. Er ist nett und freundlich. Zu Zulueto sagt er: Du bist von Kuba hierher gekommen, um dich zu qualifizieren, und nicht, um dich zu prügeln. Du hast Gläser zerschmissen und eine Tür kaputtgemacht, das musst du bezahlen. Ja, sagt Zulueto, das bezahle ich, aber die deutschen Kollegen haben mich Schweineneger genannt, und so etwas mag ich nicht. Die deutschen Kollegen bekommen auch eine Strafe, sagt der Kripo-Mann. Aber ich gebe euch den Rat, nicht wieder in eine solche Kneipe zu gehen. Die jungen Leute von uns sind manchmal auch ziemlich dumm, und dann kommt es zu solchen Zusammenstößen.

Um elf sind wir fertig und fahren nach Merseburg-Süd zurück. Ich rufe Del Valle an und gebe ihm Bescheid, dass alles erledigt ist. Er holt mich ab, und wir fahren mit dem Zug nach Halle. Dort haben wir eine Viertelstunde Fußweg vom Bahnhof zur FDJ-Bezirksleitung.

Kurz vor zwei treffen wir uns mit Escalona und Reymundo vor dem FDJ-Haus. Wir nehmen den Aufzug in die dritte Etage. Der Genosse Roland Claus und einige Genossen seines Sekretariats erwarten uns. Er begrüßt uns und fragt, wie wir die Zusammenarbeit zwischen FDJ und UJC finden.

Escalona und Reymundo sind der Meinung, dass es im Bezirk Halle eine sehr gute Zusammenarbeit zwischen beiden Jugendverbänden gibt und dass sie im Leuna-Werk am besten klappt.

Das ist keine Überraschung, sagt Roland Claus. Das Leuna-Werk ist ein großes Kombinat, es gibt dort eine lange Tradition der Zusammenarbeit, und das Kombinat spielt nicht nur für unsere Wirtschaft eine große Rolle, sondern auch für unsere politisch-ideologische Arbeit.

Dann spricht er eine Einladung aus. In Kürze, sagt er, haben wird unsere FDJ-Bezirkskonferenz, da werden wir euch einladen, denn einige kubanische Freunde sollen ausgezeichnet werden: mit der Artur-Becker-Medaille und als gute Propagandisten des Marxismus-Leninismus. Reymundo sagt: Genosse Roland, ich muss mich mit dem Ersten Sekretär unserer Botschaft besprechen, denn es gibt auch kubanische Auszeichnungen für euch. Gut, sagt Roland. Trinken wir einen Schluck auf unsere gute Zusammenarbeit, unsere Freundschaft und den Frieden.

Wir trinken Bier und Korn. Roland Claus sagt: Liebe Freunde, ich habe einen Termin bei der Partei und muss euch jetzt verlassen, aber bleibt bitte noch hier, meine Genossen sind für euch da. Zu seiner Sekretärin sagt er: Bitte bringe den Freunden etwas zu essen.

Die Direktorin und ich

Reymundo sagt zu uns: Leute, wir müssen unbedingt mit der Botschaft reden. Wir haben hier überhaupt nichts für die deutschen Freunde, sie müssen mindestens eine Auszeichnung für die Freunde von der FDJ unterschreiben. Escalona sagt: Na klar, Reymundo, du hast recht, und du bis es auch, der das organisieren muss, denn du bist der UJC-Sekretär für Halle/Magdeburg.

Die Sekretärin kommt und bringt einen kalten Imbiss und ein paar Flaschen Bier. Es sind noch vier deutsche Freunde da. Ich habe keine Lust zum Trinken und auch keine zum Übersetzen. Aber der Vogel Reymundo gerät ins Quatschen, und ich muss wohl oder übel ran. Glücklicherweise sagt Escalona schon bald: Leute, ich muss gehen, ich muss noch viel Schreibarbeit erledigen. Ich freue mich. Wir verabschieden uns schnell, Escalona fährt uns zum Bahnhof, und wir kriegen einen günstigen Zug nach Merseburg.

Ihm Wohnheim habe ich keine Lust zum Kochen, aber viel mit Juanito reden will ich auch nicht. Ich schaue bei ihm rein und sage: Ich bin ziemlich kaputt, aber ein bisschen essen würde ich trotzdem gern. Er fragt mich, wie es in Halle gewesen ist. Ich sage: Das weißt du doch, das ist das Übliche. Es wird eine Menge geredet, und wenn der Vogel Reymundo zwei Bier getrunken hat, dann denkt er, dass er alle unterhalten muss, und erzählt doch immer nur dasselbe. Das kannst du vergessen.

Morgen, sage ich zu Juanito, ist Freitag, und ich fahre nachmittags nach Weißenfels, um Ramona abzuholen. Das kannst du nicht, sagt Juanito, wir haben noch eine Beratung wegen unseres Ausflugs nach Eisenach. Das ist eine rein kubanische Angelegenheit, sage ich, da braucht ihr mich nicht. Aber du gehörst zur Leitung, du musst dabei sein, sagt Juanito. Ach weißt du, sage ich, bei der Fahrt habt ihr alle euren Spaß, aber ich muss arbeiten, muss alles übersetzen, das ist genug. Gott sei Dank sieht er das ein.

Am nächsten Morgen gehe ich wieder in die Poliklinik. Es ist Freitag, das Wochenende steht vor der Tür, es sind nicht viele Kubaner da.

Ich frühstücke mit Frau Dr. H. und Rita, der Krankenschwester. Rita sagt: Du Vogel, du hast ein schönes Mädchen in Weißenfels, ich habe euch gesehen! Frau Dr. H. lacht und fragt: Roberto, ist das wahr? Wie heißt sie denn?

Rita, sage ich, du könntest bei der Volkspolizei anfangen. Sie heißt Ramona und wird mit mir nach Eisenach fahren. Noch was?

Alle beide lachen. Ich auch. Ich mag sie gern – unsere Frau Dr. H. und Rita. Wir frühstücken, rauchen eine, und ich wünsche ihnen ein schönes Wochenende.

Im Büro sind Del Valle, Juanito und die kleine Idania. Die mag ich nicht. Del Valle sagt, dass um zwei die Beratung ist. Ich sage, was ich schon am Abend zuvor Juanito erklärt habe: Dass ich nicht teilnehmen werde, weil ich morgen, wenn alle ihre Freizeit genießen, genug arbeiten muss. Ja, sagt Del Valle, da hast du wirklich Pech, dass du den Spaß der anderen noch dolmetschen musst. Wann fährt dein Zug nach Weißenfels? Um fünf, sage ich. Na bitte, sagt der Bierbauch Juanito und lacht. Da hat er noch viel Zeit. Hör zu, mein Freund, sage ich, hier hast du ein Bier, und nun gib Ruhe. Ich nehme meine Tasche und ziehe los. Vorher sage ich noch zu Juanito: Du kannst für Ramona und mich ein schönes Abendbrot kochen. Gut, sagt der Vogel, aber dann musst du vorher noch Fleisch einkaufen.

Ich fahre ins Wohnheim und lege mich für ein Stündchen aufs Bett. Juanito kommt. Seine Beratung kann nicht lange gedauert haben. Er fragt: Was soll ich denn eigentlich kochen? Das ist mir scheißegal, sage ich, Hauptsache, es schmeckt, und im Übrigen habe ich das letzte Mal alles bezahlt. Gut, sagt der Vogel, ich kümmere mich, aber fürs Trinken musst du aufkommen. Ich trinke heute nichts, sage ich, denn ich habe im Gegensatz zu euch morgen viel Arbeit.

So, ich mache mich endlich davon, kriege meinen Zug nach Weißenfels, und dort habe ich noch eine Weile Zeit und bummle deshalb noch ein bisschen die Straßen entlang. Nach einer halben Stunde bin ich bei der Gaststätte, in der Ramona arbeitet, angelangt.

Die Kneipe ist voll, ich kann Ramona nicht entdecken, aber ich möchte auch nicht fragen. Die Leute gucken mich an. Klar, ich bin Ausländer, und das sind sie hier nicht gewöhnt. Es ist nicht so wie in Merseburg.

Ramona kommt aus der Küche mit einem großen Tablett mit Essen und Bier. Sie hat mich noch nicht gesehen. Vom Stammtisch winkt ihr eine junge Frau und sagt etwas zu ihr. Sie entdeckt mich und zeigt mir mit einer Kopfbewegung, dass ich zu ihr kommen soll. Ich gehe zu ihr, begrüße sie ganz normal mit Guten Abend, sie küsst mich, und wir gehen zum Stammtisch. Hallo, sagt Ramona, das ist mein Freund Roberto, und das – sie zeigt auf die junge Frau – ist Monika, meine Schwester. Monika steht auf und gibt mir die Hand, auch ihr Mann erhebt sich, und ich nehme neben Monika Platz. Bist du gut hergekommen?, fragt Ramona. Na klar, kein Problem. – Und morgen fahren wir? – Ja, wie ausgemacht. – Gut, ich freue mich sehr, sagt meine Ramonche. Ich sehe in ihren Augen, wie zufrieden sie ist. Trinkst du auch ein Bier, mein Roberto? Sie lacht, und ihre Augen sind ganz klein und glänzen.

Ich sehe, dass alle Bier und Weinbrand trinken, und sage: Bitte, Ramonche, bring uns eine Runde Bier und Weinbrand. Und für mich?, fragt meine Kleine. Auch eine, sage ich. Aber da sagt Stefan, der Mann von Monika: Nein, du darfst nicht, du musst arbeiten. Da hast du recht, sagt Ramona, und außerdem muss ich auch noch Moped fahren, und wir fahren um zehn. Schon um zehn?, frage ich. Geht denn dein Dienst nicht bis um zwölf? – Eigentlich ja, aber ich habe mit dem Chef gesprochen, und er ist einverstanden, dass Monika die beiden letzten Stunden übernimmt. – Genau, sagt Monika, das mache ich. Ihr könnt euch eine Flasche mitnehmen und zu Hause trinken. – Ja, sagt meine Ramonche, ich kann dann trinken, aber Roberto nicht, der muss morgen arbeiten. – Ich denke, ihr macht einen Ausflug? – Ja, aber Roberto muss dolmetschen für die Kubaner.

Ramona geht wieder an ihre Arbeit, und ich sehe, wie glücklich sie ist. Die Leute am Tisch spielen wieder Karten, und ich denke über meine Ramona nach und über unsere Zukunft.

Plötzlich ist sie wieder da mit einem großen Tablett mit Bier und Weinbrand, aber gleich ist sie auch schon am nächsten Tisch. Hier ist es nicht wie in Kuba, wo die Kellnerin sich mit ihrem Freund oder einem Kollegen unterhält und die Gäste warten lässt.

Die Leute trinken schnell, Stefan, der Schwager von Ramona, bestellt die nächste Runde. Er fragt mich, ob ich Karten spielen will. Nein, sage ich, ich kann das nicht, ich habe keine Ahnung. Das ist ganz einfach, sagt er, das musst du lernen. Wir spielen das gern, und deine Ramona auch. Ramona kommt und möchte eine Zigarette rauchen. Ich gebe ihr eine. Sie fragt mich, ob ich essen will. Nein, danke, sage ich. Hast du denn schon gegessen?, fragt sie wieder. Nein, sage ich. Na also, sagt sie, dann bringe ich dir was. Sie bringt mir Bockwurst mit Kartoffelsalat.

Es ist schon acht, und die Kapelle macht Musik. Es ist eine kleine Gruppe: eine kleine schöne Blondine, ihr Mann – der Chef – und zwei weitere Männer. Später werden Ramona und ich mit der Frau und dem Chef gut befreundet sein. Schade, heute Abend muss Ramona arbeiten, da können wir nicht tanzen. Sie singen schöne Lieder und haben einen guten Rhythmus.

Um zehn verabschieden wir uns und fahren nach Merseburg-Süd. Wir wünschen Frau K. einen guten Abend. Bitte, können Sie uns um fünf Uhr wecken? Na klar, mache ich, sagt Frau K.

In der Wohnung trinken wir ein Gals Wein, rauchen eine und gehen in die Wanne. Dann gehen wir zu Juanito zum Essen. Lust zum langen Reden habe ich nicht. Um fünf müssen wir wieder aus den Betten raus. Hallo, sagt Juanito, Ramona, was hast du denn mit Roberto gemacht? Er ist alt geworden! Sie lacht und sagt: ach wo! Erzähl doch keinen Quatsch!

Als wir ins Bett gehen, fragt mich Ramona, wie ihre Schwester, ihr Schwager und die Kollegen am Tisch mit mir umgegangen sind. Alle waren freundlich und nett, sage ich zu ihr.

Wir sind müde, aber ohne Liebe können wir nicht einschlafen.

Am nächsten Morgen klopft Frau K. an die Tür, und ich bin gleich draußen und mache ein kleines Frühstück. Dann gehe ich ins Zimmer und wecke meine Kleine. Sie freut sich, dass das Frühstück schon fertig ist.

Juanito kommt. Ich habe die Tür offen gelassen, er frühstückt mit uns. Roberto, sagt er, ich mache eine Runde durch die Zimmer, damit von den jungen Leuten niemand verschläft. Von unserem Balkon aus können wir sehen, wenn der Bus kommt. Zehn vor sechs ist er da, wir gehen hinunter. Nur zwei oder drei Kollegen verspäten sich ein bisschen, dann fahren wir los.

Kurz vor neun machen wir Frühstück an der Autobahn. Dann geht es weiter. Wie immer sind die Kubaner wie die Kinder. Sie spielen, machen Spaß, singen, einige haben ein Schnäpschen mit. Für meine Ramona ist es ein ganz neues Erlebnis. Sie fragt mich, was die Leute so sagen. Sie denkt, die Kubaner diskutieren, aber so ist es nicht. Sie quatschen einfach nur ein bisschen.

Der Reiseleiter, ein polnischer Kollege, hat auch seine deutsche Frau mitgebracht. Er ist ein Vogel. In der Gaststätte sagt er zu mir: Roberto, deine Freundin ist keine Kubanerin, aber der Ausflug ist nur für Kubaner. Na und?, sage ich, deine Frau ist auch keine Kubanerin. Ja, sagt er, aber ich bin der Reiseleiter. Das ist mir scheißegal, du alter Ochse, sage ich, ich bin der kubanische Dolmetscher, und wo ich bin, da darf auch sie sein, ist das klar? Ramona hat die Unterhaltung nicht gehört, aber Juanito, und er sagt zu dem Polen: Kollege, das ist nicht dein Problem, das ist unser Problem, und das ist unser Ausflug, und wir entscheiden, wer mitfahren kann und wer nicht.

Gut, wir sind bald da und besichtigen das Schloss, die Wartburg. Ein Mann erzählt alles über dieses Schloss: Wann es gebaut worden ist und welche Könige hier gelebt haben. Jede Ecke erklärt er uns, alles hat seine Bedeutung. Nach einer halben Stunde sind von den Kubanern nur noch zehn oder so übrig geblieben. Die anderen sind schon weg. Der Pole sagt: Hey, Juanito und Roberto, eure Leute sind schon in der Kneipe, sie trinken schon. Er sagt das ganz laut und lacht dabei. Das macht mich sehr wütend. Ich sage: Hallo, Kollege, spiel dich bloß nicht so auf. Die Kubaner sind nicht wie deine polnischen Leute. Deine Polen arbeiten nicht, sie können nur saufen und schwarze Geschäfte machen. Er wird rot. Ich hoffe, dass er begreift und aufhört, sich so zu benehmen, sonst kann er nicht wieder mit uns fahren.

Ramona sagt: Das war sehr heftig, wie du mit dem Mann umgegangen bist, aber er hat sich ja wirklich nicht gut benommen. Die Kubaner sind junge Leute, und junge Leute sind nun mal so. Überall. Juanito diskutiert mit unseren jungen Leuten, und da wird ihm klar: Die sehen den Polen hier nicht so gern.

So, sagt der Pole mit dem Programm in der Hand, Roberto, wir haben jetzt Freizeit bis 14 Uhr, und dann gibt es Mittagessen. Kollege, sage ich, gib mir das Programm, ich übersetze es gleich so für die Kubaner, dann muss nicht jeder zwanzig Minuten lang reden.

Wir gehen durch die Stadt, sehen viel, und um zwei sind wir in der Gaststätte. Das Essen und ein Bier und ein Weinbrand sind frei, wer mehr will, muss das bezahlen. Rafael hat seine Gitarre mitgebracht und spielt und singt mit ein paar anderen Kubanern.

Um vier fahren wir wieder zurück. Ramona hat ihren Fotoapparat mitgebracht und viele Fotos gemacht. Sie ist glücklich. Die Kubis singen laut und machen Fotos, einige stehen im Gang. Der Busfahrer lacht. Er erinnert mich an meinen Freund Peter aus Zeitz.

Ich nehme einen Hut von einem Kubaner und gehe nach hinten. Die Kubaner wissen das schon: Jeder von uns soll mindestens fünf Mark in den Hut legen für den Busfahrer. Einige geben sogar zehn. Ich gehe auch zu dem Polen. Ich weiß, er gibt das Geld nicht gern, aber er muss. Ich lege auch für meine Ramona Geld in den Hut und bringe alles nach vorn zum Fahrer. Er sagt: Danke schön, Roberto. Und dann sagt er noch: Wenn die Leute eine Pinkelpause brauchen, müsst ihr das sagen, dann halte ich an. Er hat recht. Die Leute haben viel getrunken.

Rafael kommt in unsere Nähe und singt ein Lied von Julio Iglesias. Er sagt zu mir: Du Vogel, du bist verliebt. Ich lache, weil er das auf Deutsch gesagt hat, und Ramona lacht auch.

Gegen sieben sind wir im Wohnheim. Wir verabschieden uns vom Busfahrer. Die jungen Leute gehen schnell duschen. Sie wollen in die Disko.

Wir gehen zu Juanito. Raul und Pedro kommen auch. Wir unterhalten uns darüber, wie der Pole mit uns umgegangen ist. Wir sind einer Meinung, dass wir mit der deutschen Leitung darüber reden müssen. Ramona fragt, was wir diskutieren, und ich übersetze ihr alles. Sie soll das alles wissen.

Ich schaue meiner Ramonche in die Augen. Sie sind müde, aber schön und zeigen mir ihre ganze Liebe. Juanito sagt: Ramona, ich koche Spaghetti, isst du das? Ja, sagt Ramona, das esse ich, aber eine Flasche Rotwein gehört auch dazu. Na klar, sagt Juanito, aber die muss dein Roberto kaufen, und auch ein paar Bier für mich. Ich gehe los und erledige das, aber eigentlich möchte ich nur essen und ins Bett gehen.

Wir essen und gehen ins Bett. Roberto, sagt Ramona, nächste Woche fahren wir zusammen nach Berlin, und wenn alles so bleibt, dann gehen wir am Sonnabend in den Garten zu meiner Mutti und meinem Vati. Ich habe das mit ihnen so besprochen, bist du einverstanden? – Ja, meine Kleine, so machen wir das.

Ihr Kopf liegt auf meinem Arm, alles ist wunderbar. Plötzlich hören wir ein Geräusch, als ob Steine von oben nach unten fallen. Ich gehe auf den Balkon, aber ich sehe nichts. Alles ist dunkel. Dann kommt Mama Lotti ganz aufgeregt in meine Wohnung. Bitte, Roberto, ruft sie, der Kollege Juan ist vom dritten Stock gefallen. Ich habe schon im Krankenhaus angerufen, der Krankenwagen kommt gleich. Juanito kommt in Unterhosen angerannt und sagt: Roberto, der Vogel ist besoffen und abgestürzt, schnell, wir müssen ins Krankenhaus.

Ich bin in einer Minute fertig. Ramona fragt: Was ist passiert? Ich nehme sie mit auf den Balkon. Alles ist dunkel, aber ein paar Kollegen sind unten. Sie haben Juan auf eine Bank gelegt. Mensch, ist der tot?, fragt Ramona. Ach wo, sage ich, der ist nur besoffen.

Der Krankenwagen ist schon da, ich laufe schnell nach unten. Ich fahre allein mit dem Vogel. Juanito muss am Telefon bleiben und warten, bis ich aus dem Krankenhaus anrufe, damit er dann unserem Chef Meldung machen kann.

Ich habe Angst, dass der Vogel ganz kaputt ist, sein Kopf zerschlagen und so, aber so ist es nicht. Nur sein Arm ist gebrochen, und er ist immer noch besoffen und sagt: Ich wollte doch nur Musik hören.

Wir gehen zum Orthopäden. Nach der Untersuchung sagt der Arzt: Junge, Junge, da hat er aber mächtiges Glück gehabt. Nur der Arm kaputt – das ist wie ein Wunder. Ich frage Juan danach, wie das nun alles gekommen ist, aber er kann es mir nicht richtig erklären. Ich habe gegessen, sagt er, und dann wollte ich Musik hören, und da wollte ich von meinem Balkon hinüber zum Balkon meines Kollegen steigen. Ich muss wohl vergessen haben, dass es da keine Stufen gibt.

Er muss im Krankenhaus bleiben. Ich nehme mir ein Taxi und fahre zurück ins Wohnheim. Dort sind bei Mama Lotti viele Kollegen versammelt. Alle wollen wissen, wie es Juan geht. Ich sage: Wisst ihr, der Vogel kann gut fliegen. Alles ist in Ordnung, nur der Arm ist gebrochen. Alle lachen. Manche sagen: Er hätte tot sein können.

Auch in meiner Wohnung ist es voll. Juanito und Ramona sind hier, dazu Raul, Idania, Maria und noch ein paar andere. Alle fragen, wie es dem Kollegen geht.

Intensive Debatten

Juanito muss natürlich einen Bericht über die ganze Sache anfertigen. Er ist der Chef und muss Escalona ins Bild setzen. Er sagt zu mir: Warum hast du nicht gleich vom Krankenhaus angerufen? Ich sage: Weißt du, ich hatte einfach keine Zeit, ich hatte genug zu tun mit dem Arzt und dem Vogel. Alle lachen. Jetzt kannst du dem Genossen Escalona alles berichten und ihm sagen, dass der Kollege in Ordnung ist und besoffen. Raul sagt: Leute, der Mann hatte so unverschämtes Glück. Unten stehen die Eisenbänke, da hätte er völlig kaputt sein können.

Juanito, sage ich, ich habe Kopfschmerzen, ich gehe schlafen. Aber morgen müssen wir ins Krankenhaus, sagt er. Ja, antworte ich, das brauchst du mir nicht zu sagen. Ich fahre sowieso nicht nach Weißenfels. Meine Ramona hat frei und kann hierbleiben.

Ich nehme meine Ramonche an der Hand, und wir gehen in meine Wohnung. Bitte, meine Kleine, sage ich, ich brauche jetzt eine Tasse Kaffee. Roberto, sagt sie, deine Arbeit ist schön, aber kompliziert. Du musst überall sein und viel Deutsch lernen. Macht deine Arbeit deine Nerven nicht kaputt? Ich höre ihre Frage gar nicht mehr richtig, ich schlafe schon.

Mit neuen Leuten wieder in Zeitz

Um neun Uhr – es ist Sonntag – stößt mich Ramona an und küsst mich. Kommst du, Roberto? Die Wanne ist fertig, und das Frühstück auch. Du und Juanito, ihr müsst ins Krankenhaus. War Juanito schon hier?, frage ich. Nein, sagt sie, aber ich glaube, ihr müsst vormittags dorthin. Sie hat recht. Juanito, Raul und noch ein anderer Kollege sind schon vor der Tür. Ich frühstücke schnell, und wir fahren mit dem Bus in die Stadt. Im Krankenhaus reden wir erst mit dem Kollegen und dann mit dem Arzt. Der Arzt sagt: Euer Kollege musste operiert werden, weil der Arm doch ziemlich kaputt war. In zwei Tagen bekommt er einen Gipsverband, dann können wir ihn entlassen, aber in vier Wochen muss er wiederkommen.

Wir haben neue Strümpfe und neue Unterwäsche für den Kollegen mitgebracht. Sein Zimmerkollege wird bei ihm im Krankenhaus bleiben.

Als wir ins Wohnheim zurückkommen, sind da schon die Genossen Escalona, unser Chef, Chao, der Parteisekretär von den Kubanern in Halle, Reymundo und Del Valle. Ich habe keine Lust, noch mal über das alles zu reden, aber Juanito macht das gern. Wenn man ihn hört, könnte man denken, der Bierbauch sei gemeinsam mit dem Vogel geflogen.

Und Ramona?, fragt mich Escalona. Was macht Ramona? Sie ist hier, sage ich. Und wie war der Ausflug?, fragt er weiter. Gut, sagt Juanito, und er spricht über die Sache mit dem Polen. Escalona sagt: Über unsere Dinge entscheiden wir ganz allein, er braucht nicht mitzufahren. Und dann spricht er über die kommende Woche. Roberto, sagt er, am Donnerstag musst du früh um vier unten warten, dann kommt der Bus aus Zeitz. Gut, sage ich, Ramona wird mit mir kommen. Das geht, sagt Escalona, aber wenn ihr aus Berlin zurückkommt, musst du zwei oder drei Tage in Zeitz bleiben. Ja, sagt Juanito, das kann er doch machen, da kann doch Ramona auch mit dabei sein. Juanito, denke ich, du bleib mal ganz ruhig, du bist nur der Chef im Leuna-Werk, aber nicht überall. Wir fahren mit dem Bus über Weißenfels, sage ich, und da kann Ramona aussteigen. Alle lachen. Escalona, sagt Reymundo, wir werden in Zeitz sein und die Leute empfangen. Ja, genau, sagt Juanito, wir müssen eine Delegation bilden. Nein, sagt Escalona, du musst in Leuna bleiben.

Ich möchte weg von all diesen Debatten, aber Escalona ist noch da, und so lange muss ich auch bleiben. Ganz raffiniert sage ich:

Junge, Junge, ich hatte die ganze Nacht zu tun wegen dieses Vogels im Krankenhaus, ich bin müde. Reymundo sagt: Du, Roberto, wir sind nicht dumm, wir wissen doch, dass deine Ramona da ist, du kannst ruhig gehen. Escalona sagt: Aber im Ernst, Roberto arbeitet sehr viel, er hat in Leuna viel zu tun und muss immer wieder auch in anderen Städten helfen, wir müssen das bei der Auswertung des Wettbewerbs unbedingt berücksichtigen. Das ist auch die Meinung der deutschen Genossen von der Abteilung für ausländische Arbeitskräfte. Ist gut, Escalona, denke ich, aber jetzt muss ich einfach mal ins Bett gehen.

Ramona hat alles schön gemacht. Ich erzähle ihr von den Planungen der Berlin-Reise. Ja, Roberto, sagt sie, ich arbeite nur bis Mittwoch, und am Sonntag kommst du zu mir und wir gehen in den Garten. Und wenn ich schon am Sonnabend nach Weißenfels kommen kann, frage ich, geht das? Na klar, sagt sie, ich gebe dir meine Telefonnummer, und dann rufst du mich an und sagst mir, wann du in Weißenfels bist, und ich hole dich vom Bahnhof ab. Dann können wir tanzen gehen, schlafen bei mir zu Hause, und am Sonntag gehen wir zu Mutti und Vati in den Garten. Gut, das ist jetzt beschlossen.

Am Montag stehen wir zeitig auf, Ramona muss nach Weißenfels, ich nach Leuna. Ich gehe in die Poliklinik, dort ist – wie immer – montags besonders viel Betrieb. Ja, ja, sagt Frau Dr. H., ihr seid gut, heute habt ihr keine Lust zum Arbeiten. Ich auch nicht, aber das hilft nichts, man muss sein Geld verdienen. Um elf sind wir fertig, ich gehe ins Büro. Dort ist nur Juanito, die anderen Kollegen sind im Betrieb.

Nachmittags erkundigen wir uns im Krankenhaus nach unserem Kollegen. Alles ist in Ordnung, er kann bald ins Wohnheim zurück.

Am Dienstag kommt ein Dolmetscher aus Leipzig. Er heißt Antonio, ist ein guter Mann, aber er will nicht in Leuna bleiben.

Am Mittwoch gehe ich nur in die Poliklinik und dann in meine Wohnung. Ich mache Einkäufe, wasche mich und schlafe ein bisschen. So gegen fünf ruft mich meine Ramona an und sagt: Roberto, kurz vor zehn bin ich bei dir. Ich freue mich, da muss sie nicht so spät alleine unterwegs sein.

Ich gehe zu Juanito, und wir setzen uns auf den Balkon. Von hier aus kann man sehen, wenn Ramona kommt. Die Wanne für meine Ramonche ist schon fertig. Wir quatschen über die kubanischen jungen Frauen und trinken eine Flasche Bier. Juanito trinkt auch Weinbrand.

Kurz vor neun kommt Ramona schon. Ich gehe nach unten, wir schieben ihr Moped in die Garage. Wir gehen noch kurz bei Juanito vorbei, der Vogel möchte sich immer gern noch lange unterhalten, aber ich sage: Wir müssen ins Bett, morgen geht es schon um vier los.

Die Kleine macht sich fertig, wir essen noch etwas, und eine halbe Stunde später sind wir schon im Bett. Ich erkäre ihr noch mal, dass ich mit dem Bus bis nach Zeitz fahren und dort bis Freitag oder Sonnabend bleiben werde.

Um drei Uhr morgens stehen wir auf, frühstücken, und um vier kommt der Bus. Eine Frau und zwei Männer sitzen schon drin. Wir stellen uns gegenseitig vor, und der Bus fährt los. Kurze Zeit später bin ich eingeschlafen. Um sechs machen wir eine Pause, um einen Kaffee zu trinken. Roberto, du hast geschlafen wie ein kaputter Mann, sagt Ramona. Na ja, meine Kleine, sage ich, ich bin auch schon ein bisschen älter. Sie lacht. Sie sieht dabei so niedlich aus. Dann gibt sie mir einen Kuss.

Kurz vor acht sind wir am Flughafen in Schönefeld, und schon bald landet die IL-62 der Interflug. Eine füllige kubanische Frau kommt auf mich zu und fragt mich, ob ich Roberto aus Halle bin. Nein, sage ich, ich bin Roberto aus Kuba. Sie lacht. Und das hier, sage ich, sind die deutschen Freunde von OGIS Zeitz, und die Kleine ist meine liebe Ramona. Die Kubanerin sagt uns ihren Namen. Sie heißt Maida und wird die neue kubanische Gruppe leiten.

Dann kommt die Gruppe aus der Abfertigung. Mensch, sie sehen aus wie eine große Kapelle. Es sind fast vierzig junge Frauen, und alle tragen rot-blaue Jacken und haben die gleichen Reisetaschen. Ich sage zu Maida: So ist das immer, wenn die Kubaner zum ersten Mal hier ankommen. Maida lacht. Warum lacht ihr?, fragt Ramona. Ich erkläre es ihr, und sie sagt: Ihr seid ganz schön gemein. Gut, sage ich, Schluss mit dem Spaß, ich muss jetzt mein Geld verdienen.

Maida begrüßt die Gruppe, stellt die deutsche Seite vor und auch Ramona und mich und erklärt, dass sie die Leiterin der Gruppe ist. Die deutsche Frau sagt: Ich begrüße euch im Namen der Betriebsleitung von OGIS Zeitz, und ich wünsche euch vier gute Jahre hier bei uns und dass ihr viel lernen werdet. Dann fahren wir mit dem Bus zum Frühstück in ein Restaurant, keine halbe Stunde entfernt. Ich helfe den Frauen beim Einladen der Taschen.

Im Restaurant ist alles vorbereitet, das Frühstück ist perfekt. Ich sage: Meine Freundinnen, keine Sorge, ihr könnt so viel Zucker für den Kaffee nehmen, wie ihr möchtet, und auch Milch ist genug da.

Als alle fertig sind mit dem Essen, fragen einige: Wo ist die Toilette? Maida, sage ich, du musst mit den Frauen zur Toilette gehen. Ach, sagt sie, ich kenne mich auch noch nicht so gut aus, ich bin ja erst drei Monate hier in Deutschland. Da sage ich zu Ramona: Kannst du bitte den Leuten die Toilette zeigen? Fast alle gehen mit Ramona mit, sie bleibt fast eine halbe Stunde dort. Als sie wiederkommt, frage ich sie: Und, wo hast du das Toilettengeld? Sie lacht, die andere deutsche Frau auch.

So um zehn rum fahren wir wieder los, wie immer haben wir auch noch einen Verpflegungsbeutel erhalten. Ich sehe, wie neugierig sich die jungen Frauen alles anschauen. Einige blicken gespannt aus dem Fenster, andere unterhalten sich lachend, und wieder andere schlafen auch. Eine fragt mich, ob Ramona meine Frau ist. Noch nicht, sage ich. Im Moment ist sie noch meine Freundin. Ramona möchte wissen, was die Kubanerin gesagt hat, und ich übersetze es ihr. Ja, sagt Ramona, sie hat vorhin schon mit mir gesprochen, aber ich habe sie nicht verstanden. Die Kubanerin gibt mir ein Zeichen, dass sie möchte, dass Ramona zu ihr kommt. Ich nehme aus meiner Diplomatentasche ein kleines Wörterbuch und gebe es Ramona. Sie nimmt es und geht zu der kubanischen Freundin. Ich sehe, wie sie beide lachen und sich mit den Händen unterhalten. Ich schlafe ein, viel Arbeit wartet auf mich.

Roberto, komm, wir machen eine Pause, die ganze Gruppe ist schon ausgestiegen, höre ich plötzlich. Ich habe aber keinen richtigen Hunger, esse nur eine Birne und trinke eine Limonade. Die Freundin von Ramona fragt mich: Wann heiratest du deine Ramona? Weiß ich noch nicht, antworte ich ihr, das ist nicht so einfach. Und wirst du für immer unser Dolmetscher sein?, fragt sie weiter. Nein, ich habe in Leuna eine Gruppe aus lauter Teufeln, erkläre ich ihr. Ich bleibe nur zwei, drei Tage bei euch in Zeitz, dann muss ich zurück. – Und deine Ramona auch? – Nein, sie nicht, sie muss zu ihrer Arbeit. – Schade, sagt das Mädchen, aber sie muss mich mal besuchen, sie ist so freundlich. – Ja, das stimmt.

Wir fahren wieder, aber ich kann nicht schlafen. Ich muss über die Frage nachdenken, die mir die Kubanerin gestellt hat – über die Hochzeitsfrage.

Wir fahren über Merseburg. Ramona zeigt den Mädchen unser Hochhaus. Ich sage laut zu Ramona: Wir sind gleich in Weißenfels, und am Sonnabend bleibt alles so wie besprochen. Ramona geht noch einmal zu der Kubanerin, mit der sie sich angefreundet hat, und verabschiedet sich. Ich bitte den Busfahrer, am Krankenhaus in Weißenfels kurz anzuhalten, damit meine Freundin aussteigen kann. Wir gehen nach vorn, Ramona verabschiedet sich mit einem Gruß von allen, wir küssen uns, sie steigt aus, und der Bus fährt weiter.

Die deutsche Frau aus Zeitz kommt zu mir und sagt: Bitte, wir müssen uns noch ein bisschen unterhalten. Sie sagt mir ihren Plan. Wenn wir im Wohnheim ankommen, sagt sie, werden dort der Werksdirektor, der Parteisekretär und noch andere Genossen sein und Begrüßungsreden halten. Na klar, sage ich, ich bin darauf vorbereitet.

Wir kommen in Zeitz an. Das Wohnheim liegt nicht weit vom Bahnhof entfernt. Auch das Kinderwagenwerk ZEKIWA liegt ganz in der Nähe. Alle nehmen ihre Reisetaschen und gehen in ihre Zimmer. Immer zwei oder drei Mädchen bewohnen ein Zimmer. Die Gruppenleiterin bekommt ein Zimmer für sich, und auch für den Dolmetscher ist ein Zimmer vorgesehen. Das bekomme jetzt ich, aber nur bis Sonnabend. Das Abendbrot gibt es im Klubhaus des Betriebes.

Die deutsche Frau fragt mich: Waren Sie schon mal in Zeitz, Roberto? Ja, so ist das, junge Frau, sage ich. Zeitz war meine zweite Heimat, hier habe ich viele deutsche Freunde.

Die Mädchen beziehen ihre Zimmer, und alles ist schnell in Ordnung. Wie die Frauen so sind: Sie können ihre Dinge wunderbar organisieren, stellen gleich Bilder von ihren Familien auf die Nachttische und machen alles schön. Um 18 Uhr sollen wir im Klubhaus sein. Dort wird es einen Empfang durch die Betriebsleitung geben.

Ich wasche mich und lege mich ein bisschen ins Bett. Kurz vor sechs bin ich wieder auf den Beinen und gehe mit der deutschen Frau und den Kubanerinnen ins Klubhaus.

Wie immer ist alles bestens vorbereitet. Die deutschen Genossen sind da. Ein Raum ist fürs Protokoll vorbereitet, der andere fürs Essen. An den Wänden hängen Bilder von Honecker und Fidel Castro, von Marx und Lenin. Auf jedem Platz steht ein Blumenstrauß. Der Betriebsdirektor, der Parteisekretär, der FDJ-Sekretär und der Gewerkschaftsvorsitzende halten Reden. Sie wünschen Gesundheit und viele berufliche Erfolge und gute Freundschaft mit den deutschen Kollegen und Lehrern. Dann spricht unser Genosse Escalona. Er sagt fast das Gleiche wie der deutsche Direktor. Dann gehen wir in den Nebenraum zum Abendessen. Nun will der Vogel Reymundo seine Rede halten, aber ich sage zu ihm: Hey, Kollege, jetzt ist Essenszeit.

Nach der Rückkehr ins Wohnheim muss ich nichts mehr arbeiten. Der kubanische Gruppenleiter vom Hydrierwerk Zeitz – meiner ehemaligen Arbeitsstelle – ist mit einigen jungen Leuten gekommen. Ich freue mich. Diese Leute und die Dolmetscherin können den Neuankömmlingen helfen, und am Sonnabend kann ich zurückfahren.

Escalona unterhält sich mit der Gruppenleiterin der neuen Gruppe über die in solch einer Situation üblichen Dinge. Reymundo sagt, dass sich die UJC-Mitglieder ordentlich organisieren müssen.

Escalona, sage ich, wann fahren wir hier wieder weg? Du musst ein paar Tage bleiben, sagt er. Aber Hallo, Escalona, sage ich, hier in Zeitz gibt es viele Kubaner, und es gibt eine Dolmetscherin, da kann ich doch auf jeden Fall am Sonnabend zurück. Rafael, der Gruppenleiter der Zeitzer Kubaner, sagt: na klar, Escalona! Unsere Dolmetscherin kann hier zwei oder drei Monate bei den Neuen bleiben, da kann Roberto wirklich am Sonnabend fahren. Danke schön, mein Freund, denke ich, so kann ich das Wochenende bei meiner Ramona in Weißenfels sein. Was du nur immer im Kopf hast, sagt Escalona.

Gegen zehn verabschiedet sich Escalona. Am nächsten Tag, am Freitag, bekommen die Mädchen ihre 300 Mark Abschlag und gehen ins Stadtzentrum. Ich zeige ihnen mein Zeitz: das Museum, das Krankenhaus, alle interessanten Ecken und auch die Sporthalle, in der ich geboxt habe. Aber vom Boxen erzähle ich ihnen nichts.

Einige Kubaner vom Hydrierwerk kommen, und ich sage zu der deutschen Leiterin: Ich glaube, die Freundinnen möchten jetzt ein bisschen Freizeit haben und sich mit den kubanischen Kollegen unterhalten. Sie stimmt mir zu. Wir verabschieden uns, und ich gehe mit zwei Kubanerinnen – der Freundin von Ramona und einer anderen – in meine alte Gaststätte.

Wir essen Mittag. Ein paar deutsche Jungs kommen an unseren Tisch und fragen, ob noch Plätze frei sind. Ich nicke. Dann kommt noch ein Junge mit seiner Freundin, und der Tisch ist voll. Aber ich unterhalte mich mit den Kubanerinnen, möchte jetzt nicht deutsch reden.

Die Deutschen sind freundlich, aber irgendwie auch raffiniert. Ich muss hinhören, was sie sagen. Das deutsche Mädchen sagt: Thomas, das sind Kubanerinnen, sie sollen bei uns im OGIS arbeiten, es sind schöne Frauen, nicht wahr? Ich muss lachen und sage: Aber die deutschen Frauen sind doch auch schön! Nun wollen die Kubanerinnen wissen, worüber wir reden, und ich muss doch wieder übersetzen. Ja, junge Männer, sage ich, so ist das: 40 Kubanerinnen sind jetzt bei

OGIS und möchten gern in guter Freundschaft mit euch leben. Und Sie?, fragen sie mich, Sie bleiben auch hier? Nein, ich fahre morgen wieder, aber ich war drei Jahre hier. Die Deutschen bestellen eine Runde, dann bestelle ich eine, wir machen uns alle miteinander bekannt, und gegen vier verlassen wir die Gaststätte.

Die beiden kubanischen Mädchen begleiten mich zum Bahnhof. Ich will sehen, wann morgen ein Zug nach Weißenfels fährt. Um zehn, das ist eine gute Zeit, den werde ich nehmen. Ich werde meine Ramona nachher anrufen und es ihr sagen.

Wir kommen ins Wohnheim. Viele haben schon Einkäufe gemacht und kochen. Ich bin zum Essen eingeladen. Einige kubanische Jungs spielen kubanische Musik. So ist das, wenn sich Kubanerinnen und Kubaner in einem fremden Land begegnen.

Ich schlafe bis um neun, dann klopfen meine Freundinnen an die Tür und holen mich zum Essen. Wir unterhalten uns über die DDR, sie wollen viel über dieses Land wissen.

Ich rufe bei Ramona an. Sie freut sich, dass ich morgen Vormittag kommen werde. Wie geht es meiner Freundin Anita?, fragt sie. Sie steht hier neben mir, sage ich, warte, du kannst selber mit ihr sprechen. Ich gebe Anita den Hörer. Hallo, Ramona, sagt sie, wie geht es dir? Das sagt sie auf Deutsch, und dann folgen viele Wörter auf Spanisch.

Wir verabschieden uns, ich unterhalte mich noch ein bisschen mit den Leuten, trinke in Bier und gehe schlafen. Morgen werde ich die Eltern von Ramona kennenlernen.

Am Morgen bin ich schon um acht Uhr auf den Beinen. Die anderen sind auch schon wach. Wir frühstücken gemeinsam. Ich will losgehen, aber Anita und ihre Freundin sagen, dass sie mich noch zum Bahnhof begleiten wollen. Ich erzähle ihnen, dass ich heute bei den Eltern von meiner Freundin zu Gast sein werde. Anita sagt, ich gebe dir ein kleines Geschenk für Ramonas Mutter mit. Sie gibt mir eine kleine Kunstblume. Ich freue mich darüber sehr. Wir gehen zusammen zum Bahnhof, und ich denke: Die Freundinnen sind so nett und freundlich, sie werden hier viele Freunde finden.

Ramona wartet in Weißenfels schon auf dem Bahnsteig. Wir küssen uns voller Liebe. Ich gebe ihr einen Blumenstrauß und die künstliche Blume. Die ist von deiner Freundin Anita für deine Mutti, erkläre ich ihr. Oh, schön, sagt Ramona, Anita ist lieb. Und dann sagt sie: Pass auf, wir fahren mit dem Moped in die Wohnung, da muss ich noch etwas abholen, und dann fahren wir in den Garten, dort gibt es Mittagessen. Hallo, Ramona, sage ich, heute ist es das erste Mal, dass ich zu euch komme, und schon bin ich zum Essen eingeladen? Na ja, sagt sie, das ist doch nichts Besonderes. Monika und ihre beiden Kinder sind auch da, nur mein Bruder Uwe fehlt, er ist weggefahren.

Die Kleine fährt schnell wie der Teufel, wir gehen ins Haus und fahren gleich danach in den Garten.

Der Garten ist sehr schön und ziemlich groß. Viele Blumen gibt es hier und Birnbäume, Apfelbäume, Kirschbäume, Gurken und vieles anderes. Auch Hühner gibt es und einen großen Hund. Der Garten liegt in einer Anlage mit vielen Gärten, und ich muss insgeheim ein bisschen lachen, denn die Leute scheinen zu denken, dass sie sich am Strand befinden. Sie sind alle nur in Badehosen und Badeanzügen. Natürlich, sie möchten die Sonne genießen und braun werden.

Ramona stellt mich vor. Monika muss sie mich nicht vorstellen, wir kennen uns ja bereits. Ramona erklärt mir: Weiter oben in der Gartenanlage gibt es eine Gaststätte, dort kann man kegeln und Karten spielen, und ein Stück weiter ist ein Sportplatz. Monika fragt mich: Na, Roberto, wie war die Reise nach Berlin? Na, sage ich, weiter als bis Schönefeld sind wir ja nicht gekommen, und dann wieder zurück.

Ramonas Mutti sagt: Bitte, Ramona, geh doch in die Gaststätte und hol den Vater. Das Mittagessen ist fertig. Monika sagt: Das kann ich doch machen, aber die Mutti widerspricht. Nein, wenn du erst mal losgehst, sagt sie, dann bleibst du noch eine Weile dort, ich kenne dich doch.

Also gehen Ramona und ich. Wir gehen Hand in Hand. In der Gaststätte ist es voll. Einige kegeln, einige spielen Karten. Ramonas Vater sitzt am Stammtisch. Ramona sagt ganz einfach: Vati, das ist Roberto, mein Freund. Er sagt: Ich heiße Otto, sehr angenehm. Bitte, nehmt doch Platz, wir trinken noch ein Bier. Vati, sagt Ramona, Mutti hat das Essen fertig und wartet. Ja, sagt er, ich weiß, aber eins trinken wir noch. Eine halbe Stunde später kommt Ramonas Mutti und sagt: Otto, du bist nicht gerade ein Vorbild für die jungen Leute, komm jetzt, es gibt Mittag. Ich denke: Hier in Deutschland sind die Frauen in dieser Hinsicht sehr energisch. Wir gehen gemeinsam nach unten in den Garten. Ich gucke in jede Ecke – ich bin der einzige Schwarze hier.

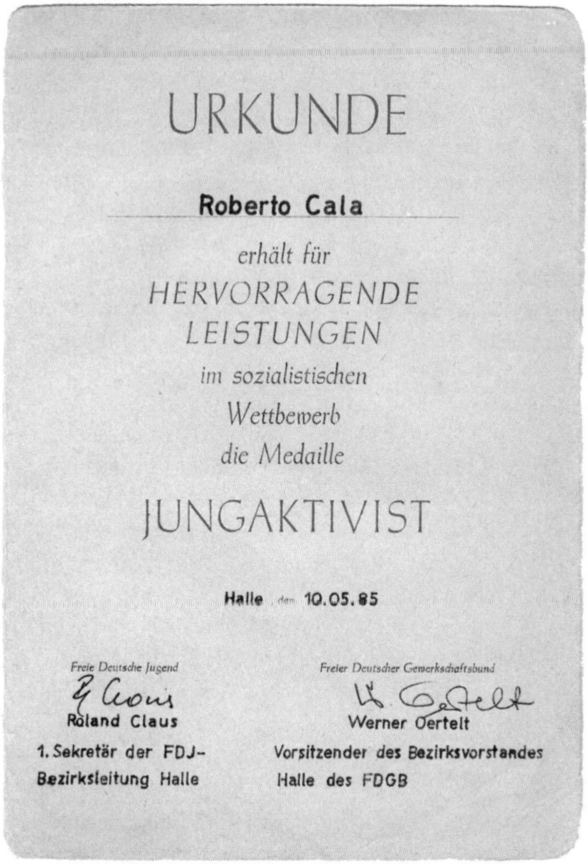
URKUNDE

Roberto Cala

erhält für

HERVORRAGENDE LEISTUNGEN

im sozialistischen Wettbewerb

die Medaille

JUNGAKTIVIST

Halle den 10.05.85

Freie Deutsche Jugend

Roland Claus

1. Sekretär der FDJ-Bezirksleitung Halle

Freier Deutscher Gewerkschaftsbund

Werner Oertelt

Vorsitzender des Bezirksvorstandes Halle des FDGB

Wir essen Mittag, und die Mutti sagt: Wir machen eine Stunde Mittagsruhe. Otto, komm, mach keine Dummheiten. Als sie weg sind, kann ich trotzdem nicht schlafen. Meine Ramona ist neben mir. Der Vater kommt und sagt: Mein Ramonchen, bitte hol ein Bier für Roberto und mich. Ich weiß, wie das ist. Ramona hat mir gesagt, dass sie das Goldkind ihres Vaters ist. Sie ist die Jüngste unter den drei Geschwistern, und Ramona liebt ihren Vater sehr, und so holt sie jetzt auch die zwei Bier, und Otto lacht und sagt: Wir sprechen auch nur ganz leise.

Halb vier gibt es Kaffee und Kuchen. Der Kuchen ist nicht schlecht, aber mit zu wenig Zucker.

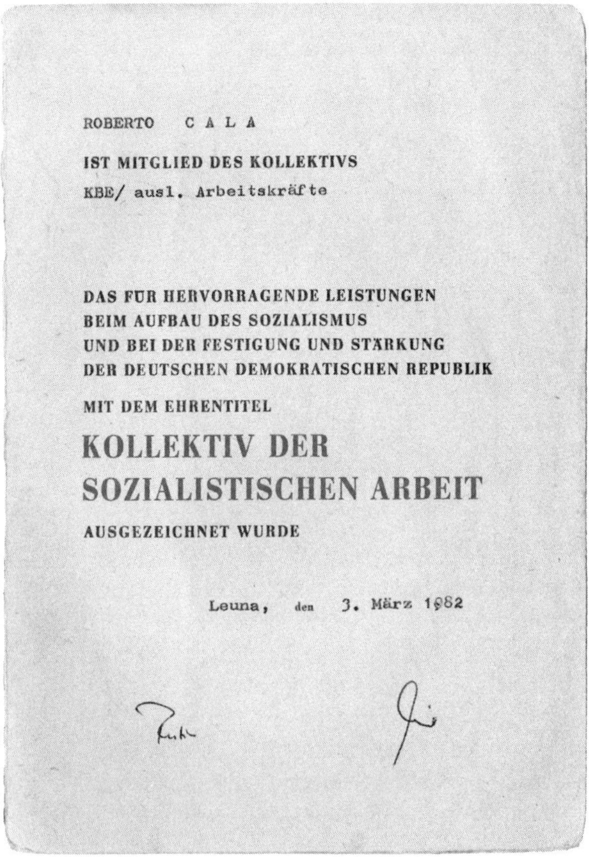

ROBERTO C A L A

IST MITGLIED DES KOLLEKTIVS

KBE/ ausl. Arbeitskräfte

DAS FÜR HERVORRAGENDE LEISTUNGEN
BEIM AUFBAU DES SOZIALISMUS
UND BEI DER FESTIGUNG UND STÄRKUNG
DER DEUTSCHEN DEMOKRATISCHEN REPUBLIK

MIT DEM EHRENTITEL

KOLLEKTIV DER
SOZIALISTISCHEN ARBEIT

AUSGEZEICHNET WURDE

Leuna, den 3. März 1982

Der Vati sagt: So, Frauen, jetzt muss ich ein bisschen arbeiten. Roberto, hilfst du mir beim Hacken? Ja, sage ich, das mache ich gern. Wir hacken alles und ernten auch ein bisschen Obst und Gurken. Ramona und ihre Mutti schneiden Blumen ab. Monikas Kinder helfen ihrem Großvater und mir. Am Ende sammeln wir auch die Hühnereier ein. Der Vati sagt: Hier ist alles frisch, viel besser als auf dem Markt. Er erzählt mir, dass er einen Teil seiner Dinge verkauft. Seine Bekannten kommen und kaufen bei ihm ein.

Die Mutti wird eine Hühnersuppe kochen, und danach soll es Schweinebraten mit Kartoffeln geben. Aber vorher sagt der Vati: Gut, Roberto, jetzt haben wir genug gearbeitet, jetzt gibt es erst einmal ein Bier. Einverstanden, sagt die Mutti, aber nicht oben in der Gaststätte, sondern hier bei uns. Es muss ja noch alles in den Keller geschafft werden. Wir helfen dir, Vati, sagt Ramona.

Ramona und ich gehen nach unten, und der Vati reicht uns alles von oben zu. Mensch, denke ich, hier unten gibt es ja wirklich alles. Genug zu essen und zu trinken, und auch Kohle ist da. Sie haben vorgesorgt, wenn es Krieg gibt oder eine Naturkatastrophe.

Roberto, fragt mich Ramona, wie wollen wir das machen? Wir müssen uns waschen, nachher wollen wir tanzen gehen, wollen wir nicht erst einmal in die Wohnung fahren? Zum Abendbrot sind wir dann wieder hier. Gut, sage ich, einverstanden. Wo wollt ihr schon hin?, fragt der Vati. Uns umziehen, sagt Ramona, aber keine Angst, wir kommen wieder, denn Roberto ist gerne Hühnersuppe.

Eine Stunde später sitzen wir alle wieder gemeinsam am Tisch und essen. Ich esse viel von der Suppe und dazu schwarzes Brot. Dann verabschieden wir uns und gehen tanzen. Wo wollen wir hin?, fragt Monika, deren Mann nun auch gekommen ist. Ins Café Centra, sage ich. Na klar, sagt Ramona. Monika lacht. Natürlich, sagt sie, da habt ihr euch ja kennengelernt.

Es ist Sonnabend, die Gaststätte ist voll, aber Ramonas Schwager ist hier gut bekannt und bekommt einen Tisch. Wir bestellen eine Flasche Wein für die Frauen und Bier und Weinbrand für uns. Die Frauen gehen tanzen, wir Männer können erst mal trinken.

Ein Bekannter des Schwagers kommt an unseren Tisch. Er arbeitet in Leuna bei der Feuerwehr und sagt: Den Kubaner kenne ich, das ist Roberto, er ist der Dolmetscher. Ja, sagt der Schwager, er ist ein guter Kerl.

Der Neue ist mit seiner Frau gekommen und lädt uns an die Bar ein. Ich trinke Weinbrand mit Cola, die anderen trinken ohne Cola. Dann möchte Ramona tanzen. Kurz vor Mitternacht gehen wir.

Zu Hause macht Ramona ein bisschen Musik, und dann lieben wir uns wie immer und schlafen ein.

Um acht stehen wir auf und gehen in die Konditorei. Ramona möchte Kuchen und Torte für die Mutti kaufen. Dann fahren wir wieder in den Garten. Die Mutti wartet schon mit dem Frühstück auf uns. Die Kinder spielen schon im Garten. Und Otto, der Vati, ist mit Gartenarbeit beschäftigt.

Den Kindern schmeckt unser Kuchen, und der Mutti schmeckt er auch. Ich esse Brot mit Käse und trinke Pfefferminztee. Mensch, wegen der Blumen und des Obstes und des Kuchens gibt es viele Bienen und Wespen, man muss vorsichtig sein.

Mutti, sagt Otto, heute ist Sonntag, da gehen Roberto und ich bis zum Mittagessen ein bisschen nach oben in die Kneipe. Aber um zwölf seid ihr wieder zurück, sagt die Mutti, dann sind auch die anderen da, und wir wollen pünktlich essen. Ramona, pass auf die beiden auf! – Junge, Junge, die Frauen hier sind wirklich energisch!

Wir kommen in die Kneipe, grüßen und setzen uns an den Stammtisch. Otto bestellt eine Runde wie immer. Ramona will kegeln, und ich soll auch mitmachen. Monika kommt mit ihren Kindern. Sie heißen Dominique und Aron und sind wie die Teufel, machen alles kaputt. Sie möchten auch kegeln. Ich lasse die Frauen und die Kinder alleine und gehe zu Otto zurück. Na, sagt er, Roberto, bist du müde, oder hast du Durst? Alles beides, sage ich und nehme mein Glas Bier. Hier fühle ich mich wohl, alle Gäste sind miteinander bekannt.

Es wird viel geredet. Die Leute quatschen über Sport, Geld und Politik. Ich halte mich da zurück. Einige spielen Karten. Die Deutschen sind ganz verrückt nach Kartenspielen. Wenn man mit dem Zug fährt, trifft man sie immer wieder dabei an.

Der Bruder von Ramona kommt mit Frau und Tochter. Er heißt Uwe, seine Frau heißt Sabine, die Tochter heißt Kerstin. Der Vati sagt: Uwe, das ist Roberto, dein zukünftiger Schwager. Alle lachen. Uwe und sein Vater arbeiten in der gleichen Werkstatt, aber Uwe ist der Meister, also der Chef seines Vaters. Hier allerdings, im Garten, sagt Otto, bin ich der Chef.

Der Wirt rückt noch einen Tisch heran, der Familienkreis ist großgeworden. Vater, sagt Uwe, Mutti kommt auch noch und will ein Bier trinken. Also, pass auf, dass sie sich nicht ärgern muss. Klar, sagt Otto, Junge, ich bin doch kein kleines Kind!

Die Mutti kommt, begrüßt die Leute und setzt sich neben Ramona. Otto sagt: Komm her, mein Schatz, und alle lachen. Bist du schon blau oder was?, fragt sie. So alt, wie du bist – und dann bist du so ein schlechtes Vorbild für die Kinder.

Das geht so bis zwölf, und dann sagt die Mutti: Otto, bezahl man, wir müssen zum Mittagessen. Und Ramona soll dann auch nicht so spät fahren. Mutti, sagt Uwe, lass uns doch alle noch ein bisschen bleiben. Na gut, sagt die Mutti, aber nur eine Stunde. Klar, Uwe ist der Sohn, er kann so etwas sagen.

Um eins gehen wir dann auch wirklich. Die Mutti hat Frikassee gekocht, es gibt grünen Salat mit Zucker und Gurkensalat mit Milch, und Otto hat kaltes Bier im Keller. Dann aber müssen Ramona und ich los, morgen muss ich wieder arbeiten.

Die Kleine drückt mit ihrem Moped wieder auf Tempo. Warum fährst du so schnell, meine Ramona? Na, sagt sie, ich muss doch bei dir noch aufräumen und die Wäsche machen.

Gegen vier sind wir im Wohnheim in Merseburg-Süd. Wir begrüßen die Leute und gehen in unsere Wohnung. Juanito ist nicht da, Gott sei Dank.

Roberto, sagt Ramona, ich muss waschen und die Wohnung in Ordnung bringen, und was machst du? Meine Liebe, sage ich, du brauchst nicht zu waschen, das mache ich selber, die Maschine wird das schon erledigen.

Um sieben kommt Juanito. Er ist ein bisschen besoffen. Weil ich weiß, dass er jetzt am liebsten ganz lange quatschen möchte, sage ich ihm gleich: Ich bin müde, wir können morgen alles bereden.

Ramona hat am nächsten Tag noch frei, sie kommt mit mir mit zu Escalona nach Halle-Süd, wo es eine Beratung wegen des kubanischen Karnevals gibt.

Vorher aber muss ich erst in Poliklinik. Es sind, obwohl es Montag ist, nur wenige Kubaner hier. Ich trinke meinen Kaffee mit Frau Dr. H. und gehe ins Büro. Del Valle und Raul müssen auch nach Halle-Süd, aber ich sage ihnen: Ich fahre nicht mit euch, sondern mit Ramona, wir treffen uns dort.

Gegen eins fahren Ramona und ich mit dem Moped nach Halle, sie bleibt bei Frau Escalona. Ich fahre mit Escalona zur Beratung. Wir treffen uns mit den Genossen von der FDJ, um den Karneval zu organisieren. Das Hauptprogramm wird im Klubhaus sein: mit Tanzgruppen, Folkloregruppen und Singegruppen. Dann wird es einen großen Umzug über den ganzen Boulevard geben, alle werden Kostüme anhaben.

Gegen sechs sind wir fertig und fahren wieder zu Escalona nach Hause. Del Valle, Raul, El Negro, seine deutsche Freundin und ich fahren zusammen. Die Wohnung ist schon voll, Ramona ist da und ein paar kubanische Frauen, dazu das Kind von Escalona, die Stühle reichen nicht, wir sitzen auf dem Teppich. Aber Ramona und ich, wir haben sowieso nicht viel Zeit.

Ramona, sagt Escalona, seit Roberto mit dir zusammen ist, ist er ein ganz anderer geworden. Ramona lacht.

Schon um acht sind wir wieder im Wohnheim. Ich helfe Ramona beim Kochen. Juanito kommt, er möchte jetzt endlich alles über Zeitz wissen. Wir trinken ein Bier, und ich erzähle im ausführlich. Er bleibt noch und isst mit uns zusammen Abendbrot. Dann gehen wir schlafen.

Am nächsten Morgen habe ich schon um acht eine Beratung. Ich mache ein Frühstück für Ramona und sage: Du kannst noch ein bisschen schlafen, fährst dann um zehn nach Weißenfels, und ich frühstücke im Betrieb.

Dort erfahre ich, dass es ein großes Problem gibt. Ich muss mit Frau M. und Ricardo nach Leipzig zur Kriminalpolizei fahren.

Ricardo ist kein schlechter Mann, aber er hat mit polnischen und deutschen Kollegen schwarze Geschäfte gemacht. Mit Gläsern und mit Kleidung, aber vor allem auch: mit einem Goldring. Das ist eine Verletzung der Zollgesetze. Die Lage ist kompliziert.

Eigentlich liegt die Sache klar: Wenn ein Kubaner Gold mit in die DDR bringt und es hier verkauft, muss er zurück nach Kuba. Darum sagt Ricardo zu mir: Bitte, Roberto, sprich nicht mit der kubanischen Leitung darüber. Ich sage zu ihm: Das ist Quatsch. Frau M. weiß Bescheid, und die Kriminalpolizei ist verpflichtet, die Dinge an die kubanische Leitung zu melden, so steht es im Regierungsabkommen. Ich gebe dir darum den guten Rat, selbst mit der kubanischen Leitung zu reden.

Ricardo hält sich daran und meldet sich, nachdem wir aus Leipzig zurück sind, gleich beim Genossen Escalona. Er hat wirklich nur einen einzigen Ring verkauft, und er ist eigentlich ein sehr guter Arbeiter, besucht sogar den Meisterlehrgang, hat sehr gute Noten in der Berufsschule, und so wird es gegen ihn kein Rückführungsverfahren geben.

Roberto, sagt Escalona, es gibt aber noch ein weiteres Problem: Morgen müssen wir nach Leipzig ins Gefängnis. Was?, sage ich, wieso denn das? Ja, sagt Ecalona, dort ist seit einer Woche ein Kubaner inhaftiert, er hat seiner deutschen Freundin das Gesicht zerschnitten. Mein lieber Gott, denke ich, was ist denn das für ein Schweinehund?

Ich hole dich ab, sagt Escalona, du brauchst nicht erst nach Halle zu kommen. Auf der Fahrt nach Merseburg denke ich: Dieser Kubaner, der da im Gefängnis sitzt, muss ins Gefängnis nach Kuba, das macht uns hier einiges kaputt.

Im Wohnheim spreche ich mit Juanito über diese Angelegenheit.

Am nächsten Tag melden sich Escalona und ich im Leipziger Gefängnis. Es ist hier alles sehr hässlich: die dunkelgraue Farbe, die großen Hunde, und auch die großen deutschen Polizisten sehen bedrohlich aus. Escalona zeigt seinen Diplomatenpass, und ein Offizier geht mit uns zu dem Kubaner.

Der Kubaner sagt gleich: Ich bin schon eine Woche hier – wieso kommt ihr erst jetzt? Escalona sagt: Du bist nicht hier, weil du ein Held bist, sondern weil du ein Verbrechen begangen hast. Nächste Woche fliegst du nach Kuba und wirst dort vor Gericht gestellt. Ja, ich möchte nach Kuba fliegen, sagt der Junge. Escalona sagt das dem Offizier.

Wir fahren zurück nach Merseburg, wo wir mit unseren Leuten über dieses Scheiß-Problem reden. Dann muss ich schnell Ruhe finden, denn ich muss noch ein paar Reden übersetzen. Und die ganze Woche wird nicht besonders schön. Ich habe Dienst im Wohnheim, Ramona wird erst am Sonnabendabend kommen. Dienst im Wohnheim ist anstrengend. Die Leute trinken abends zu viel, und dann droht schnell eine Schlägerei.

Den ganzen Sonnabend über habe ich mit Escalona in Halle zu tun. Ich muss wieder einmal einspringen, weil die Kubaner in Halle keinen eigenen Dolmetscher haben.

Als ich zum Wohnheim zurückkomme, treffe ich einen Kubaner aus Wolfen, der schon einigermaßen berüchtigt ist. Es gibt eine Regel: Wenn ein Kubaner in einem anderen Wohnheim übernachten will als in dem, in dem er angemeldet ist, muss er seinen Personalausweis hinterlegen. Der hier aber will das nicht einsehen. Ich gehe zu ihm hin und sage: Hör mal, wenn du hierbleiben willst, gibst du deinen Personalausweis ab, ansonsten fährst du zurück. Ich habe hier Dienst, und ich möchte kein Theater.

Ich gehe in meine Wohnung, Juanito ist nicht da, Del Valle auch nicht. Ich habe keine Lust zu kochen, wasche mich und gehe ins Café Geiseltal, um etwas zum Abendbrot zu essen und ein paar Bier zu trinken. Gegen neun kommt die Frau vom Eingang an meinen Tisch und sagt zu mir: Roberto, unten sind zwei Kubaner, einer gehört zu deinen Leuten, aber es ist kein Platz mehr. Kann ich sie an deinen Tisch schicken? Ja, sage ich. Dann sehe ich Carlos von meinen Leuten und den Jungen aus Wolfen. Mist, denke ich, ich darf nichts trinken, es wird mit diesem Jungen wohl Probleme geben, er ist nicht zurückgefahren.

Der Junge hat, das ist ganz unübersehbar, schon ziemlich einen getrunken. Er wird wohl versuchen, im Wohnheim zu bleiben. Die beiden nehmen Platz und fragen mich, was ich trinken will. Ich sage: Danke, ich trinke nichts mehr, und gehe an die Bar. Eine halbe Stunde später kommt die Kellnerin zu mir und sagt: Roberto, es gibt Ärger. Der Kollege an deinem Tisch hat ein Glas kaputtgemacht und will es nicht bezahlen. Ich gehe hin und sage: Hallo, Kollege, du wirst jetzt das Glas bezahlen. Und dir, Carlos, sage ich: Er ist dein Gast, du bist verantwortlich.

Ich bezahle meine Rechnung und gehe ins Wohnheim. Dort treffe ich mich mit Roman, um noch ein bisschen Schach zu spielen. Wir kennen uns schon ganz gut, spielen gern ein bisschen Schach miteinander, wenn wir nicht einschlafen können. Gegen Mitternacht kommt Frau K. ganz aufgeregt zu uns. Roberto, sagt sie, da unten ist wieder dieser Junge aus Wolfen, der seinen Personalausweis nicht bei sich hat. Er war frech zu mir, und jetzt ist er aufs Baugerüst geklettert und will oben in die Wohnung einsteigen.

Das ist eine komplizierte Lage. Sie machen oben im 10. Stock eine Reparatur und haben ein Gerüst errichtet, und dieser Vogel ist nun zur 5. Etage hoch gestiegen. Ich gehe nach draußen und rufe ihm zu, dass er wieder runterkommen soll. Er kommt auch tatsächlich, stellt sich vor mich hin und sagt: Ich bin Kubaner, aber du – du bist gar kein richtiger Kubaner mehr, bist schon fast wie ein Deutscher. Das ist eine schwere Beleidigung für mich, es regt mich fürchterlich auf. Du Schweinevogel, sage ich, ich mache dir den Arsch kaputt. Na, probier es doch, sagt der andere.

Ich schlage zwei-, dreimal zu. Auf seinen Mund und in seinen Magen. Er blutet am Mund, versucht, mein Bein zu packen und mich umzuwerfen, aber ich bleibe über ihm. Frau K. hat die Leute gerufen. Roman, Juanito und Carlos, der Freund von diesem Vogel, kommen. Roman und Juanito halten den Vogel fest, Carlos will mich auch festhalten, aber ich schlage ihm ins Gesicht und sage: Du bist genauso ein Scheiß-Kerl wie dein Freund. Und ich schwöre dir, dass dieser Vogel nie wieder herkommen wird, ganz egal, ob mit oder ohne Personalausweis. Carlos sagt: Roberto, das ist nicht meine Schuld. Doch, sage ich, das ist deine Schuld. Ich habe dir gesagt, dass er dein Gast ist und du darum verantwortlich bist.

Ich gehe in meine Wohnung. Juanito und Roman folgen mir und fragen mich, wie das alles gekommen ist. Ich erzähle alles von Anfang an. Roman sagt: Aber du hast ihm das ganze Maul zerschlagen, und Carlos hat auch was abbekommen! Juanito sagt: Wir werden das morgen mit Rudy besprechen, er ist der Gruppenleiter von Carlos. Wir trinken noch ein Bier und gehen schlafen.

Die Zeit wird mir lang

Am nächsten Tag ist eigentlich frei, aber wir wollen freiwillig im Betrieb arbeiten und das erarbeitete Geld über unsere Botschaft nach Kuba überweisen. Um fünf stehen wir auf, fahren ins Werk und arbeiten bis um zwölf.

Als ich in die Wohnung zurückkomme, sind Juanito und ein paar andere da und wollen mit mir über die Schlägerei reden. Aber Ramona ist auch da, und so reden wir nicht darüber. Wir trinken ein Bier, und ich sage: Leute, ich will ein Stündchen schlafen, raus hier! Alle lachen und gehen zu Juanito hinüber. Ich habe noch keine halbe Stunde geschlafen, da sagt Ramona zu mir: Roberto, ein Kollege ist an der Tür.

Es ist mein Freund Pedro, der Maulesel. Er lacht und sagt: Ich habe gehört, dass du gestern Abend diesen Vogel kaputtgemacht hast, aber jetzt ist er wieder da. Gibst du ihm wieder eine mit? Ich gehe auf den Balkon und sehe, dass dieser Vogel tatsächlich wieder da ist. Aber Mist: Meine Ramona hat alles verstanden, weil der Maulesel deutsch gesprochen hat. Was ist los, Roberto?, fragt sie mich. Nichts, sage ich, ich komme gleich wieder.

Ich nehme meine Sporthose und meine Sportschuhe und gehe nach unten. Pedro el Mulo bleibt auf dem Balkon. Ich habe meine Schlüssel in der Hand, die Spitze nach vorn, aber man sieht sie nicht. Gestern Abend war ich schon wütend und verrückt, aber heute bin ich noch wütender und verrückter. Ich werde diesen Vogel kaputtmachen.

Was ist los?, frage ich ihn. Ich möchte mich mit dir unterhalten, sagt er, aber nicht hier, sondern drüben im Park. Gut, komm mit, sage ich, und wir gehen zusammen los. Ich bin Kubaner, ich weiß, wie die Kubaner sind, und ich beobachte ihn genau, aber was ich nicht weiß, ist, dass es im Park noch einen anderen Kubaner gibt, einen großen Kerl, der auch zu seinem Kollektiv gehört, und dieser große Kerl sagt zu mir: Ihr seid Scheiße hier, du und deine Kollegen, ihr habt ihn verprügelt, sein Kopf war kaputt. Ich drehe meinen Kopf zu ihm ihn und sage: Du bist es, der hier Scheiße ist, aber das ist mein Fehler, denn der Kerl nutzt die Chance und schlägt zu und trifft mich am Kopf. Ich bewege mich schnell, aber der kleine Schwarze, dieser Vogel, will mir zeigen, dass er boxen kann, und er tanzt wie ein guter Boxer, nur: Seine Arme sind zu kurz, und so muss er an mich ran kommen, und dann wird er schon merken, wer hier der bessere Boxer und Teufel ist. Ich bin jetzt ganz ruhig, blicke den Vogel an und schieße zwei-, dreimal meine Linke heraus, und meine Rechte ist zum Schlag bereit. Sein Freund feuert ihn an: Komm, los, mach ihn kaputt, du bist Boxer! Ich aber habe jetzt die Ruhe weg und warte ab. Meine Leute kommen, die anderen gucken vom Balkon aus zu, auch ein paar deutsche Kinder. Der Vogel kommt wieder und will mir ins Gesicht schlagen, aber das ist jetzt meine Sache. Ich knalle ihm meine Rechte in sein Affengesicht, die Schlüsselspitze trifft ihn an der Augenbraue. Er blutet sofort, und ich schieße noch zwei Hände hinterher. Er boxt nun nicht mehr, sondern versucht, mich in einen Ringkampf zu verwickeln. Er ist schwerer als ich, er drückt mich nach unten, aber schnell bin ich wieder oben und schlage ihm mit dem Knie an den Kopf. Er kann nicht mehr und läuft weg, und ich werfe ihm noch einen Stein hinterher und renne dann zu seinem großen Freund. Auch ihn schlage ich heftig ins Gesicht.

Dann ist plötzlich Pedro der Maulesel neben mir und ich sage: Hey, mein Freund, was willst du hier? Er sagt: Ach, dieser Vogel ist ein verdammter Lügner. Er hat mir erzählt, zwei oder drei Kollegen hätten ihn verprügelt, aber bleib ganz ruhig, ich habe gesehen, wie es wirklich war. Du hast keine Schuld.

Mensch, denke ich, alles ist vorbei, aber ich schäme mich sehr. Viele Kinder, Frauen und Männer haben alles gesehen. Ramona und viele Kubaner sind noch auf dem Balkon. Pedro der Maulesel nimmt mich mit in sein Zimmer und sagt: Das ist Roberto, mein Freund, und er bekommt jetzt eine Flasche Weinbrand von mir.

Ich gehe schnell in meine Wohnung. Mein Pullover ist zerrissen, ich habe eine dicke Lippe. Was ist los mit dir, fragt Ramona, und dann sagt sie: Ihr seid doch verrückt. Bitte entschuldige, sage ich zu ihr, aber was sein muss, muss sein. Ich mache die Wanne fertig. Pedro und Juanito kommen, Raul und Roman auch. Alle lachen und quatschen durcheinander. Raul sagt: Roberto, ich habe mir wirklich Sorgen gemacht, weil er so groß und dick war. Pedro entgegnet ihm: Aber Roberto ist dafür sehr schnell. Ich weiß das, ich war sein Boxtrainer, nicht wahr Roberto? Juanito füllt die Gläser und sagt: auf unseren Roberto, den Sieger!

Juanito, sagt Raul, du musst mit dem Gruppenleiter dieses Jungen reden. Er soll nicht wieder hierher kommen. Ich rufe gleich den Genossen Escalona an und erzähle ihm alles.

Aber Juanito, sage ich, du musst jetzt keinen großen Film aus all dem drehen, ich kenne dich!

Alle lachen, Ramona und Juanito auch. Ach, mein kleiner Boxer, sagt Pedro, du hast wohl eine an den Kopf gekriegt. Ja, sage ich, ich habe ziemliche Kopfschmerzen. Na, sagt Pedro, dann trink mal einen Weinbrand.

Was hat der Große eigentlich zu dir gesagt?, fragt Raul. Er hat mich provoziert, sage ich, aber verrückt bin ich erst geworden, als er mich am Kopf getroffen hat. Allerdings hat er meinen Schlüssel nicht gesehen. Und was, fragt mich Raul, wäre gewesen, wenn du ihm seine Augen kaputtgemacht hättest mit deinem Schlag? Das ist mir scheißegal, sage ich, er war und ist ein Schwein. Aber jetzt, sage ich, gehe ich mich waschen und lege mich eine Stunde ins Bett. Ich bin müde. Ja, sagt Roman, das verstehe ich. Du hast dich geprügelt und in Leuna gearbeitet.

Endlich gehen die Leute. Ich bin froh, dass meine Ramona bei mir ist.

Wir essen in Ruhe, ich gehe ins Bett, und dann kommt auch Ramona. Warum hast du das bloß gemacht?, fragt sie mich. Ach bitte, sage ich, ich bin müde, und dieser Vogel hat mich so sehr provoziert. Ich bin doch keine Kakerlake.

Nach zwei Stunden werde ich wieder wach. Ramona schläft noch, ich lasse sie in Ruhe und gehe zu Juanito. Die Leute trinken noch. Escalona ist gekommen und Del Valle auch.

Escalona sagt: Roberto, du gehörst zur kubanischen Leitung, du kannst dich nicht einfach herumprügeln. Ich kann das auch nicht. Gut, Genosse Escalona, antworte ich, aber ich habe mit diesem Vogel ein ganz klares Gespräch geführt, habe mit ihm über die notwendige Ordnung hier im Wohnheim geredet, und was macht er? Er macht nur Mist.

Escalona akzeptiert das. Aber so etwas darf nie wieder passieren, sagt er dann, verstehst du?

Ja, sage ich, das verstehe ich, aber es ist trotzdem Scheiße. Wenn etwas nicht in Ordnung ist im Wohnheim, dann gebt ihr mir die Schuld, und wenn ich so etwas tue, wie ich jetzt getan habe, dann auch.

Escalona ist fair und wechselt das Thema. Leute, sagt er, am Wochenende ist das Kulturfestival, da müssen wir alle, die wir zur Leitung gehören, in Halle übernachten. Um acht Uhr früh müssen wir im Kulturhaus sein, unsere Leute kommen aus allen Kollektiven im Bezirk. Del Valle und der Genosse Bernd werden die offizielle Eröffnung machen, und Clara und Roberto sind als Dolmetscher vorgesehen. Ach so, und am Mittwoch kommt der Genosse Harry Tisch, der FDGB-Vorsitzende, nach Leuna. Wir haben ungefähr 300 Kubaner in Leuna, von denen sollen die besten 20 oder 30 an der Gesprächsrunde mit Harry Tisch teilnehmen. Außerdem wird jemand von der Botschaft da sein.

Nach dieser Mitteilung geht Escalona, und ich gehe auch, denn ich will mich in meiner Wohnung auf diesen FDGB-Besuch vorbereiten. Ich bekomme jeden Tag die Zeitung »Neues Deutschland«, und dort findet sich immer etwas zu diesem Thema. Ich muss mir die Wörter heraussuchen, die ich noch nicht kenne.

Wir gehen zeitig schlafen, denn auch Ramona muss morgen früh raus. Sie muss nach Weißenfels, ich in die Poliklinik.

In der Poliklinik sind an diesem Montag so um die zehn Kubaner, es ist wie immer. Dann fahre ich mit Del Valle zum Bau 200, dort arbeitet der Kollege Lazaro, mit dem es Probleme gibt. Ich mag ihn nicht, diesen Lazaro, er ist ein großer Schwarzer und denkt, dass er sich mit seiner Größe alles leisten kann. Del Valle sagt: Lazaro, wenn du keine Lust hast, musst du das sagen, dann schicken wir dich nach Kuba zurück, und zwar sofort. Ich übersetze alles, aber Lazaro beschimpft mich: Hey, Roberto, warum übersetzt du diesen Mist? Hör mal zu, sage ich, ich muss das alles ordentlich übersetzen, da brauche ich von dir keine Ratschläge. Wenn du keine Übersetzung willst, kannst du das Del Valle sagen, aber bei mir triffst du da auf taube Ohren. Er sieht mich böse an, aber mir ist das egal, ich gucke ebenso böse zurück. Ich weiß, solchen großen Kerlen darf man keine Angst zeigen.

Als wir im Bau 200 fertig sind, fahre ich zum Gewerkschaftsvorsitzenden im Werk. Ich will mich mit ihm über den Besuch von Harry Tisch unterhalten und ein bisschen was über den FDGB im Werk erfahren. Dann sagen sie mir, was alles geplant ist. Einer von unseren kubanischen Jungs soll über unsere Zusammenarbeit mit den deutschen Kollegen im Leuna-Werk sprechen. Auch Kubaner aus den anderen Betrieben werden an diesem Tag nach Leuna kommen – aus Buna, Wolfen, Zeitz, Dessau, Stendal, Genthin und Magdeburg.

Am Mittwoch pünktlich um zehn trifft Harry Tisch im Klubhaus ein. Er ist ein mittelgroßer, etwas dicker Mann mit schütterem Haar. Der Genosse Escalona und unser Parteigenosse von der Botschaft nehmen im Präsidium Platz, und ich muss zwischen beiden sitzen.

Jahrestag unserer Revolution

Der Parteisekretär vom Leuna-Werk redet lange über sein Werk und die Arbeiter, er berichtet vom sozialistischen Wettbewerb und von der Messe der Meister von Morgen. Dann sprechen Werktätige von verschiedenen Brigaden und auch aus anderen Betrieben. Von unserer Seite spricht Andres. Er ist ein sehr guter und ordentlicher Kollege. Ich habe ihm gesagt, er soll nicht so lange sprechen, er muss die Leute nicht unterhalten. Er richtet sich nach meinen Vorschlägen und spricht nur über die guten Sachen in der Zusammenarbeit mit den deutschen Kollegen. Gott sei Dank redet auch unser Botschaftsvertreter nicht zu lange. Er sagt, dass alle sehr zufrieden sind mit der Zusammenarbeit.

Liebe Freunde und Genossen, sagt der Genosse Harry Tisch, ich grüße die deutschen Freunde und unsere ausländischen Gäste. Leuna ist das größte Chemiekombinat in der DDR und spielt eine große Rolle in unserer Wirtschaft. Die Arbeiterbewegung hat hier eine lange Tradition. Ihr als Vertreter und Arbeiter dieses Volkseigenen Betriebes Leuna-Werke »Walter Ulbricht« müsst in euren Kollektiven Großes leisten. Ihr seid ein gutes Beispiel für die gesamte Arbeiterklasse. Solidarität und sozialistischer Wettbewerb müssen in euren Kollektiven eine erstrangige Aufgabe sein. So kämpfen wir für den Frieden und den Sozialismus. Im Namen unserer Partei und Regierung wünsche ich euch viel Gesundheit und viel Erfolg. Es leben der Frieden und der Sozialismus! Es lebe die Arbeiterklasse!

Er schüttelt unserem Parteigenossen von der Botschaft die Hand, und wir gehen. So also bin ich einem Mitglied des Politbüros begegnet.

Wir fahren mit Escalona zum Wohnheim, besprechen noch einmal das Kulturfestival am Wochenende, wir machen klar, dass wir am Freitag in Halle-Süd übernachten, und ich verabschiede mich nach Weißenfels.

Gegen halb acht bin ich bei Ramonche in der Gaststätte, in der sie arbeitet, und wir gehen gemeinsam in eine andere Gaststätte, in der Musik gemacht wird. Wir haben uns mit den beiden Musikern, einem Mann und einer Frau, angefreundet. Sie ist eine sehr schöne, junge Blondine, aber leider hat sie Krebs, und sie weiß das. Sie soll nicht rauchen, sagen wir zu ihr, aber sie antwortet: Das ist doch ganz egal, ob ich rauche oder nicht, sowieso werde ich bald sterben.

Sie singt wunderbar, und sie tanzt auch gut. Sie bringen viel lateinamerikanische Musik. Der Mann fragt mich über Kuba aus und über unsere Musik, er spielt gerne unser »Guantanamera«. Am Schluss bringen wir sie nach Hause, sie wohnen ganz in Ramonas Nähe, und wir sitzen noch ein bisschen bei ihnen und trinken Bier und Kaffee.

Als wir uns auf den Weg machen, ist es vier Uhr früh. Ramonche, sage ich, wir sind so dumm, es ist wieder viel zu spät. Ach, sagt sie, und lächelt dabei so niedlich, wie ich es an ihr liebe: Halb fünf muss Vati aufstehen, um fünf muss er schon zur Arbeit.

Und wirklich: Der Vati sitzt schon in der Küche beim Frühstück. Wir begrüßen ihn, Ramona gibt ihm einen Kuss und geht ins Bett. Ich bleibe und trinke eine Tasse Kaffee. Eine rauchen kann ich nicht, denn der Vati ist Nichtraucher. Na, sagt er, Roberto, ich muss gehen, einer muss ja das Geld verdienen!

Als ich ins Bett komme, schläft Ramona schon, aber ich wecke sie wieder, und wir lieben uns noch ein bisschen, und dann schlafen wir ein.

Um zehn stehen wir auf, wir haben frei. Meine Kleine muss Einkäufe machen. Wir gehen in die Stadt. Die Mutti hat einen Zettel geschrieben mit allem, was wir besorgen müssen. Wir essen in einem Restaurant zu Mittag.

Als wir wieder zu Hause sind, lege ich mich ins Bett. Ramona macht in der Wohnung Ordnung. Als ich aufwache, sind die Eltern da. Ich gehe ins Bad und wasche mich. Wann seid ihr nach Hause gekommen?, fragt die Mutti. Der Vati antwortet: heute früh. Die Mutti schimpft, aber der

Vati sagt: Lass doch die jungen Leute in Ruhe, du bist schon alt. Wir lachen alle gemeinsam. Und was ist mit eurem Kulturfestival?, fragt die Mutti. Na ja, sage ich, das ist am Wochenende, von Freitag bis Sonntag. Ramona kommt mit, wir werden bei meinem Chef übernachten.

Ist gut, sagt die Mutti. Roberto, fragt mich der Vati, trinken wir ein Bier, oder geht ihr wieder weg? Nein, sage ich, ich habe eine Flasche Weinbrand für uns mitgebracht und für Mutti einen guten Wein. Ja, sagt die Mutti zu ihrem Mann, Roberto ist nicht so wie du. Na ja, sagt er, das sind die jungen Leute. Ramona, machst du deinem Mann ein Schnitzel? Nein, sagt Ramona, wir essen kalt. Und ich bekomme also auch kein Schnitzel?, sagt der Vati. Nein, sagt die Mutti, sei mal ganz still. Du hast gerade gesagt, dass wir alte Leute sind, und alte Leute essen nicht so viel, wenn es schon spät ist.

Alle lachen. Ramona geht in die Küche, wir bleiben im Wohnzimmer und trinken Bier und Weinbrand, da kommen Monika und die Kinder.

Meine Ramona bringt das Essen, für den Vater und mich Schnitzel und Pommes frites. Der Vati sagt zu Ramona: Du bist mein liebes Mädchen, nur du liebst mich. Die Kinder lassen mir keine Ruhe, sie wollen mit mir spielen, und ich habe ja auch immer Zeit für sie, ich spiele gern mit ihnen.

Monika fragt, wie das mit dem kubanischen Kulturfestival in Halle ist. Ich weiß es nicht, sagt Ramona, aber Roberto sagt, dass es auf dem ganzen Boulevard stattfinden wird, mit Rumba und Frauen und Männern in diesen komischen Kostümen. Ich möchte das unbedingt sehen.

Du kannst auch tanzen, sagt die Mutti, du siehst wie eine Kubanerin aus mit deinem schwarzen Haar. Alle lachen.

Die Kinder wollen weiter mit mir spielen, aber der Vati sagt: Es ist gut, ihr müsst jetzt ins Bett. Der kleine Dominik sagt: Opi, du bist böse, ich hab dich gar nicht mehr lieb. Aber dann gehen sie doch alle beide ins Bett. Es ist nicht wie in Kuba, wo die Kinder erst um neun oder um zehn oder noch später ins Bett gehen.

Monika sagt: Ramona, heute ist Donnerstag, wir könnten noch ein bisschen in die Gaststätte gehen, ich weiß, wo es Musik gibt. Nein, sagt Ramona, heute geht das nicht, wir müssen morgen zeitig nach Merseburg, müssen noch einiges organisieren, und dann fahren wir nach Halle-Süd.

Am nächsten Morgen um acht klopft die Mutti an die Tür: Ramona, das Frühstück ist fertig! Um neun sitzen wir schon im Zug nach Merseburg.

Juanito und die anderen sind schon fertig, sie wollen um zwei nach Halle fahren. Ich sage: Warum so zeitig? Es reicht, wenn wir uns um vier oder um fünf auf den Weg machen. Aber ich kenne meinen Juanito. Er möchte bei einer solchen Sache immer der erste sein.

Gegen acht am Abend sind wir bei Escalona zu Hause. Ramona bleibt bei ihm, wir anderen fahren ins Büro und dann ins Stadtzentrum. Hier in einer Schule werden alle übernachten, die aus den anderen Städten gekommen sind. Fast alle sind schon da, sie machen schon Musik. Am nächsten Morgen um neun wird das Festival eröffnet werden. Auf dem Programm stehen Tanzgruppen, Chöre, Gedichtvorträge und Folkloregruppen. In manchen Gruppen – wie in unserer aus dem Leuna-Werk – machen auch Deutsche mit.

Am Sonntag erleben wir den großen Karneval auf dem Boulevard. Jede Kubanergruppe kommt in ihrer eigenen bunten Kleidung und mit ihrer eigenen Musik. Vor allem die Kinder sind begeistert. Ich glaube, das ist das erste Mal, dass es in Halle einen solchen Karneval gibt. Im Wettbewerb der besten Gruppen belegen die Leute aus Leipzig den ersten Platz, die aus Halle den zweiten und die aus Erfurt den dritten.

Die deutsche Seite ist sehr zufrieden, auch die FDJ-Leitung. Viele, sagen sie, haben bisher nur schlechte Sachen von den Kubanern gehört und wussten zum Beispiel nicht, dass die Kubaner mit den Deutschen zusammen in den Arbeitskollektiven arbeiten. Durch das Festival haben viele mehr über die Kubaner erfahren.

Nächsten Monat soll die große kubanische Kapelle »Aragon« im Klubhaus in Leuna spielen. Das ist eine Auszeichnung, die uns – der kubanischen Leitung und der FDJ-Leitung von Leuna – von der Botschaft verliehen wird.

Auf unseren Fahrten und Ausflügen ist Ramona immer an meiner Seite. Sie kommt mit nach Oberhof, nach Wernigerode, nach Berlin und nach Dresden, sie ist nett und freundlich zu allen, und alle sind auch nett und freundlich zu ihr. Sie hilft mir mit der Sprache, zum Beispiel, wenn ich Reden schreiben muss, und manchmal auch im Krankenhaus. Nur die kleine, hässliche Idania ist wütend auf Ramona. Sie knurrt immer, weil Ramona auch dann mitkommt, wenn ich als Dolmetscher arbeite. Dann kann Idania nicht mit, und sie ist eifersüchtig.

Als die Kapelle im Klubhaus auftritt, ist das Haus voll. Am Ende gibt es einen Empfang, und ich muss natürlich hin und nehme

Ramona mit. Am nächsten Tag erzählt Idania eine Menge Mist über uns, aber mir ist das scheißegal.

Die Liebe zwischen Ramona und mir ist so schön, aber oft muss ich an unsere Zukunft denken. Ich werde nicht in Deutschland bleiben, und Ramona nach Kuba mitzunehmen – das ist nicht so einfach. In mir ist eine Mischung aus Freude und Traurigkeit. Viele Kubaner haben Kinder mit ihren deutschen Freundinnen und möchten hier bleiben. Ramona weiß das, und sie weiß auch, dass ich immer die Papiere fürs Konsulat fertig mache, wenn ein Kubaner in der DDR bleiben möchte.

Wenn wir am Wochenende zu anderen kubanischen Kollektiven fahren, denken die Leute dort, dass meine Ramona eine Kubanerin ist. Auch beim Spazierengehen in Berlin und in Dresden denken die Leute das. Oder beim Chemie-Pokal im Boxen in Halle. Viele der kubanischen Boxer wollen gar nicht glauben, dass Ramona eine Deutsche ist. Sie hat schwarzes Haar wie eine Kubanerin und ist braungebrannt wie sie.

Beim Chemie-Pokal haben wir überhaupt sehr viel Spaß. Die besten Boxer der sozialistischen Länder sind hier vertreten – aus der DDR, aus Kuba, aus der Sowjetunion, aus Polen, Jugoslawien, Rumänien, Ungarn, Korea, und auch aus einigen kapitalistischen Ländern sind Boxer da. Von uns treten Teófilo Stivenson, der Olympiasieger und Weltmeister im Schwergewicht, Adolfo Horta, Angel Espinoza, Pedro Reyes, Felix Savon, Jesus Sollet, Angel Herrera und noch weitere Olympiasieger und Weltmeister in den Ring, auf der deutschen Seite Ulli Kaden im Schwergewicht, außerdem Henry Maske und andere.

1986 verliert unser Stivenson gegen Ulli Kaden, und ich muss Bier und Weinbrand für meine deutschen Freunde bezahlen.

Fröhlich geht es beim Chemie-Pokal immer zu. Das heißt, manchmal sind mir die Deutschen zu ruhig, zu zurückhaltend. Bei uns muss es beim Boxen laut sein, man muss für seinen Favoriten oder Freund richtig brüllen. Boxen ist kein Schach.

Einmal sehen wir einen Kampf von einem Deutschen gegen einen »Großen Bruder«, einen Boxer aus der Sowjetunion. Wir brauchen den Sieg des »Großen Bruders«, denn die DDR und Kuba haben die gleiche Punktzahl. Also brülle ich für den »Großen Bruder« und schreie auf Russisch »rabota, rabota« und »charascho, charascho«. Mehr Wörter kenne ich nicht, aber neben mir die deutschen Kollegen sind böse auf mich. Einer sagt zum anderen: Siehst du, der kleine Neger ist ganz schön intelligent, der kann Deutsch und Russisch! Ich lache mich kaputt – ich, mit meinen drei Wörtern!

Fidel in Leuna

Ein anderes Mal wollen die Kinder ein Autogramm von Felix Savon, aber Savon versteht nicht und geht weiter. Ich sage zu den Kindern: Gebt mir eure Zettel, ich unterschreibe. Aber eins der Kinder, ein kleiner Teufel, sagt ganz einfach zu mir: Du bist doch kein Boxer, du bist doch ein Karikaturmann! Alle lachen, ich auch, Savon kehrt zurück und fragt: Was ist los? Ich erzähle im alles, er lacht ebenfalls.

Mit Stivenson gibt es eine Situation, die gar kein Spaß ist. Wir sitzen mit einem Journalisten am Tisch. Er will mit Stivenson ein Interview machen, ich soll übersetzen. Ich weiß nicht, wie es geschieht, aber der Journalist sucht in seiner Tasche nach Papier, und in der Tasche ist auch einiges Geld. Stivenson sieht das, denkt, der Mann will ihn kaufen, so, wie ihm schon mancher Geld anbieten wollte, und knallt die Faust auf den Tisch, dass mir Hören und Sehen vergeht. Er beschimpft mich laut, dass ich das alles organisiert hätte. Nur mit Mühe kann ich ihn beruhigen.

Die Auftritte beim Chemie-Pokal sind nicht nur eine Sportangelegenheit, sondern auch Freundschaftstreffen. Nicht nur mit den DDR-Boxern, sondern auch mit der DDR-Bevölkerung überhaupt. Wir Kubaner gewinnen hier viele deutsche Freunde – aber natürlich ärgern sich auch viele, weil unsere kubanischen Boxer so erfolgreich sind.

Darum werden die deutschen Freunde fast verrückt vor Stolz, als Ulli Kaden gegen Stivenson gewinnt. Ausgerechnet 1986, im Jahr der Boxweltmeisterschaften. Und die sollen in Reno in den USA stattfinden. Viele denken, dass sich Stivenson von dieser Niederlage gegen

Kaden nicht erholen wird. Aber es kommt anders: Stivenson gewinnt in Reno ganz klar und sauber gegen Kaden, einen Rumänen, einen Boxer aus den USA und einen Boxer vom »Großen Bruder« und verteidigt seinen Weltmeistertitel.

Aber zurück nach Halle, nach der Niederlage gegen Kaden. Stivenson nennt mich wegen meiner Hautfarbe »Algerier«. Nach dem Empfang für die Boxer sagt er zu mir: Komm, kleiner Algerier, wir gehen ein bisschen spazieren. Nein, sage ich, das geht leider nicht, ich bin nur der Dolmetscher, ich muss hier bleiben. Wir sind ja nicht allein. Wir sitzen mit Alcides Sagarra, dem Trainer von Stivenson, der Mannschaftsleitung und ein paar Journalisten zusammen.

Hast du Angst?, fragt mich Stivenson. Aber ehe ich antworten kann, sagt Sagarra schon: Was ist los mit dir, Stivenson? Und Stivenson sagt: Ich möchte einfach ein bisschen spazieren gehen. Sagarra sagt: Natürlich kannst du gehen. Du musst wissen, was du tust.

Wir warten auf das Auto, das uns abholen wird. Der Größte Boxer wartet allein, draußen.

Einer von unseren Journalisten fragt Trainer Sagarra: Was ist los mit Stivenson? Im Sommer sind Weltmeisterschaften! Sagarra sagt: Keine Sorge, Stivenson ist gut in Form. Es gibt keine Probleme mit der Technik und keine mit der Kondition. Aber er hat ein persönliches Problem. Im vergangenen Jahr ist sein Vater gestorben. Er hat seinen Vater sehr geliebt. Um aus seiner schwierigen Situation herauszukommen, braucht er ärztliche Hilfe.

Sagarra wird recht behalten, und das beweist, dass er der beste Trainer ist. Stivenson gewinnt in Reno erneut den Weltmeistertitel, und viele deutsche Freunde freuen sich mit mir.

Ich muss hier noch etwas mehr zu Stivenson sagen: Er hat gegen Boxer aus kapitalistischen Ländern nur zwei Mal verloren. Das erste Mal 1972 bei den Panamerikanischen Spielen – gegen die »weiße Hoffnung« aus den USA. Aber schon ein paar Wochen später, bei den Olympischen Spielen in München, hat er die »weiße Hoffnung« in Grund und Boden geschlagen, und es gab nie wieder einen USA-Boxer, der es vermocht hätte, gegen Stivenson zu siegen. Das zweite Mal war wieder in München, 1982. Der Mann, gegen den er diesmal verloren hat, war der unbekannte italienische Boxer Francesco Damiani.

Stivenson ist der größte Amateurboxer der Welt. Beim Chemie-Pokal in Halle-Neustadt erlebe ich eine sehr schöne Zeit.

Im Sommer fliege ich nach Kuba. Ich habe einen Monat Urlaub. Aber eine Woche nehme ich mir mit meiner Ramona.

Wie alle Kubaner kaufe ich in der DDR Klamotten für die ganze Familie. Wir gehen immer zum Sonderverkauf, wo es billiger ist.

Obwohl ich es nicht möchte, kommt Ramona mit zum Flughafen Schönefeld. Ich nehme immer ein Buch mit auf die weite Reise. Der Flug von Berlin nach Havanna ist langweilig.

Meine Familie freut sich, dass ich da bin. Über die Geschenke freuen sie sich noch mehr.

Wir machen eine große Feier und gehen an den Strand. Am Strand lerne ich eine Kubanerin kennen. Sie fragt mich, ob ich ein Aleman bin, ein Deutscher. Ich sage: Nein, aber ich arbeite in Deutschland. Mit dieser Kubanerin verbringe ich meinen Urlaub. Sie hat Feuer im Körper, ist heiß wie unsere kubanische Sonne. Zweimal telefoniere ich mit meiner Ramona.

Ich fliege wieder zurück. Ich habe kein Gepäck, nehme nur mit, was ich auf dem Körper trage. Alles andere habe ich bei der Familie und bei den Freunden gelassen. So ist das bei den Kubanern. Ramona lacht darüber. Für meine Ramonche und ihre Familie habe ich ein paar Geschenke mit, aber nichts Besonderes.

Ich habe keine Lust dazu, muss aber wieder arbeiten. Ramona beginnt eine neue Arbeit – im Leuna-Werk, ganz in meiner Nähe.

Ich denke viel über unsere Lage nach. Ich liebe Ramona, sie ist gut, sie ist sehr schön – aber ich nehme sie nicht mit nach Kuba, unser Leben in Kuba ist nicht einfach.

Aber ich bin ein Feigling. Ich sage ihr nicht die Wahrheit. Ich rede ziemlichen Scheiß und sage zu ihr: Ramona, wenn wir beide nicht mehr zusammen sind, dann such dir einen deutschen Mann und nicht wieder einen Scheiß-Ausländer.

Ramona ist schwanger. Ich weiß nicht weiter. Mal sage ich Ja, mal sage ich Nein. Wie soll das werden – wenn ich sie mit dem Kind hier lasse und vielleicht mein Kind nie wieder sehen werde?

Am Sonnabend sind wir bei der Familie im Garten. Monikas Kinder spielen, und Ramonas Mutti sagt: Stell dir vor, Ramona, wenn erst dein kleiner Neger auch hier spielt. Das gibt mir den Rest: mein kleiner Neger ohne seinen Vater.

Wir fahren zurück nach Merseburg und sprechen ausführlich über all diese Dinge. Am Montag gehen wir ins Krankenhaus, zum Frauenarzt, um die Unterbrechung machen zu lassen. Ich kaufe eine Uhr und Blumen und besuche meine Ramonche. Scheiße das alles! Es ist eine Schweinewelt! Ich weiß es doch: Ramona wollte einfach nur Hand in Hand mit mir durchs Leben gehen und eine Familie haben. Das hat sie immer gesagt.

Unser Leben ist nicht mehr schön. Im Winter fahren wir auf Urlaub auf den Fichtelberg, nahe an der Grenze zur Tschechoslowakei. Ich bin der einzige Ausländer. Es ist ein Ferienheim des FDGB.

Wir bekommen unser Zimmer, und eine Stunde später klopft es an unserer Tür. Ich mache auf. Eine schöne und charmante Frau sagt: Guten Tag, sind Sie Herr Cala? Ja, sage ich, und sie sagt: Bitte, Sie sollen zum Leiter kommen.

Ramona fragt: Was ist los? Nichts, sage ich, aber ich denke: Scheiße, das geschieht doch nur, weil ich Ausländer bin. Ich gehe mit der Frau mit. An einer Tür mit der Aufschrift »Leiter« treten wir ein. Eine schöne Sekretärin sitzt da, sie begrüßt mich und sagt: Bitte, nehmen Sie doch Platz. Ich grüble, was sie wollen. Die Sekretärin sagt am Telefon: Lieber Direktor, Herr Cala ist jetzt da. Sie macht die Tür auf und sagt zu mir: Bitte, kommen Sie doch herein.

Ich trete ein. Hinter dem Schreibtisch steht ein Mann um die 45. Er begrüßt mich und gibt mir die Hand. Ich denke: Wenn das so ist, wird es kein Problem geben. Er schaut mich freundlich an, fragt mich, wie die Reise war. Ich sehe hinter seinem Schreibtisch viele Ansichtskarten aus Kuba, und auf einem Tisch steht eine Flasche Habana Rum. Ich denke mir, dass hier auch schon andere Kubaner waren.

Der Mann fragt mich, was ich trinken will. Mojito, Daiquiri, Kubanito? Ich sage: Ich trinke am liebsten Bier und Weinbrand. Er lacht und ruft seine Sekretärin. Sie kommt auch gleich und bringt das Gewünschte. Na, lieber Roberto, sagt der Mann, ich trinke meinen Weinbrand lieber mit Limonade. Trinken wir, sagt er, auf meinen Urlaub in Varadero, Soroa, Trinidad, Santiago de Cuba und Havanna, auf die Tropicana Bodeguita del Medio.

Ich sage, dass ich gedacht habe, ich müsste mir Sorgen machen, weil hier Ausländer vielleicht nicht rein dürften. Er sagt: Ach wo, wieso denn das? Aber normalerweise müssen Frau und Mann, wenn sie in einem Zimmer schlafen, verheiratet sein. In deinem Falle jedoch ist das anders. Die Leute haben mir gesagt: Hier ist ein Kubaner mit einer deutschen Frau, und die sind nicht verheiratet, und da habe ich geantwortet: Wenn es ein Kubaner ist, ist das kein Problem,

Auf dem Fichtelberg

er ist mein Gast. Es ist das erste Mal, dass ich hier in Deutschland einen Kubaner treffe, und darum möchte ich ihn kennenlernen.

Gut, sage ich, aber ich muss zu meiner Freundin zurück, sie macht sich Sorgen. Er sagt. Können wir die Freundin nicht anrufen? Na klar, sage ich. Die Sekretärin ruft meine Ramonche an, und nach fünf Minuten ist sie schon da. In ihren Augen ist die Sorge, dass etwas Schlimmes passiert sein könnte. Aber der Mann begrüßt meine Ramonche und sagt: Bitte, nehmen Sie Platz. Was trinken Sie?

Ich nehme Ramonas Hand, und sie fragt mich: Was ist los? Ich sage: Kein Problem, er war als Tourist in Kuba, es ist alles klar. Ramona sagt, dass sie Limonade trinken will, aber der Leiter gibt ihr ein Glas Wein. Er zeigt uns die vielen Ansichtskarten und sagt zu mir: Wenn du etwas brauchst, kannst du sich immer an mich wenden, und wenn ich nicht da bin, ist meine Sekretärin da. Dann sagt er: Ich bitte um Entschuldigung. Natürlich seid ihr jetzt erst mal müde. Wir treffen uns ein andermal.

Lieber Gott, sage ich zu meiner Ramona, die Welt ist klein.

Ramona ist zufrieden. Das Hotel hat mehrere Restaurants, eine Diskothek, ein Hallenbad, der Schnee ist schön, man kann Wintersport treiben.

Aber wie immer lasse ich mich auf Schweinereien ein. Eine Kellnerin, eine schöne Blondine, will etwas von mir. In einem Moment, in dem Ramona nicht da ist, gibt sie mir einen Zettel, auf dem man lesen kann: Ich arbeite bis 24 Uhr, ich warte in der Kellerbar auf dich. Und ich dummer Vogel lasse den Zettel in meiner Hemdentasche. So gegen 22 Uhr gehen wir auf unser Zimmer, trinken noch etwas zusammen, und meine Ramonche schläft bald ein.

Ich gehe in die Kellerbar, das ist normal. Die Blondine ist da, alles ist dunkel. Sie sagt: ein Mann, ein Wort. Sie trinkt Wein, ich trinke Weinbrand mit Limonade. Sie fragt: Deine Freundin schläft schon? Ja, sage ich. Sie ist schön, sagt die Blondine. Du auch, sage ich. Wir tanzen ein- oder zweimal, und sie sagt: Ich habe schöne Musik auf meinem Zimmer, und etwas zu trinken habe ich auch. Kommst du mit?

Natürlich komme ich mit, aber um sechs muss ich in meinem Zimmer sein. Sie lacht und fragt: Hast du Angst? Angst kenne ich nicht, sage ich, aber ich bin ein ordentlicher Mann. Sie lacht. Wir gehen in ihr Zimmer, sie macht die Musik an, wir trinken Weinbrand mit Limonade und sie zieht sich um. Wir machen alles miteinander, was möglich ist, und um sechs gehe ich in mein Zimmer.

Meine Ramona schläft. Um neun stößt sie mich an und sagt: Komm, wir müssen zum Frühstück. Wir frühstücken gemeinsam mit Bekannten, und der Mann fragt mich: Trinken wir einen zusammen? Ja, sage ich, und Ramona geht schon allein aufs Zimmer. Als ich gegen zwölf ins Zimmer komme, ist meine Kleine sehr böse und zeigt mir den Zettel, den ich in der Hemdtasche vergessen hatte. Ich rede herum und quatsche, aber ihre schönen Augen bleiben böse. Ich bin ein Schweinehund.

Die Woche vergeht schnell. Am Tag vor unserer Abreise treffe ich mich mit Heinz, dem Leiter des Hallenbades. Wir unterhalten uns lange. Er gibt mir seine Karte und sagt: Wenn du willst, ruf mich an. Du kannst auch einfach herkommen. Ich gebe ihm meine Telefonnummer, aber nach zwei, drei Gesprächen mit ihm habe ich keine Lust mehr.

Wir sind wieder in Merseburg, und die Arbeit ist immer die gleiche: Poliklinik, Krankenhaus, Betrieb, Polizei.

Frau Dr. H. lädt Ramona und mich zu sich nach Hause ein. Sie hat Geburtstag. Wir trinken gemeinsam, und nach ein paar Gläsern sagt sie: Meine liebe Ramona, du bist eine deutsche Frau, du musst hier bleiben, du musst einen deutschen Mann haben, und du, Roberto, musst viel lernen und nach Kuba zurückfliegen. Ich denke: Wenn man betrunken ist, sagt man die Wahrheit, sagt man, was man sonst nicht sagt. Man muss das begreifen: Jedes Land hat seine Kultur, seine Mentalität, seine Gewohnheiten.

Ich bin in meinem Büro. Frau Dr. H. ruft an. Hallo, Roberto! Kannst du mal kommen? Hier sitzt ein Mann aus Spanien, er kann kein Deutsch. Ich gehe hin. Der Mann arbeitet in Leuna-Nord bei der Firma »Alpine«, das sind Leute aus dem Kapitalismus.

Ich komme rein und begrüße die Frauen und dann den Mann, wie das so ist. Mein Freund, sage ich, ich bin ein Kubaner, ich heiße Roberto, was haben Sie? Er sagt: Ich habe mich wohl verhoben, ich habe Schmerzen in der Seite. Ich übersetze, und Frau Dr. H. untersucht den Mann. Sie sagt: Das sieht aus wie ein Bruch, ich schreibe Sie eine Woche krank, Sie holen sich die Medikamente, die ich Ihnen verschreibe, und in einer Woche kommen Sie wieder. Ich erkläre ihm alles und gehe mit dem Mann in die Apotheke. Ich sage ihm: Du bist eine Woche krankgeschrieben. Oh, sagt er, das geht nicht, ich muss arbeiten. Wenn ich Urlaub habe, kann ich ins Krankenhaus gehen, aber jetzt nicht. Wenn ich jetzt nicht zur Arbeit komme, sagt mein Chef, dass er mich nicht mehr gebrauchen kann.

Als wir die Medikamente haben, will er wissen, wie viel er bezahlen muss. Ich sage: Mein Freund, du brauchst nicht zu bezahlen, wir sind in einem sozialistischen Land. Er versteht das nicht, und ich verstehe das auch nicht. Er hat nur Ahnung vom Kapitalismus, und ich habe nur Ahnung vom Sozialismus.

Am Ende fragt er sogar: Und was muss ich dir bezahlen? Ich sage: Bitte, ich bin ein Kubaner, wir helfen gern, du brauchst mir nichts zu bezahlen. Gut, sagt er, aber das ist deine Arbeit, und wenn man arbeitet, muss man auch dafür bezahlt werden. Nein, nein, sage ich und versuche, mich zu verabschieden. Er sagt: Gut, ich bezahl nicht, aber am Sonntag habe ich frei, und wir können zusammen etwas trinken gehen. Ich lade dich ein. Wo wohnst du?

Ich wohne in Merseburg-Süd, ganz in der Nähe von hier. Gut, sagt er, ich nehme dich bis dorthin mit, dann weiß ich, wo du wohnst, und am Sonnabend hole ich dich ab. Gut, sage ich, aber erst mal muss ich noch ins Büro.

Der Mann fährt einen schönen Mercedes. Ich muss zu meinem Chef, muss ihm melden, dass ich mit einem Mann aus einem kapitalistischen Land zusammen bin. Klar, das sage ich dem Mann nicht – aber tun muss ich es. Kein Problem, sagt mein Chef, du bist alt genug.

Am Sonnabend holt mich der Spanier ab. Es werden noch viele Gaststätten und Hotels sein, die wir gemeinsam besuchen. Er lädt mich ein, bezahlt alles, er hat Westmark. Er spricht kein Wort Deutsch, aber Englisch und Französisch. Er und seine Leute wohnen in Halle-Süd, aber es sind keine Zimmer wie unsere oder die von den Polen oder von den Leuten aus Afrika. Sie haben alles Gute und Schöne zusammen.

Hier muss ich etwas zu den deutschen Frauen sagen. Die deutschen Frauen suchen die Bekanntschaft mit den Ausländern nicht wegen des Geldes. Das brauchen sie nicht. Sie suchen Liebe. Sie haben ihre Arbeit, ihren Lohn, ihre Wohnung, sie sind stolz. Nur einige von ihnen sind mit den Leuten aus den kapitalistischen Ländern zusammen. Natürlich fahren sie gerne mit ihnen in die Hotels, in die Nachtbars, an den Strand.

Ich bin oft mit dabei, und mein spanischer Freund sagt zu mir: Wieso kriegst du immer wieder eine neue Freundin? Ich sage ihm: Weil ich Deutsch spreche. Ach, sagt er, in der Liebe spielt die Sprache keine Rolle. Er hat recht.

Aber eines weiß ich genau: Die deutschen Frauen haben es nicht nötig, sich wegen des Geldes zur Nutte zu machen.

Eines Tages fragt mich mein spanischer Freund, ob ich mit ihm nach Frankreich fahren will. Ich sage: Nein, aber er versteht das nicht. So, wie er auch die Sache mit der Apotheke und mit dem Krankenschein nicht verstanden hat.

Klar, meine kleine Ramonche kommt auch mit mit dem schönen Auto des Spaniers. Wir fahren nach Berlin, und wir fahren zu ihrer Familie. Später kehrt der Mann nach Frankreich zurück. Er lässt mir seine Adresse da. Ein paar Mal schreibe ich ihm.

Der Frauentag ist ein schöner Tag. Ich schenke meiner Ramona Blumen und sage ihr wieder, dass ich ihr wünsche, dass sie bald einen deutschen Mann findet.

Am Mittag muss ich nach Halle-Süd zu Escalona und dann gleich wieder zurück. An der Bushaltestelle in Merseburg treffe ich eine junge Frau. Sie heißt Ingrid. Sie war mit einem Jugoslawen zusammen, was ich nicht verstanden habe. Wir haben ein paar Mal miteinander geredet. Einmal hat sie zu mir gesagt: Ramona ist eine schöne Frau, aber sie ist dumm. Das hat mich sehr wütend gemacht, und ich habe geantwortet: Sie ist schön, und sie ist lieb – nicht so wie du. Du bist nur hinterm Geld her.

Jetzt aber begrüße ich sie und wünsche ihr zum Frauentag alles Gute. Sie sagt zu mir: Ich habe Langeweile. Ich sage: Komm, wir trinken ein Bier zusammen. Wir trinken, es wird mehr als nur ein Bier, wir küssen uns. Sie sagt: Ich muss meinen Sohn abholen. Dann werde ich zu Hause sein. Wenn du willst, kannst du kommen. Ich sage: Wenn ich komme, dann so gegen zehn. Ich kaufe eine Flasche Wein und gebe sie ihr – für heute Abend.

Ich bleibe noch mit ein paar ungarischen Kollegen in der Kneipe, dann kaufe ich eine Flasche Weinbrand und Kuchen und Obst und fahre ins Wohnheim. Als ich in die Wohnung komme, liegt Ramona im Bett. Ich ziehe ihr die Decke weg und sehe, dass sie geweint hat. Was ist, frage ich sie, ist dir nicht gut?

Sie sagt kein Wort. Ich denke: Was ist los? Dann sagt Ramona: Jetzt ist es zu viel. Ich frage noch mal: Was ist los? Ich habe dir etwas mitgebracht.

Das kannst du behalten, sagt sie, und geht mit mir ins Wohnzimmer. Dort steht die Flasche Wein, die ich für Ingrid gekauft habe. Du willst also zu ihr, sagt meine Ramonche. Das ist zu viel.

Sie weint wieder und geht ins Bett. Ich lasse sie in Ruhe. Ich möchte etwas kochen, aber es will keine rechte Lust daran aufkommen. Gegen neun koche ich dann doch etwas. Sie kommt in die Küche und fragt mich, ob sie lieber kochen soll.

Das macht mich völlig verrückt, es tut mir im Herzen weh. Ich möchte sie küssen, ich möchte sie für immer in meinen Armen halten. Entschuldige, sage ich, das kommt nicht wieder vor, das passiert nicht noch mal.

Sie sagt: Ja, lieber Roberto, das wird nicht wieder passieren. Sie spricht jetzt mit großer Sicherheit, sie hat eine Entscheidung getrof-

Abschied von Freunden

fen. Wir kochen zusammen, trinken, dann kommt Juanito. Der Vogel weiß schon alles, weil ihm Ingrid alles erzählt hat, und er sagt zu mir: Du bist kein guter Mann für Ramona, sie ist eine sehr gute junge Frau.

Ja, Juanito, du hast recht. Du bist der Leiter, du bist der Parteisekretär – kann ich einfach in der DDR bleiben oder Ramona mit nach Kuba nehmen?

Wir diskutieren lange über diese Frage, Ramona macht das Essen fertig, und dann sagt sie: Komm, Juanito, wir essen alle zusammen. Ich weiß, Juanito hat eine gute Meinung von Ramona, so wie viele andere Kubaner auch.

Gegen Mitternacht geht Juanito in seine Wohnung. Wir gehen ins Bett. Ich weiß nicht, was ich machen soll, aber plötzlich ist alles wie in unserer schönsten Zeit. Wir lieben uns wie verrückt, sie lacht und weint. Ich kann nicht weinen, sich sage nur: Ich wünsche dir alles Gute und den besten Mann von der Welt. Ich mache, sagt meine Kleine zu mir, was du immer gesagt hast: Ich suche mir einen deutschen Mann. Keine Ausländer mehr.

Am nächsten Tag ruft sie ihren Bruder an. Er soll mit dem Auto kommen und ihre Sachen abholen. Ich sehe ihr zu, wie sie ihre Sachen packt. Ich will das nicht glauben. Mein Kopf ist kaputt. Sie wird gehen. Wir sehen uns noch einmal an. Ich kann diesen Moment nicht beschreiben. Ich sehe ihren hübschen Körper, ihre Augen, ihr Lächeln.

Als sie weg ist, gehe ich auch. Die Wohnung ist plötzlich kalt, leer und traurig. Sie hat einen Zettel auf dem Bett gelassen. Die Zeit mit dir, schreibt sie, war meine schönste Zeit. Ich wollte mit dir Hand in Hand durchs Leben gehen und eine kleine Familie haben.

Ich habe tausend Mark auf der Bank. Nach einer Woche ist das Geld alle. Ich will alles vergessen. Das Geld ist weg, aber Ramona bleibt in meinem Herzen. Jede Straße, jeden Ort, wo wir gemeinsam waren, habe ich noch einmal besucht – aber ohne meine Ramona.

Ich arbeite viel und bin immer unterwegs. Dadurch verfliegt die Zeit. Wir bekommen einen neuen Chef, er heißt Nelson, und er ist ein bisschen ein Verrückter.

Jetzt bin ich frei wie der Wind. In Weißenfels lerne ich Birgit kennen. Sie ist Lehrerin. Wir bleiben nicht lange zusammen. Sie versteht mich nicht, begreift nicht, dass ich in meiner Arbeit viel unterwegs sein muss.

Dann bin ich mit einer Kellnerin von der Eissporthalle in Halle-Neustadt zusammen. Wir haben uns beim Chemie-Pokal kennengelernt. Sie ist verheiratet, aber ihr Mann ist viel unterwegs. Wir fahren mit ihrem Trabi.

Ins Wohnheim sind eine junge Frau und drei Männer aus Kuba gekommen. Sie bleiben ein halbes Jahr in Leuna. Die Frau ist Dolmetscherin, aber sie hat viele Probleme. Sie bittet mich, ihr zu helfen. Einige Tage später schlafen wir zusammen, und das bleibt so für die nächsten sechs Monate.

Einmal machen wir einen Ausflug in den Spreewald. Unser Bus ist voll, alles ist gut, aber als die Kubaner besoffen sind, zetteln sie eine große Schlägerei an. Bis Mitternacht müssen wir bei der Polizei zubringen, ich dolmetsche. Ich bin böse und kaputt. Die Kubaner haben mit einer Flasche den Kopf eines Deutschen zerschlagen. Er ist Offizier, Hauptmann der Nationalen Volksarmee. Die Kubaner müssen zurück nach Kuba, kommen ins Gefängnis.

In dieser Zeit habe ich immer schlechte Laune, egal, ob ich mit Deutschen oder Kubanern zusammen bin.

Eines Tages treffe ich Ramona im Zug. Es ist Winter, sie trägt einen schönen Hut. Wir freuen uns, begrüßen uns herzlich, sie ist schön und süß wie immer. Du hast eine neue Freundin in Weißenfels, sagt sie. Ich habe dich gesehen. Und du?, frage ich sie. Hast du schon einen neuen Freund? Ja, sagt sie, es ist ein deutscher Mann. Das ist gut, sage ich, und ich wünsche ihr alles Gute.

Ich bin traurig. Ich kann die Zeit mit ihr nicht vergessen. Ich laufe alleine durch die Straßen, wo wir immer waren, sehe die Bäume, die Blumen, die Plätze, an denen wir uns benommen haben wie die Kinder. Wir sehen uns dann noch ein paar Mal, sie ist interessiert daran, wie es mir geht. Aber ich denke, es ist besser, wenn wir uns nicht mehr sehen. Alles ist gesagt.

Ich habe Probleme mit meinem neuen Chef. Er will, dass ich alles wortwörtlich übersetze. Bei einer Beratung mit den deutschen Genossen sagt er laut »Scheiße« und »diese alten Ochsen«. Ich übersetze das ganz genau, und die deutschen Genossen sagen: Das ist nun nicht gerade die diplomatische Sprache eines kubanischen Funktionärs. Mein Chef meckert mit mir – ich könnte ihm vor Wut eine ins Gesicht schlagen. Er streitet ab, diese Wörter gesagt zu haben. Die Deutschen sagen, ich soll ganz ruhig bleiben. Aber Nelson sagt: Du bist unmöglich, wenn du so weitermachst, schicke ich dich nach Kuba zurück, aber ohne dein Motorrad! Das ist mir scheißegal, schimpfe ich zurück. Ich bin Kubaner, und ich möchte nicht hier bleiben, und das Motorrad – das nehme ich auf jeden Fall mit, darauf kannst du dich verlassen.

Frau Dr. H. hat eine neue, schöne und große Krankenschwester. Sie war vorher beim Hautarzt und gefällt mir schon immer. Sie ist nicht blond, sondern braun und hat schöne lange Beine. Ich weiß, die deutschen Frauen lieben keine kleinen Männer. So ist das.

Manchmal haben wir zusammen mit Frau Dr. H. gefrühstückt. Eines Tages sagt Frau Dr. H.: Roberto, unsere schöne Krankenschwester macht eine Woche Urlaub in Ungarn. Ich sage: Das ist ja schön. Vielleicht bekomme ich eine Ansichtskarte. Die Krankenschwester sagt: Dann gib mir doch deine Adresse. Und ich bekomme fast jeden Tag Post. Einen Monat später kommt sie mit ihrem Wartburg zu mir nach Hause, und wir fahren nach Halle-Neustadt, wo sie zu Hause ist.

Wir haben einen schönen Abend und eine Nacht ohne Schlaf. Ich fahre früh um sechs mit dem Zug nach Leuna, sie kommt später. In der Sprechstunde sind wir alle beide noch ganz kaputt, zum Glück sind heute nicht so viele Kubaner da. Wir frühstücken gemeinsam und sind kaputt, aber zufrieden.

Ihr Mann arbeitet im Buna-Werk im Schichtsystem. Wir sind fast ein Jahr zusammen, aber am Ende wird es immer schwieriger, denn ihr Mann kommt manchmal überraschend nach Hause. Ich sage zu ihr: Dann komm doch du zu mir in meine Wohnung, aber sie will nicht ins Wohnheim kommen. Manchmal schlafen wir im Sprechzimmer miteinander.

Ich sage zu ihr, dass ich nicht mehr zu ihr kommen will. Denn erstens, sage ich zu ihr, hast du zwei Kinder, und zweitens kenne ich deinen Mann vom Sehen. Es ist mir zwar scheißegal, wenn er uns auf der Straße zusammen sieht – aber in seiner Wohnung will ich nicht von ihm erwischt werden. Keine Sorge, sagt sie, wenn er kommt, kannst du zur Nachbarin gehen.

Eines Tages im Dezember bin ich also wieder bei ihr. Wir waren zwei Wochen nicht zusammen. Beim Frühstück in der Poliklinik hat sie gesagt: Mein Mann hat heute Nachtschicht, ich hole dich um sieben ab. Du musst dir meine schönen neuen Möbel angucken.

Sie holt mich ab, wir fahren nach Halle-Neustadt. Die neuen Möbel sind wunderbar, auch ein neuer Teppich ist da – sie haben sich schön eingerichtet fürs neue Jahr. Die Kinder sind im Bett, sie kocht, aber ich esse nicht viel. Die Alten sagen: Viel essen ist nicht gut, wenn man Liebe machen will, und daran halte ich mich. Wir trinken und hören Musik.

Bei unseren ersten Treffen haben wir immer gut aufgepasst, dass nichts herumliegt. Ich habe meine Sachen so zusammengelegt, dass ich bei Alarm schnell weg kann. Aber mit der Zeit sind wir leichtsinnig geworden. Wir lieben uns mit allem, was möglich ist, und schlafen ein, beide ganz nackt. So um drei weckt mich meine Krankenschwester und sagt: Du musst schnell weg, der Mann ist da!

Ich bin kaputt, betrunken und verschlafen. Ich höre die Geräusche. Sie sagt zu mir: Geh über den Balkon zur Nachbarin. Ich gehe – so nackt, wie ich auf die Welt gekommen bin. Ich muss von einem Balkon zum anderen steigen – aber es ist die 5. Etage, es ist bitter kalt, unten liegt Schnee.

Ich habe drei Möglichkeiten: Entweder hole ich mir eine Lungenentzündung, oder ich stürze ab, oder der Mann haut mich zu Brei. Als er ins Zimmer kommt, bin ich schon bei der Nachbarin. Er tritt auf den Balkon und ruft: Dich mache ich fertig, Neger! Die Nachbarin macht die Tür auf: Was ist los, Roberto? Was soll sein, sage ich, siehst du denn nicht, ich bin ganz nackt. Sie gibt mir eine Hose ihres Sohnes. Es ist ein kleiner, aber ziemlich dicker Junge. Ich sehe sehr komisch aus, die Hose ist zu weit und zu kurz, dazu gibt sie mir einen großen Pullover.

Der Mann verlässt den Balkon wieder und geht zur Haustür der Nachbarin. In diesem Moment wirft mir meine liebe Krankenschwester meinen Anorak, meine Tasche und meine Winterschuhe rüber. Dann telefoniert sie mit der Nachbarin und bittet sie, die Tür nicht aufzumachen.

Aber es ist schon fünf, und die Nachbarin sagt: Roberto, mein Mann wird gleich nach Hause kommen, was soll ich nur machen. Ich sage: Das ist Scheiße, was soll dein Mann denken. Es ist Mist – ich werde zwischen den beiden zerrieben.

Die Tür geht auf, und die beiden Männer kommen herein. Der Mann meiner Krankenschwester, mein Feind, kommt auf mich zu. Er schlägt zu, ich kann mich nicht wehren. Es ist alles zu eng, da stehen viele Möbel, die Hose passt nicht, der große Anorak stört mich auch. Mein Mund blutet. Die Kinder weinen, ich weiß nicht, was ich machen soll. Ich sage laut: Ich nehme das Messer! Die Frauen und der andere Mann sagen: Lass ihn, er hat ein Messer!

Ich habe Glück: Der Mann lässt von mir ab, obwohl ich gar kein Messer habe. Aber alle wissen, dass die Ausländer immer ein Messer dabei haben.

Mein Feind ist weg, meine Krankenschwester auch, und der Mann, der hier zu Hause ist, fragt, was das eigentlich alles soll. Die Frau sagt: Das ist Roberto, er ist kubanischer Dolmetscher im Leuna-Werk, und er ist ein Freund von ihr. Er sagt: Aha, so ist das. Ich arbeite im Buna-Werk auch mit Kubanern zusammen. Die Frau sagt: Der arme Junge blutet noch, und ich denke: Scheiße, ich bin kein armer Junge, ich bin eine Schweinehund.

Der Mann fragt mich: Trinkst du einen Schnaps? Ich trinke zwei oder drei Schnäpse und sage: Ich muss um sechs mit dem Zug fahren. Ich bringe dich runter, sagt der Mann, das ist vielleicht besser so.

Ich gehe los – in dieser komischen, zu kurzen Hose. Mein Maul ist dick und rot geschwollen. Im Zug sind viele Leute, die ich kenne – von Bau 1700, Bau 24 und andere. Einige gucken mich an und tuscheln.

Ich komme ins Wohnheim und hole meine Schlüssel. Frau K. lacht. Sie hat gesehen, wie mich die Krankenschwester abgeholt hat. Die Leute sind schon im Werk. Ich gehe zu Juanito und beichte ihm alles. Das ist das Ende mit meiner großen und schönen Krankenschwester.

Sie geht von Leuna weg, und ich denke schon an die Rückreise nach Kuba.

Del Valle und Juanito sind schon nach Kuba zurückgekehrt, und viele andere von den alten Kumpels auch.

Den neuen Chef mag ich nicht. Eines Tages sagt er zu mir, dass ich für zwei oder drei Monate im Konsulat als Dolmetscher arbeiten soll. Ich sage zu, aber einen Monat später habe ich von dieser Arbeit genug. Ich komme mit dieser Büroarbeit nicht klar. Der Chef sagt: Weißt du was, Roberto, wahrscheinlich musst du einfach nur nach Kuba zurück. Kein Problem, sage ich, ich bin bereit.

In der Geiseltal-Diskothek lerne ich eine junge Frau kennen, die zu mir sagt: Ich habe lange auf dich gewartet. Sie heißt Ingrid, hat kurzes lockiges Haar und Augen wie eine Katze. Man denkt sofort, wie eine solche Frau wohl im Bett sein mag. Sie ist mit ihrem Freund in der Disko, so einem jungen Mann mit langen Haaren und vielen Tätowierungen. Ich bin allein, trinke meinen Weinbrand mit Cola. Ihr Freund ist mit zwei oder drei Kollegen da.

Die Kellnerin sagt zu mir: Roberto, was ist los mit dir? Seit du nicht mehr mit Ramona zusammen bist, bist du ganz anders geworden – so traurig. Ach was, sage ich. Doch, sagt sie. Aber das ist ja auch kein Wunder, deine Ramona ist eine so schöne und ordentliche junge Frau.

Ingrid sagt: Ja, so ist das, er liebt sie immer noch. Die Kellnerin sagt: Na klar, sie waren doch so lange zusammen. Ingrid fragt: Tanzt du nicht? Ja, sage ich, komm, tanzen wir.

Wir tanzen zwei- oder dreimal, ganz eng, ihre Augen sind wie Feuer, ihre Hände sind heiß, und ihr Herz und ihre Brust pochen an meiner. Als der Tanz zu Ende ist, sage ich: Danke, aber sie fragt mich, ob ich wieder zu ihr in die Bar komme. Nein, sage ich, ich bleibe an meinem Tisch, aber wenn du willst, kannst du ja hierbleiben.

Sie holt ihre Sachen und bleibt bei mir. Ich sage gleich: Und was ist mit deinem Freund? Ich will keinen Ärger. Sie sagt: Er ist nur mein Bekannter. Der Freund kommt und sagt: Hallo, Ingrid, kommst du rüber in die Bar? Nein, sagt sie, ich bleibe hier, ich will ein bisschen mit Roberto reden.

Ich sage: Ich bezahle gleich. Ich bin müde. Und was machst du? Na ja, sagt sie, was soll ich machen? Kommst du mit zu mir?, frage ich sie. Sie sagt: Warum gehen wir nicht zu mir? Ich sage: Das nächste Mal komme ich mit zu dir, aber diesmal gehen wir ins Wohnheim. Ich will in einer Wohnung sein, wo kein anderer Mann hereinkommen kann wie in Halle-Neustadt.

Wir kommen in meine Wohnung, ich mache die Musik an, lasse eine Wanne einlaufen, und eine Stunde später sind wir im Bett. Sie ist eine kleine Teufelin, wie ich sie noch nicht kennengelernt habe. Sie hat keine Komplexe, macht alles und sagt, was sie möchte. Sie sagt zu mir: Die Liebe ist doch das Beste, was man machen kann.

Ich bleibe mit Ingrid zusammen, bis ich nach Kuba zurückfahre.

Es gibt in dieser Zeit auch noch eine andere Frau, aber sie hat einen Alkoholiker zum Mann, und das ist sehr schwer. Vor dem Café Geiseltal gibt es noch mal eine Schlägerei. Wir sind zu dritt oder zu viert, die deutschen Männer beleidigen uns. Wir wollen ins Wohnheim gehen, aber der Alkoholiker ruft mir nach: Du bist eine Ratte! Ich schlage zu und treffe ihn genau auf die Nase. Das Blut schießt heraus, er fällt auf den Boden. Ich weiß, k.o. kann er nicht sein, wahrscheinlich liegt er vor Angst auf der Erde. Die anderen Deutschen rennen weg. Sie lassen ihren Kollegen zurück. Im Wohnheim, das nur ein paar Minuten entfernt liegt, wartet schon die Polizei. Sie kennen mich und sagen: Roberto, deine Kubaner haben einen deutschen Mann geschlagen. Nein, sage ich, das waren nicht meine Kubaner, das war ich selbst, und ich würde es wieder tun.

Die Polizei nimmt mich mit ins Café Geiseltal, sie wollen die Leute dort befragen. Der Leiter der Gaststätte und die Kellnerin sagen: Die Kubaner waren in Ordnung, aber der Deutsche mit den langen Haaren und seine Kollegen haben die Kubaner beleidigt. Die Polizisten akzeptieren das und bringen mich zurück ins Wohnheim.

Ich weiß nur eines: Es ist höchste Zeit, dass ich nach Kuba zurückkehre. Ich bitte ganz offiziell um das Ende meines Einsatzes.

Mein Motorrad ist schon in Kuba. Der neue Chef ist einverstanden, dass ich gehe.

Ich verabschiede mich von meinen deutschen Freunden, Kollegen und Bekannten. Auch von Ramona verabschiede ich mich. Ingrid ist ein bisschen traurig. Wir trinken noch ein Glas gemeinsam.

Ich habe alle Sachen gepackt, aber mein Kopf ist schwer. Ich war so viele Jahre hier. Ich kenne dieses Land besser als meine Heimat. Die Freundschaften, die vielen guten Erlebnisse und Momente – das alles zählt viel mehr als die Probleme. Aber werde ich jemals wieder

© Havanna 2006

hierher kommen können? Ich glaube es nicht. Der Gedanke daran lässt mich nicht schlafen.

Um vier Uhr früh fährt mein Zug nach Berlin. Ich habe noch ein bisschen getrunken, bin übermüdet und – vergesse die Tasche mit meinen Motorradpapieren. Als ich das im Zug bemerke, bekomme ich einen großen Schreck. Ohne meine Papiere bekomme ich in Kuba mein Motorrad nicht, und wenn ich das Flugzeug verpasse, komme ich nicht nach Kuba.

Aber ich bin ja in einem Land der Ordnung und der Pünktlichkeit. Ich komme pünktlich auf dem Flughafen an, gucke auf den Zugfahrplan, sehe, dass es noch einen Zug gibt, der mich erreichen kann, rufe in Leuna an und rede mit dem kubanischen Leiter über mein Pech. Er sagt, dass er einen Kubaner losschicken wird, der mir meine Papiere bringen soll. Um zwölf geht mein Flugzeug, das kann er noch schaffen.

Junge, Junge, du bist ein Vogel, sagt der deutsche Kollege am Flughafen zu mir. Ach, ich liebe die deutsche Pünktlichkeit! Um elf kommt der Zug in Schönefeld an. Ich stehe auf der Terrasse und sehe meinen kubanischen Kollegen. Er hat tatsächlich meine Tasche in der Hand. Ich schaue nach: Es sind alle Papiere vorhanden. Ich bedanke mich tausend Mal, mein kubanischer Freund lacht.

Ich bin der letzte Passagier. Die Stewardess sagt: Na, nun können wir die Tür schließen.

So nehme ich Abschied. Ich bin froh und traurig zugleich. Ich will, dass es meiner Ramona gut gehen wird, ich hoffe, dass es meinen Kollegen und Freunden gut geht, und ich hoffe, dass ich meine zweite Heimat noch einmal werde besuchen können.

Eines weiß ich: Wann immer ich deutsche Bürger treffen werde, werde ich viel von meiner Zeit in der DDR erzählen. Nicht so sehr über die Schwierigkeiten will ich reden, sondern über all das Gute, das ich erlebt habe. Das andere – na ja. Jedes Land hat seine eigene Mentalität, und jeder Mensch auch.

Wolfram Adolphi

Nachwort

Havanna im Februar 2004. In der Fortaleza San Carlos de la Cabaña, einer Festung aus dem 18. Jahrhundert, die malerisch über der Hafeneinfahrt gelegen ist und von ihren Mauern einen grandiosen Blick hinüber zum Malecón, der berühmten Küstenstraße der kubanischen Hauptstadt, bietet, findet die traditionelle Internationale Buchmesse statt. Es ist die XIII., und Deutschland ist als Ehrengast geladen. Aber das offizielle Deutschland sagt »Nein«. Es will die Ehre nicht wahrnehmen, nennt als Gründe dafür die politische Verfolgung von kritischen Schriftstellern in Kuba und die Lage der Menschenrechte im Lande insgesamt. Das Thema ist ernst, keiner, der sich mit dem kubanischen Sozialismus befasst, kann darum einen Bogen machen. Aber ist Boykott die richtige Antwort? Haben die Dinge in Kuba wirklich ein Maß, wo sich jeder Kontakt verbietet? Oder muss es nicht vielmehr um Dialog gehen – Dialog der Meinungen und Kulturen, auch der Erfahrungen? Zumal in einer Welt, da mit dem Begriff der Menschenrechte und auch der Ahndung ihrer Verletzung so willkürlich umgegangen wird? Werden – zum Beispiel – die USA boykottiert, obwohl die Regierung dieses Staates in Guantánamo, einem Stützpunkt, den die USA ausgerechnet auf der Insel Kuba unterhalten, seit 2001 ein allen Menschenrechten Hohn sprechendes Gefangenenlager für einige Hundert im »Krieg gegen den Terrorismus« gefasster Männer unterhält und 2003 völkerrechtswidrig einen Krieg gegen den Irak begonnen hat? So fragt man sich nicht nur in Kuba, wo man sich seit über vierzig Jahren ohnehin eines durch keinerlei Völker- und Menschenrecht gedeckten umfassenden Wirtschaftsboykotts der USA zu erwehren hat, sondern so fragen sich auch einige deutsche Verleger und kommen nach gründlicher Prüfung aller Umstände zu dem Schluss, der kubanischen Einladung zu folgen und ihre Bücher trotz des offiziellen deutschen »Nein« in Havanna auszustellen.

So sind es am Ende um die 30 Verlage, die einen Stand auf dem Ausstellungsgelände in der Fortaleza beziehen. Kleinere Verlage mit sich links verstehender politischer Literatur bilden die Mehrheit unter ihnen, aber auch das Kinderbuch ist vertreten, Naturwissenschaftliches wird präsentiert, und ein Verlag für Fremdsprachen und Wörterbücher macht auf sich aufmerksam.

Zehn Tage dauert die Buchmesse in Havanna, und um die 350 000 Besucher machen sich auf den Weg zu ihr. Es ist ein Volksfest im wahrsten Sinne dieses Wortes, die Leute kommen für den ganzen Tag, durchstreifen die Ausstellungsräume im alten Festungsgemäuer, besuchen Lesungen, nutzen die Möglichkeit zum Einkauf bei den kubanischen Verlagen. Für die Kinder, die in großer Zahl mit ihren Familien oder Schulklassen in die Fortaleza kommen, gibt es Theaterprogramme und Mal- und Lese- und Schreibwettbewerbe. Am Abend trifft sich die Jugend auf dem Festungsplatz zum Rockkonzert.

Die deutschen Aussteller, zu denen mit einem Gemeinschaftsstand der Karl Dietz Verlag Berlin und die Rosa-Luxemburg-Stiftung gehören, machen an diesen unerhört lebendigen, gesprächsintensiven zehn Ausstellungstagen eine besonders interessante Erfahrung: Sie werden von etlichen Besucherinnen und Besuchern in deutscher Sprache angesprochen und in lange Unterhaltungen verwickelt. Die da so sehr am Gedankenaustausch interessiert sind, sind kubanische Frauen und Männer, die in der DDR studiert, einen Beruf gelernt oder gearbeitet haben. Sie freuen sich über die gute Gelegenheit, von ihrem Leben in der DDR zu erzählen, Informationen aus Deutschland zu erhalten, nach alten Freunden zu fragen oder einfach zu diskutieren. Es werden meist lange Gespräche, weil es so viel zu bereden und so viele offene Fragen gibt. Eine ganze Epoche wird da besprochen: die Zeit vom Beginn der sechziger Jahre bis 1989, da Kuba zum »sozialistischen Lager« gehörte mit engen politischen, militärischen, wirtschaftlichen, kulturellen und wissenschaftlichen Beziehungen zur Sowjetunion, zur DDR, zu den anderen sozialistischen Ländern Osteuropas. Und der Epochenbruch 1989/90, der alles veränderte, weil mit dem Zusammenbruch des Realsozialismus in der Sowjetunion und in Osteuropa Kuba plötzlich allein blieb mit seinem Konzept der wirtschaftlichen, sozialpolitischen und kulturellen Entwicklung, von einem Tag auf den anderen abgeschnitten war von den bis dahin existierenden Rohstofflieferungen und Absatzmärkten.

Zu viel ist das alles und von zu vielen Gefühlen, persönlichen Erfahrungen und Eindrücken überlagert, um in zwei oder drei Stunden abgehandelt werden zu können. Also werden die Begegnungen häufiger, trifft man sich abends in der Altstadt von Havanna, um die Gespräche bei Bier und Mojito fortzusetzen, und trotzdem bleibt so vieles noch ungesagt, und kaum zu fassen ist für uns, die Gäste des Landes, wie sie das geschafft haben, unsere kubanischen Gesprächspartnerinnen und -partner, diesen Epochenbruch zu meistern, fertig zu werden mit der Armut, die sich aus ihm für sie ergeben hat, und mit der internationalen Isolierung und der Knappheit an vielem, was für die Entwicklung einer modernen Wirtschaft und Wissenschaft unerlässlich ist, und wie das Land dennoch festhält am Versuch, die Gesellschaft anders zu entwickeln als kapitalistisch. Die Gespräche sind alles in einem: voller Mut und zugleich Verzagtheit, voll wehmütiger Erinnerung und zugleich trotziger Zukunftsgewissheit, voll sprühenden Temperaments und zugleich voller Traurigkeit.

Natürlich geht es bei diesen Gesprächen auch um die Menschenrechte. Viele der hochgebildeten Wirtschaftsfachleute, Ärzte, Historiker und Journalisten sind nach ihrem Studium in der DDR mit Leitungsfunktionen in Betrieben, Universitäten, Redaktionen und Ministerien betraut worden. Selbstverständlich wissen sie, was da gemeint ist. Sie beherrschen mehrere Sprachen, wissen, was in der Welt geschieht, hören geduldig zu, wenn die Besucher aus Deutschland, die einmal in der DDR zu Hause waren, ihr Nachdenken über die Untrennbarkeit von sozialen und politischen Menschenrechten schildern, nicken zuweilen, verweisen in ihren Antworten unaufgeregt und ohne die Spur eines Besserwissens auf ihre eigenen wie auch auf die Erfahrungen anderer Länder ihres, des lateinamerikanischen, Traditions- und Kulturkreises.

Und manchmal – manchmal kommt es auch zu Begegnungen großer Hilflosigkeit. Dann nämlich, wenn deutsche Frauen an den Stand kommen, die damals, in den siebziger oder achtziger Jahren, mit kubanischen Männern gemeinsam nach Kuba gegangen sind, heute nicht mehr in Kuba leben wollen, aber, weil das Geld nicht reicht oder andere Hindernisse dem entgegenstehen, nicht nach Deutschland zurückkehren können.

Mit einem der Besucher komme ich in ein Gespräch, das bis heute nicht abgerissen ist: mit Leonel R. Cala Fuentes, Leonel Cala, dem Autor dieses Buches. Langsam tasten wir, die wir etwa gleichaltrig sind, uns aneinander heran. In der DDR habe er gearbeitet, sagt der drahtige, dunkelhäutige Mann mit der Figur eines gut trainierten Mittelgewichtsboxers in flottem Deutsch. Ja gut, sage ich, und wo? In der Chemieindustrie, erfahre ich. Ja gut, sage ich wieder, geht es auch genauer? In der Nähe von Halle, lautet die Antwort. Und noch genauer? Das ist ein kleiner Ort, sagt er, den kennt nicht jeder. Aber ich vielleicht doch?, sage ich und ergänze, dass ich aus der Gegend stamme. Na gut, sagt er, in Leuna bin ich gewesen. In Leuna also, sage ich, wo ich großgeworden bin. Und ein paar Minuten später ist klar, dass die Frau Dr. H. des Buches eine gemeinsame Bekannte ist, dass ich weiß, wo sein Wohnheim gestanden hat und wie die Straßenbahn fährt, dass ich den Bau 24 kenne und das Haus, in dem sein Büro gewesen ist, dass auch ich in Weißenfels Bescheid weiß und in Merseburg und in Halle-Neustadt und in Zeitz, und von da an – natürlich – ist des Erzählens kein Ende, und schon bald entsteht der Plan, dass Leonel Cala seine Erinnerungen zu Papier bringen wird.

Und wie er das tut in den Monaten, die auf diesen Februar 2004 folgen! Wann immer er dazu Zeit findet an Abenden und Wochenenden, schreibt er den Text nieder, mit der Hand, mit Bleistift, fast ohne Korrekturen und in jenem unkomplizierten, kein Blatt vor den Mund nehmenden Deutsch, wie es hier zu lesen ist. Nur ganz behutsam habe ich in den Text eingegriffen. Orthographische Fehler waren zu beheben, ja, und die eine oder andere Unsicherheit im Satzbau, aber alles ist ganz sein Stil, ganz seine Art, die Dinge zu betrachten und sich ihrer zu erinnern.

Mit 26 Jahren ist Leonel Cala 1976 nach Zeitz gekommen, um einen Beruf in der Chemieindustrie zu lernen. Dass er ein Sprachtalent ist, hat er zu diesem Zeitpunkt sicher nicht gewusst. Aber als 1979 im Ergebnis eines neuen Vertrages zwischen der DDR und Kuba nicht mehr »nur« Lehrlinge aus Kuba in die DDR-Betriebe entsandt wurden, sondern auch Vertragsarbeiterinnen und Vertragsarbeiter, und plötzlich Mangel an geeigneten Dolmetschern bestand, da hatte er, der Arbeiterjunge, sich die deutsche Sprache bereits so gut angeeignet, dass seine dafür verantwortlichen Landsleute ihn mir nichts dir nichts zu eben einem solchen Dolmetscher machten. Schule allein – diese Erfahrung macht wohl ein jeder – vermag solche Sprachfertigkeit nur selten zu vermitteln. Es muss eine gute Spur Veranlagung hinzukommen – und eine Kontaktfreudigkeit, in der das Sprachenlernen fast von selbst geschieht.

Dass Leonel Cala mit einer solchen Kontaktfreudigkeit gesegnet ist – davon legt er mit erstaunlicher Freimütigkeit Zeugnis ab. Und überhaupt öffnet er mit seinem Temperament, seinem Humor und seiner Offenheit Erinnerungsräume, wie das in der Nach-Wende-Literatur in Ostdeutschland noch kaum geschehen ist. Da schreibt einer frei von der Leber weg und frei von all jener »politischen Korrektheit«, die sich sonstigem ostdeutschem Erinnern nur allzu rasch – und vielfach! – auflagert. Ihn, den Kubaner, der in der DDR einen wunderbaren Abschnitt seines Lebens verbrachte, bewegen in seiner Erinnerung weder die westdeutsch geprägten DDR-Bilder der Feindseligkeit, der Dämonisierung, des Spotts und der Verachtung noch jene Formen des kritischen und selbstkritischen Zurückblickens, das aufgeklärte deutsche Linke so sehr von sich erwartet glauben, dass ihnen selbst ein ganz alltägliches »Ja, es war schön« kaum noch gelingen will. Leonel Cala erzählt einfach nur.

Erfahren wir damit, »wie es wirklich war«? Natürlich nicht. Aber wir erfahren, wie es für Leonel Cala war.

Was ist das für eine DDR, in der Leonal Cala zehn Jahre seines Lebens verbringt? Sie ist in ihrem offiziellen Selbstverständnis ein sozialistischer Staat und eine Diktatur des Proletariats, und sie erreicht in dem Jahrzehnt von 1976 bis 1986 ihren Höhepunkt an wirtschaftlicher und sozialpolitischer Stabilität wie auch an internationaler Anerkennung. Erich Honecker als SED-Generalsekretär und Staatsratsvorsitzender ist in dieser Zeit auch in führenden kapitalistischen Ländern ein gern gesehener Gast, und die Beziehungen mit der Bundesrepublik Deutschland haben insbesondere in der Wirtschaft, aber auch in der Politik und in der Kultur ein Niveau und eine Vielfalt, wie sie in jener Zeit zwischen Staaten unterschiedlicher Gesellschaftsordnung einmalig und auch zwischen befreundeten Staaten keineswegs die Regel sind. Der Lebensstandard in der DDR ist der höchste im gesamten »sozialistischen Lager«.

Der Bezirk Halle, in den Leonel Cala kommt, ist der Chemiebezirk der DDR. Über 16 Prozent der industriellen Gesamtproduktion des Landes werden im Bezirk erbracht. Heute ist diese Gegend wie schon von 1945 bis 1952 Teil des Landes Sachsen-Anhalt. Zeitz, wo Leonel Cala im Hydrierwerk von 1976 bis 1979 seine Lehre absolviert, ist eine im Süden dieses Bezirkes gelegene Kreisstadt, die vom 10. bis zum 16. Jahrhundert – in zeitweiligem Wechsel mit dem benachbarten Naumburg – Bischofssitz gewesen ist. 1988 vermerkt das Universallexikon des Bibliographischen Instituts Leipzig für Zeitz 43 000 Einwohner und eine vielfältige Industrielandschaft: neben dem Hydrierwerk den

Schwermaschinenbaubetrieb ZEMAG, ferner Großkühlanlagenbau, die Herstellung von Stahlguss und Elektrogeräten, den Kinderwagenhersteller ZEKIWA, außerdem die Produktion von Metall-, Leder- und Süßwaren, von Möbeln, Klavieren und Kosmetika. Der Gemüseverarbeitungsbetrieb OGIS Zeitz, den Leonel Cala erwähnt, war den Lexigraphen da noch nicht einmal wichtig genug, um in die Aufzählung aufgenommen zu werden. Die Vergangenheit ist in der Stadt mit etlichen Baudenkmälern präsent: mit dem Dom und der Michaeliskirche – beide im Kern aus dem 10./11. Jahrhundert stammend und im 15. und 17. Jahrhundert erneuert –, dem Rathaus aus dem frühen 16. Jahrhundert, dem Schloss Moritzburg aus der Mitte des 17. Jahrhunderts. Das Lexikon verzeichnet auch Theater und Museum. Es ist eine über die Jahrhunderte gewachsene Stadt, in die Leonel Cala eintaucht.

Leuna, wo Leonel Cala 1979 Dolmetscher wird, hat ein ganz anderes Gesicht. Es ist viel kleiner – hier wohnen nur 9 000 Menschen – und Jahrhunderte alte Historie spiegelt sich lediglich in den winzigen, an den Rändern der Stadt zu findenden alten Dorfkernen von Ockendorf, Rössen, Göhlitzsch und Daspig. Herz allen Leuna-Seins ist das riesige, fast fünf Kilometer lange und eineinhalb Kilometer breite Leuna-Werk mit nicht weniger als 30 000 Beschäftigten. Die Stadt Leuna ist in den zwanziger und dreißiger Jahren des 20. Jahrhunderts als auf dem Reißbrett entworfene Wohnsiedlung für die Meister, Ingenieure und Direktoren des Werkes erbaut worden. Eine Arbeiterstadt ist sie nur in geringem Maße. Die Arbeiterinnen und Arbeiter wohnen in ihrer übergroßen Mehrzahl in Städten und Dörfern in einem Umkreis von bis zu 50 Kilometern. Weißenfels, wo sich Leonel Cala oft aufhält, gehört – obwohl selbst Industriestadt – ebenso zum Einzugsbereich des Leuna-Werkes wie Halle-Neustadt, das seit Mitte der sechziger Jahre als Wohnstadt für die im Leuna- und im benachbarten, ebenfalls 30 000 Menschen beschäftigenden Buna-Werk tätigen Arbeiter errichtet worden ist.

In Leuna hat Leonel Cala – ganz anders als noch in Zeitz – nicht nur mit seiner eigenen Ausbildung zu tun, sondern er agiert auf vielen verschiedenen Ebenen gleichzeitig, gewinnt Einblick in vielerlei Arbeitsprozesse und zugleich in Leitungs- und Organisationsvorgänge. Er dolmetscht in den verschiedenen Betriebsteilen, in denen seine Landsleute tätig sind, aber auch in der Poliklinik, in der Betriebsberufsschule, bei Beratungen mit der Werksdirektion und mit den Leitungen von SED, Jugendverband und Gewerkschaft im Werk und auf der Bezirksebene, und er ist zuweilen dabei, wenn die kubanische Botschaft sich ein Bild vom Leben und Arbeiten der Kubaner im Bezirk macht.

Das Leuna-Werk hat eine wechsel- und widerspruchsvolle Geschichte. Von der Errichtung des Werkes 1916 bis zur Zerschlagung des Hitler-Regimes im Jahre 1945 ist es die Geschichte von bahnbrechenden chemischen Herstellungsverfahren und zugleich von ungezügelter Produktion für den Krieg – und: für den Vernichtungsfeldzug der Nationalsozialisten gegen die Juden und die Sinti und Roma. Das Werk ist in die Giftgasproduktion der IG Farben eingebunden, Spezialisten aus Leuna arbeiten bis 1945 bei der Errichtung des Chemiewerkes Monowitz mit, das direkt neben dem Vernichtungslager Auschwitz liegt und bei dessen Aufbau tausende Häftlinge als Arbeitssklaven zu Tode kommen. 1944/45 wird das Leuna-Werk durch US-amerikanische und britische Bombardements schwer zerstört. Im April 1945 werden Stadt und Werk durch die US-Armee befreit, von Juni 1945 an gehört Leuna zur Sowjetischen Besatzungszone. Ein Teil der Direktoren und Ingenieure geht mit den Amerikanern nach Westdeutschland, ein anderer wird für Jahre in die Sowjetunion gebracht, um dort an der Errichtung neuer Chemiebetriebe mitzuwirken. Die Sowjetunion lässt zunächst fast alle Anlagen des Werkes, die noch unversehrt sind, demontieren und entschließt sich dann zum Wiederaufbau. Der wird von den verbliebenen Arbeitern und Ingenieuren, von aus der Kriegsgefangenschaft Heimkehrenden und Tausenden jungen Leuten in Angriff genommen. 1953 wird das Werk von der sowjetischen Militäradministration an die DDR übergeben. Im alten Werk wird Mitte der fünfziger Jahre die Produktionskapazität der Vorkriegszeit wieder erreicht, und in den sechziger Jahren entsteht völlig neu der Betriebsteil Leuna II für die Herstellung von Grundstoffen für die Plaste- (Kunststoff-) und Kunstfaserproduktion. Wieder ist das Leuna-Werk Ort der Entwicklung moderner Produktionsverfahren und regen internationalen Handels.

Jedes Jahr im März erlebt Leonel Cala in Leuna die Demonstration und Kundgebung zur Erinnerung an die Märzkämpfe der mitteldeutschen Arbeiter im Jahre 1921. Leunaarbeiter hatten an diesen bewaffneten Auseinandersetzungen in großer Zahl teilgenommen, wofür sich Werksleitung und Polizeitruppen bitter gerächt hatten. Ein Silo im Werksgelände erinnert daran, dass dort Teilnehmer der Kämpfe nach ihrer Gefangennahme ermordet wurden.

Ob Leonel Cala über einen anderen Geschichtsabschnitt – den 17. Juni 1953 – etwas erfahren hat, wissen wir nicht. Offiziell wird über diesen Aufstand in jener Zeit beharrlich geschwiegen – obwohl auch da Halle und Leuna eine bedeutende Rolle gespielt haben.

Und offiziell geschwiegen wird auch darüber, dass viele Betriebe des Leuna-Werkes Ende der siebziger, Anfang der achtziger Jahre längst auf Verschleiß gefahren werden. Aber geredet wird darüber an einem solchen Ort, wo man die Augen offen hat und gut zu rechnen weiß, natürlich trotzdem. Viele sehen die wirtschaftliche Entwicklung schon seit dem Honecker-Programm der »Einheit von Wirtschafts- und Sozialpolitik«, das Mitte der siebziger Jahre zu greifen beginnt, kritisch, weil ihnen klar ist, dass die Akkumulationsrate nicht ausreichen wird, um die alten Betriebe so zu modernisieren, dass man mit den international geforderten Entwicklungen wird Schritt halten können. Dass die Luft in der Chemieregion immer schlechter wird, weil es zu wenig Filter gibt für die Abprodukte der chemischen Produktion und der Verbrennung immer größerer Mengen salzhaltiger Braunkohle; dass im Wasser der Saale schon lange keine Fische mehr leben; dass die Abwasserseen von Leuna (dort befinden sie sich auf der allen Blicken entzogenen kilometerlangen Halde) und Buna (wo sie von der Eisenbahn aus sichtbar sind) chemische Zeitbomben darstellen; dass die Bausubstanz in Leuna und Merseburg, Weißenfels und Halle durch die schadstoffbelastete Luft noch schneller verfällt als gewöhnlich und wegen des Mangels an Geld und Baumaterial noch weniger repariert und neu gebaut werden kann – all das bleibt keinem verborgen, der dort lebt. Auch – ganz gewiss – Leonel Cala nicht.

Aber warum, mag man sich fragen, reflektiert er dies in seinen Erinnerungen nicht? Vielleicht täte er es, wenn man ihn gezielt dazu aufforderte. Aber so sind diese Erinnerungen nicht entstanden. Sie sind nicht geschrieben als Antworten auf des ehemaligen DDR-Bürgers Fragen, sondern als freie, selbstgewählte, unbedrängte Aufzeichnungen. Und da hebt sich das eine heraus und das andere verblasst, und die Maßstäbe dafür, was das eine ist und das andere, sind gesetzt durch die Summe der individuellen Erfahrungen.

Und so kommt es, dass auch andere übergreifende Zusammenhänge nicht ausdrücklich zum Thema gemacht werden in diesem Buch: nicht das völlige Fehlen von Arbeitslosigkeit und von der Angst vor diesem Zustand; nicht das hohe Maß an sozialer Sicherheit; nicht die selbstbewusste Kollegialität im Umgang miteinander. All das kommt vor in der Erzählung, trägt ihren Grundton, spiegelt sich allweil – aber ist nicht Gegenstand. Gegenstand ist einzig das eigene Erleben.

Solches Vorgehen wirft immer die Frage auf, welchen Wert das hat in der Darstellung von Geschichte insgesamt. Welchen Platz darf, soll, kann man ihr beimessen – dieser erzählten Geschichte? Groß ist die Gefahr, sie überzubewerten, aber genauso groß die, sie gering zu schätzen. Sie ersetzt wissenschaftliche Geschichtsschreibung nicht, aber sie ist auch nicht nur deren mehr oder weniger verzichtbares Anhängsel. Wer Geschichte in all ihrer Vielfalt, Widersprüchlichkeit und in der Gleichzeitigkeit millionenfachen persönlichen Erlebens wahrnehmen will, kann auf beides nicht verzichten: nicht auf die wissenschaftlich begründete Darstellung, Einordnung und vergleichende Bewertung der Ereignisse und nicht auf das individuelle Erzählen über sie. Das Verhältnis zwischen beiden Disziplinen ist dabei – generelle Gleichberechtigung vorausgesetzt – durchaus schwankend. Wer darum weiß, wie das, was wir als wissenschaftliche Geschichtsschreibung betrachten, sich ändert mit den Zeiten und dem Zeitgeist und den gesellschaftlichen Verfasstheiten, der schätzt es hoch, wenn ihm Zeugnisse der erzählten Geschichte zur Verfügung stehen, die, einmal notiert oder auf Tonträgern aufgezeichnet, in sich selbst nicht mehr veränderbar sind. Freilich kann es dann geschehen, dass durch eben diese erzählte Geschichte festgefügte (Vor)Urteile heftig untergraben werden.

Die Erinnerungen Leonel Calas unterliegen der Besonderheit, dass es einen wissenschaftlich anspruchsvollen Rahmen für die Einordnung seines Textes noch nicht gibt. Die erzählte Geschichte läuft hier der wissenschaftlichen Geschichtsschreibung weit voraus. Auch gibt es bisher kaum aussagekräftiges Datenmaterial, wie es durch soziologische Befragungen gewonnen wird. Die Geschichte der ausländischen Studenten, Lehrlinge und Vertragsarbeiter in der DDR ist von der seriösen Forschung bisher kaum berührt worden.

So macht schon die Darstellung einer Zahl, wie viele Kubanerinnen und Kubaner insgesamt einmal in der DDR gelebt haben, Mühe. In Kuba selbst spricht man von etwa 30 000 Studentinnen und Studenten, Lehrlingen sowie Arbeiterinnen und Arbeitern.

Eva-Maria Elsner und Lothar Elsner haben 1992 in einer kleinen, abseits des wissenschaftlichen und medialen mainstreams entstandenen Broschüre des Berliner Bildungsvereins »Helle Panke« Materialien des DDR-Ministeriums für Arbeit und Soziales ausgewertet und sind dabei für den 31.12.1989 auf folgende Zahlen von »ausländischen Werktätigen in der DDR auf der Basis von Regierungsabkommen« gekommen: 59 053 aus Vietnam, 15 143 aus Mosambik, 8 317 aus Kuba, 6 007 aus Polen und 1 314 aus Angola (Eva-Maria Elsner, Lothar Elsner: Ausländer und Ausländerpolitik in der DDR, hefte zur ddr-geschichte 2, »Helle Panke« zur Förderung von Politik, Bildung und Kultur e.V., Berlin 1992, S. 36). Eine andere, im gleichen Heft abgedruckten Statistik, die aus dem Statistischen Bundesamt stammt, sich auf Angaben des Ministeriums des Innern der DDR stützt und die »Ausländische Wohnbevölkerung in der DDR« erfasst, nennt für den gleichen Stichtag – den 31.12.1989 – für die Kubanerinnen und Kubaner eine etwas geringere Zahl, nämlich 7 999. Das sind 4,2 Prozent einer Gesamtstärke dieser »ausländischen Wohnbevölkerung« von 191 190 Menschen, und Kuba liegt damit auf Platz 6 hinter Vietnam (60 067 gleich 31,4 Prozent), Polen (51 743 gleich 27,1 Prozent), Mosambik (15 483 gleich 8,1 Prozent), Sowjetunion (natürlich ohne Armee – 14 885 gleich 7,8 Prozent) und Ungarn (13 424 gleich 7,0 Prozent) (ebenda S. 37). Dass die zweite Zahl für die Kubaner – 7 999 – niedriger ist als die erste – 8 317 – ist etwas verwirrend, denn in der zweiten Zahl müssten eigentlich auch die Studentinnen und Studenten – wohl um die 250 – enthalten sein. Aber wie gesagt: Es ist schwer, eine exakte Zahl zu ermitteln.

In der historischen Abfolge waren die Studentinnen und Studenten die ersten Kubaner in der DDR. Sie kamen auf der Grundlage solidarischer Hilfsprogramme der DDR-Regierung bereits Anfang der sechziger Jahre, unmittelbar nach dem Sieg der kubanischen Revolution, an nahezu alle Universitäten und Hochschulen im Land. Aber sie sollen hier einmal ausgeblendet bleiben, denn ihre Schicksale und Geschichten sind ganz andere, die Bedingungen ihres Lebens in der DDR unterschieden sich von denen eines Leonel Cala beträchtlich.

Leonel Cala war in zweifacher Rolle in der DDR. Zunächst – von 1976 bis 1979 – als Lehrling. Hier stand ganz das Solidarische der DDR im Vordergrund, es ging – wie bei den Studentinnen und Studenten auch – um eine dem eigenen Selbstverständnis als solidarische sozialistische Gesellschaft entsprechende Unterstützung Kubas. 1979 dann wurde er zum Vertragsarbeiter, das heißt: eingegliedert in ein Verfahren, mit dem die DDR-Führung dem Arbeitskräftemangel in der DDR zu begegnen suchte und zugleich den Anspruch auf berufliche Qualifizierung der zumeist jungen Frauen und Männer nicht aufgeben wollte. Entsprechende Abkommen gab es bereits seit 1966 mit Polen, seit 1967 mit Ungarn, seit 1973 mit Vietnam und seit 1974 mit Algerien. 1978 kam Kuba hinzu, es folgten 1979 Mosambik, 1982 die Mongolei, 1985 Angola und 1986 China. 1989 waren die auf der Basis dieser immer wieder verlängerten Abkommen ins Land gekommenen ausländischen Frauen und Männer in nicht weniger als 891 Betrieben tätig (vgl. Elsner/Elsner S. 25).

Über die Situation der Lehrlinge, wie sie Leonel Cala in Zeitz erlebte, wissen wir aus der Fachliteratur noch weniger als über die Situation der Ausländer in der DDR ohnehin. Über die Lage der Vertragsarbeiter hingegen gibt es einige wenige ausführlichere Darstellungen.

Eine der jüngsten davon hat im Jahre 2005 Damian Mac Con Uladh aus London vorgelegt (Damian Mac Con Uladh: Alltagserfahrungen ausländischer Vertragsarbeiter in der DDR: Vietnamesen, Kubaner, Mosambikaner, Ungarn und andere, in: Karin Weiss und Mike Dennis [Herausgeber]: Erfolg in der Nische? Die Vietnamesen in der DDR und Ostdeutschland, LIT Verlag Münster 2005, S. 51-68). Er nennt für die kubanischen Vertragsarbeiter in der DDR folgende Zahlen: 1978 waren es 1 196, 1980 bereits 5 553. Bis 1984 stieg ihre Zahl leicht an auf 6 700, dann gab es ein sprunghaftes Wachstum auf 9 557 im Jahre 1985, noch einmal auf 11 858 im Jahre 1986 und gar 12 492 im Jahre 1987, ehe es mit 9 977 im Jahre 1988 und 8 317 im Jahre 1989 zu einem Abschmelzen kam, das sich nach dem Zusammenbruch der DDR außerordentlich rasch fortsetzte. Für 1990 sind noch 4 317 notiert (alle Zahlen S. 52), aber 1991 haben sich wohl nur noch wenige von diesen in Deutschland aufgehalten, denn alle vertraglichen Grundlagen waren hinfällig geworden, und der kubanische Staat wollte die Rückkehr der Vertragsarbeiter. Das war eine andere Situation als etwa im Falle Vietnams. Von den rund 60 000 vietnamesischen Vertragsarbeitern, die 1989 in der DDR lebten, ist in Folge der Umbrüche, die 1990 auch in Vietnam stattfanden, und der unklaren Vertragssituation zwischen Vietnam und der Bundesrepublik Deutschland rund ein Drittel in den neuen Bundesländern geblieben (vgl. im selben, von Karin Weiss und Mike Dennis herausgegeben Buch S. 8).

Diese rund 20 000 Menschen mussten sich jedoch eine völlig neue Existenz aufbauen, denn nahezu alle Betriebe, in denen sie zuvor gearbeitet hatten, verloren mit der Währungsreform in der Noch-DDR am 1. Juli 1990 und dem damit verbundenen Verlust an Konkurrenzfähigkeit und an den Märkten im Osten ihre Daseinsberechtigung oder wurden durch gezielte Strategien übermächtiger westdeutscher Unternehmen »vom Markt genommen«.

Auch das Leuna-Werk wurde bis Mitte der 1990er Jahre »zurückgebaut«, das heißt: abgerissen. Hier war alles zusammengekommen: Die vielen veralteten Anlagen mit ihren umweltschädigenden Produktionsverfahren hatten sich als nicht modernisierungsfähig erwiesen, die traditionellen Märkte in Osteuropa waren weggebrochen, und die modernen, konkurrenzfähigen Betriebsteile passten nur im Einzelfall in die Strategie westdeutscher Unternehmen. So verschwand das Leuna-Werk, wie Leonel Cala es kannte, fast völlig – und mit ihm eine ganze Industrieepoche.

Heute befinden sich auf dem alten Werksgelände mehrere neue, in sich selbständige, aber oft miteinander verbundene Chemiebetriebe, und am Südwestrand des ehemaligen Werkes ist eine völlig neue Erdölraffinerie entstanden. Insgesamt gibt es am »Chemiestandort Leuna« heute wieder über 9 000 Arbeitsplätze.

Aber völlig anders ist das Bild als zu Leonel Calas Zeit. Nicht mehr die 13 rauchenden Schornsteine, die dampfenden Kühltürme, die fauchenden Kraftwerke und Abgasfackeln und die zischenden Rohrbrücken bestimmen die Szene, nicht mehr die dichten Ströme der Arbeiter bei Schichtwechsel und das Pfeifen der Hochdruckdampflokomotiven auf ungezählten Geleisen der Werkseisenbahn, sondern menschenleere, silbergrau-saubere Fertigungsanlagen, hochmoderne Steuerungswarten, dazwischen Rasenflächen und Parkplätze für die Autos der Beschäftigten. Die Luft ist sauber, nur selten dringt chemietypischer Geruch nach draußen. Die Gartenstadt Leuna kennt ihn nicht mehr – den Ruß und Staub der früheren Jahre. Und: Sie kennt auch nicht mehr deren alles überwältigende Geschäftigkeit.

Doch zurück zu den Untersuchungen des Damian Mac Con Uladh. Nachdrücklich beklagt er in seinem Aufsatz, dass »der Aspekt der Alltagsgestaltung im Rahmen der Arbeitskräfteabkommen (...) bisher in der Literatur nur wenig beachtet worden« sei und sich aus »strikt textgebundenen Interpretationen der unterschiedlichen Regierungsabkommen und Rahmenordnungen des Staatssekretariats für Arbeit und Löhne (SAL)«, wie sie schon des öfteren vorgenommen worden seien, »nichts anderes als die Tatsache« ergebe, »dass das Vertragsarbeiterleben bis zum letzten Detail von den DDR-Behörden bestimmt und kontrolliert wurde«. Das aber – so formuliert er seinen eigenen Forschungsanspruch – sei bei weitem nicht ausreichend. Zur »Rekonstruktion der Alltagserfahrungen der Vertragsarbeiter« böten »sozialhistorische Quellen eine bessere Basis«, und genau auf diese stütze er sich auch und befasse sich daher insbesondere mit den »Wohn- und Arbeitsbereichen der Vertragsarbeiter«, ihren »sozialen und freizeitlichen Aktivitäten« sowie ihren »Selbstbehauptungsversuchen«. Er wolle – so fährt er fort – mit seinem Aufsatz der These nachgehen, »dass es dem DDR-Staat (und zum Teil den Botschaften der Entsendeländer) überhaupt nicht möglich war, alle Bereiche des Ausländerlebens in der in den Verträgen geplanten Form zu kontrollieren«, und er kommt zu dem Schluss: »Trotz Heimordnungen, Heimwächtern, betrieblichen Kontrollen, Überwachung durch die Deutsche Volkspolizei (DVP, Ministerium für Staatssicherheit (MfS) und SAL (um die wichtigsten staatlichen Institutionen zu nennen), waren die Vertragsarbeiter in mancherlei Hinsicht in der Lage, sich in verschiedensten Bereichen des alltäglichen Lebens zu behaupten und ihren Freiraum zu finden.« Und weiter: »Es ist nicht von der Hand zu weisen, dass Ausländer nackten und versteckten Rassismen in der DDR ausgesetzt waren, ihr subjektiver Alltag war jedoch nicht *nur* (Hervorhebung i. O.) durch diese Tatsache geprägt. Als ›Subjekte sozialen Handelns‹ waren Vertragsarbeiter, genau wie auch die DDR-Bevölkerung, zumindest teilweise in der Lage, die Bedingungen und Grenzen der DDR-Gesellschaft zu erkennen und in ihnen eigenständig zu handeln« (S.51 f.).

Leonel Calas Schilderungen stützen den Befund des jungen Londoner DDR-Forschers aufs Lebendigste – und machen zugleich eine Dimension des persönlichen Erlebens deutlich, die sich Historikern, die die Dinge aus räumlicher oder zeitlicher Distanz oder aus beiden Distanzen zugleich heraus betrachten, noch schwerer erschließt als die sozial-historische: nämlich die der Grundeinstellungen und Überzeugungen. Wer Leonel Calas Erinnerungen liest, gewinnt ganz gewiss nicht den Eindruck, als sei sein ganzes Dasein in der DDR einzig darauf gerichtet gewesen, sich – wie Damian Mac Con Uladh meint – »immer wieder und ohne Pause (...) gegen diese Regelungen und Kontrollen zur Wehr (zu) setzen« und »dem verregelten Alltag in der DDR zu entkommen« (S. 66). Und das lag nicht nur daran, dass er mit seiner Dolmetscherfunktion qua Amt zu einer »positiven Grundeinstellung« gehalten war. Die Idee, aus einem sozialistischen Land in ein anderes zu kommen und an etwas mitzuwirken, was als »gemeinsame Sache« zu verstehen war, war Leonel Cala nicht fremd. Und er hat als »Subjekt sozialen Handelns« im Zusammenwirken mit vielen anderen solchen »Subjekten« aus Kuba und der DDR darin eine Menge Bestätigung gefunden. Denn auch der »verregelte Alltag« hatte – natürlich – viele Farben, und er hielt zudem Dinge bereit, die einer Art von Regeln folgten, die auf einer ganz anderen Ebene als der der Kontrollen und Einschränkungen spielten. Man denke nur an die Chancen, die die Berufsausbildung und die berufliche Weiterqualifizierung boten, an den Spanienkämpfer als Wohnheimleiter in Zeitz oder an die Exkursionen und Ferienfahrten durch die DDR und die Tschechoslowakei, die wohl kaum »verregelter« waren als jeder andere – und beileibe nicht nur DDR-typische – Betriebsausflug.

Angeführt seien aus dem Aufsatz von Damian Mac Con Uladh aber noch einige Daten, Überlegungen und Zitate, die das Umfeld der Erinnerungen von Leonel Cala weiter erhellen. So beschreibt der Londoner Autor die Bedingungen für die kubanischen und der vietnamesischen Vertragsarbeiter, ihre Familien zu Hause zu unterstützen, als besonders schlecht, weil sie »nur 60 % des 350 bzw. 360 M(ark) übersteigenden monatlichen Nettolohns in die Heimat überweisen konnten« und »außerdem (...) einen Beitrag für den ›Aufbau des Sozialismus‹ in ihren Ländern abführen« mussten. Den Polen hingegen war es erlaubt, »80 % ihres Lohnes in Waren auszuführen«, die Algerier durften »40 % ihres Nettolohnes« transferieren (S. 54).

Zur Aufnahme der kubanischen Frauen und Männer in der DDR zitiert Damian Mac Con Uladh folgende Passage aus einem Bericht der Bezirksbehörde der Deutschen Volkspolizeiaus dem Jahre 1979: »Die kubanischen Werktätigen sind das Leben eines Industriearbeiters nicht gewöhnt. Daraus erwachsen Probleme in Bezug auf Arbeitsdisziplin, Lernhaltung und Verhalten in der Freizeit. Das äußert sich u.a. in Unpünktlichkeit, Verlassen des Arbeitsplatzes während der Arbeitszeit, Nichteinhaltung des Rauchverbots in den Betrieben und Unaufmerksamkeit im Unterricht. Die DDR-Bürger, vor allem in den Arbeitskollektiven, haben mit vorbildlichen, militärisch disziplinierten kubanischen Werktätigen gerechnet. Obwohl diese Erwartungen nicht erfüllt werden, ist keine negative Einstellung gegenüber den kubanischen Werktätigen zu verzeichnen« (S. 55 f.).

Aus einem Buch von Irene Runge mit dem Titel »Ausland DDR. Fremdenhaß« (Dietz Verlag Berlin, 1990) übernimmt er die Beschreibung der kubanischen Arbeiter in einem Berliner Betrieb durch den DDR-Betreuer 1989: »Sie neigten jedoch dazu, lauter aufzutreten, was von den Kollegen als störend empfunden wird. Sie sind auch unbekümmerter. Sie haben in den Pausen gesungen oder haben getrommelt. Sie haben ja auch ein Rhythmusgefühl, und wenn dann nebenan die Stanze pocht, schlagen sie den Takt mit, was die Deutschen nicht so gut finden« (S. 56).

Dass es auch zu heftigen Konflikten kam, beschreibt Damian Mac Con Uladh mit dem Hinweis auf eine Arbeitsniederlegung, die 1987 in einem Leipziger Betrieb stattgefunden hat, weil 54 neu eingestellte kubanische Werktätige sich »unzufrieden mit ihren ersten Lohntüten zeigten«. Als Konsequenz daraus werden »zwei Rückführungen und der Verlust des Trennungsgeldes für einen Monat« genannt (S. 56).

Ausführlich befasst sich Damian Mac Con Uladh mit den Restriktionen, denen Liebesbeziehungen zwischen DDR-Bürgern und Ausländern unterworfen waren. Er verweist auf Dissertationen, die sich im MfS speziell mit der Verhinderung von Eheschließungen befassten, auf bürokratische Hindernisse, die immer wieder neu aufgerichtet wurden, und auf Methoden der Verunsicherung und Diskriminierung. Mit der gezielt verbreiteten Behauptung, »dass Vertragsarbeiter ihre väterlichen Verpflichtungen nicht wahrnehmen wollten«, wurden – so schreibt er – »vorhandene rassistische Vorurteile in der DDR angefacht«, und zum Beleg für die »Internalisierung« sowohl der »restriktiven Spielregeln« als auch der »Angst vor öffentlichen rassistischen Demütigungen« zitiert er aus einem Buch von Landolf Scherzer mit dem Titel »Die Fremden« (Aufbau Verlag Berlin, 2002) die Äußerungen zweier Frauen in Suhl aus dem Jahre 1982: »Aber die Mosambikaner dürfen nicht hierbleiben, die müssen nach vier Jahren endgültig zurück. Und was nutzt es, wenn ich mich mit einem verlob', und in vier Jahren ist alles vorbei?« Und: »Ich würde natürlich keinen Mosambikaner heiraten, von der reinen Logik her. Die gehen wieder weg« (S. 65). Ebenfalls zitiert ist der Brief einer jungen Frau aus dem Jahre 1987, geschrieben an den »Leiter der mosambikanischen Arbeiter«, nachdem ihr trotz ihrer Schwangerschaft die Eheschließung und die Ausreise mit ihrem mosambikanischen Freund nicht genehmigt worden war und der Freund daraufhin Selbstmord verübt hatte: »Beide Regierungen, unsere und Ihre Regierung, müssen sich in Zukunft gut überlegen, wenn junge Leute zum Arbeiten zu uns kommen, dass es auch Liebe unter den Menschen gibt. Ob schwarz oder weiß. Warum kann man nicht zusammenleben?« (S. 65)

Es kommt trotzdem zu zahlreichen Eheschließungen zwischen (vor allem) männlichen Vertragsarbeitern aus dem Ausland und DDR-Bürgerinnen. Bis zum Jahre 1989 sind dies im Falle der Kubaner 414, der Vietnamesen 323, der Algerier 156, der Mosambikaner 6 und der Angolaner 2. Im Falle der europäischen Länder, die Vertragsarbeiter in die DDR delegiert hatten, lagen die Zahlen weit höher: Für die Zeit bis 1981 werden im Falle Polens fast 7 000 und im Falle Ungarns mehr als 6 000 Eheschließungen genannt. Diese Zahlen wachsen dann bis 1989 aber nur noch relativ langsam an: im Falle Polens auf knapp 8 000 und im Falle Ungarns auf 6 500 (S. 65).

Wie viele dieser Eheschließungen solche zwischen ausländischen Vertragsarbeiterinnen und DDR-Bürgern waren, ist nicht erfasst. Es dürfte sich aber um eine nur kleine Minderheit handeln. Das ergibt sich zunächst aus dem nur kleinen Anteil von Frauen an der Vertragsarbeiterschaft insgesamt: Von den eingangs bereits genannten 191 190 am 31.12.1989 »zur Wohnbevölkerung gehörenden Ausländern« war nur ein reichliches Viertel – 56 986 – Frauen (Elsner/Elsner S. 36). Dazu kam, dass – wie Damian Mac Con Uladh schreibt – Vertragsarbeiterinnen »besonders verschärfte Reglementierungsversuche« erlebten. »Weitgehend von den frauenspezifischen Rechten des DDR-Arbeitsgesetzbuches ausgeschlossen, mussten sie im Falle einer Schwangerschaft mit der sofortigen Abschiebung in die Heimat rechnen, eine Prozedur, die auch von den Entsendeländern gebilligt wurde« (S. 65 f.). Der Druck auf Vertragsarbeiterinnen, bi-nationale Beziehungen zu vermeiden, kam aber – so der Londoner Historiker weiter – »nicht nur vom Staat und den ausländischen Behörden, sondern auch von ihren eigenen männlichen Landsleuten, die dagegen eigene Beziehungen zu DDR-Frauen für selbstverständlich hielten« (S. 66). Das ist ein Thema, zu dem auch Leonel Cala eine Menge zu sagen hat. Damian Mac Con Uladh bringt noch einmal ein Zitat aus dem bereits genannten Buch von Irene Runge: »Die kubanischen Mädels«, resümiert ein deutscher Betreuer, »haben in den ersten Jahren keinen DDR-Bürger angeguckt, irgendwie war da ein Tabu. Das hat sich in den letzten Jahren geändert. Ich habe zwei, drei Fälle, wo sich ein kubanisches Mädchen mit einem DDR-Bürger liiert hat ... Die Jungs waren am Anfang dagegen, aber das hat sich durchgesetzt« (S. 65).

Die Reihe der Zitate und Überlegungen anderer Autorinnen und Autoren sei beschlossen mit einer Passage aus einem Aufsatz von Jörn Schütrumpf, der den Titel »Fremd in Sachsen-Anhalt. Kriegsgefangene, Zwangsarbeiter, KZ-Häftlinge und Gastarbeiter« trägt und für den Katalog zur Landesausstellung »unter strom. Energie, Chemie und Alltag in Sachsen-Anhalt 1890-1990« geschrieben worden ist. Die Ausstellung hat 1999 im stillgelegten Kraftwerk Vockerode stattgefunden. Das Buch ist in der Herausgeberschaft von Franz-Josef Brüggemeier, Gottfried Korff und Jürg Steiner 1999 im Drei Kastanien Verlag erschienen. Jörn Schütrumpf schreibt dort, gestützt auf Dokumente der SED-Bezirksleitung Halle, des Bezirkstages/Rat des Bezirkes Halle und der Leuna-Werke, zum langjährigen Arbeitsort von Leonel Cala: »Im Leuna-Werk, wo im Juli 1975 die ersten Algerier die Arbeit aufnahmen, zeigte sich schnell, ›dass viele Algerier erst an einen geregelten Arbeitsrhythmus gewöhnt werden müssen‹. Ähnliche Probleme traten bei den Arbeitskräften aus Kuba, ab 1979 in der DDR, und aus Mosambik auf. Außer den polnischen Arbeitskräften erhielten alle Ausländer grundsätzlich Sprachunterricht in Deutsch sowie eine Berufsausbildung. Bei den Algeriern erreichten zum Beispiel ›ca. 80 % ... eine berufliche Qualifizierung (Facharbeiter, Teilfacharbeiter oder andere Abschlüsse)‹. Problematisch war die Unterbringung der ausländischen Arbeitskräfte, meist in Wohnheimen bzw. in Wohnblöcken, in denen sich mehrere Menschen eine Wohnung teilen mussten. Sowohl zwischen den Nationalitäten als auch untereinander kam es immer wieder zu Auseinandersetzungen. Zwischen 1979 und 1982 kamen ins Leuna-Werk 300 Kubaner. Davon wurden 116 zurückgeschickt, 56 wegen disziplinarischer Verstöße« (S. 146).

Mit den Erinnerungen Leonel Calas ist ein Buch entstanden, das nicht nur für Zeitzeugen und die an diesem Teil der DDR-Geschichte interessierten Laien von Interesse ist. Es bietet zugleich eine Fülle von Ansätzen zu vertieften Forschungen zum Thema »Ausländer in der DDR«. Schon die in diesem Nachwort vorgenommene Zusammenstellung von Daten, Zitaten aus anderen Zeugnissen der erzählten Geschichte und Bewertungen der Vorgänge durch Historiker zeigt, wie bruchstückhaft da vieles noch ist und wie viel zusammengetragen werden muss, um zu einem schlüssigen Gesamtbild zu gelangen.

Dass ein solches Gesamtbild nur dann entstehen kann, wenn auch ein Interesse am Gesamtbild DDR überhaupt entsteht, müsste eigentlich nicht besonders betont werden. Muss es aber doch, weil sich der Hauptstrom nicht nur der Medien und Meinungsmacher, sondern auch der Forschungen nach wie vor damit zufrieden gibt, Teilbilder zu produzieren: Teilbilder, in denen Repression, Unfreiheit und allgegenwärtiger Mangel alles sind und die Versuche einer anderen Gestaltung der Produktions- und Lebensweise, als sie im Kapitalismus üblich ist, nichts.

Da ist es hilfreich und anregend, die Dinge einmal aus einer anderen Perspektive beschrieben zu sehen. Und sich durchaus zu fragen, wie ein ähnliches Buch, geschrieben von einem Gastarbeiter in der Bundesrepublik Deutschland der siebziger und achtziger Jahre, aussehen könnte. Oder noch mehr: Wie wohl wäre es heute, wo ausländische Arbeiterinnen und Arbeiter zu Zehntausenden in Schwarzarbeitsverhältnissen schuften – fernab aller Sicherheit, mit Löhnen weit unter dem Existenzminimum und unter Wohnbedingungen, die aller Beschreibung spotten?

Mit den Erinnerungen von Leonel Cala, der heute in Havanna als Angestellter lebt, sind deutschen Leserinnen und Lesern – egal, ob sie aus der DDR kommen oder aus der alten Bundesrepublik – viele Spiegel vorgehalten. Und das auch noch auf unterhaltsame Weise. Weil sie »ja auch ein Rhythmusgefühl« haben, die Kubaner – wie einer ihrer Betreuer schrieb. Man darf es auf sich wirken lassen.

Januar 2007